40 +20 Ferramentas e Técnicas de Gerenciamento

MERHI DAYCHOUM
PMP

40 +20 Ferramentas e Técnicas de Gerenciamento

7ª EDIÇÃO

BRASPORT

1ª edição: 2007
2ª edição: 2008
3ª edição: 2010
4ª edição: 2012
5ª edição: 2013
6ª edição: 2016
7ª edição: 2018

Editor: Sergio Martins de Oliveira
Diretora: Rosa Maria Oliveira de Queiroz
Gerente de Produção Editorial: Marina dos Anjos Martins de Oliveira
Editoração Eletrônica: Abreu's System Ltda.
Capa: Use Design

D273q Daychoum, Merhi
40+20 ferramentas e técnicas de gerenciamento / Merhi Daychoum. – Rio de Janeiro: Brasport, 2018.

ISBN: 978-85-7452-868-7

1. Administração de projetos I. Título.

CDD: 658.404

Ficha Catalográfica elaborada por bibliotecário – CRB7 6355

BRASPORT Livros e Multimídia Ltda.
Rua Teodoro da Silva, 536 A – Vila Isabel
20560-005 Rio de Janeiro-RJ
Tels. Fax: (21) 2568.1415/3497.2162
e-mails: marketing@brasport.com.br
vendas@brasport.com.br
editorial@brasport.com.br

site: **www.brasport.com.br**

Filial SP
Av. Paulista, 807 – conj. 915
01311-100 – São Paulo-SP

A vida é repleta de escolhas. São escolhas que temos que fazer a cada dia, a cada momento. Cada escolha nos conduz a um lugar e o somatório dessas escolhas nos coloca onde estamos hoje.

Decidir se tornar um profissional bem-sucedido não se trata apenas de uma escolha simples. Isso somente é possível se as bases sobre as quais você constrói o resto de sua vida forem sólidas. A objeção aos seus planos por aqueles mais próximos de você ou a discordância familiar de qualquer tipo servem apenas para enfraquecê-lo e afastá-lo do caminho escolhido.

Graças a Deus não precisei lidar com nada disso porque meus alicerces e o amor da minha vida, minha esposa Vanderléya, sempre foram uma fonte de carinho, incentivo e compreensão. Ela me orienta quando minha trajetória se torna confusa. Ela me aconselha corretamente sobre as decisões que devo tomar. Ela torna o nosso lar um lugar de paz e repleto de amor que compartilhamos com nossos amados filhos Sajih e Yasser, minhas maiores fontes de inspiração.

Conhecê-la significa admirá-la e esse sentimento não é apenas meu. Um amigo da Vanderléya é um amigo para a vida toda!

Dedico este livro a ela.

Agradecimento

Deixo um agradecimento muito especial a todos os amigos e colaboradores da **Brasport** que sempre acreditaram e incentivaram o meu trabalho, em especial para **Sergio Martins**, permanentemente um exemplo de gentileza, para **Rosa Queiroz**, que parece nunca ter problemas tamanho seu bom humor, simpatia e constante disposição, além da imensa paciência que tem com os meus atrasos, e para **Marina Oliveira**, pelo carinho e cuidado que sempre dedicou às minhas obras.

Depoimento

Quando conheci o engenheiro Merhi eu presidia o CEDIM (Conselho Estadual dos Direitos da Mulher) e ele havia acabado de aceitar o desafio de organizar e coordenar a equipe de projetos e obras do Programa Delegacia Legal. Fizemos alguns trabalhos em parceria na área de proteção à mulher vítima de violência doméstica com uma equipe multidisciplinar. Foi uma experiência muito gratificante para todas as pessoas envolvidas.

Seu livro sobre ferramentas de gestão discorre basicamente sobre a racionalização no uso de recursos e otimização de processos, o que nos permite estabelecer parâmetros de eficiência e eficácia, além de ajudar a trazer para a área pública alguns conceitos de gestão que são tão importantes e necessários a qualquer organização pública ou privada.

Delegada Martha Rocha
Deputada Estadual do Rio de Janeiro

Prefácio da 7ª edição

Estamos vivendo em um mundo VUCA[*], onde a agilidade e maior valor agregado aos negócios tornam-se cada vez mais necessários para a permanência e o crescimento das organizações no mercado. Uma das consequências desse cenário tem sido a necessidade de mudanças nas estruturas, processos e tecnologias, convergindo, na grande maioria dos casos, em uma jornada da transformação digital. E essa mudança está associada à aplicação da tecnologia digital em todos os aspectos da sociedade humana, podendo trazer grandes benefícios a serviço do bem de todos.

Sendo parte dessas organizações, o PMI (*Project Management Institute*), que é o Instituto de Gerenciamento de Projetos, uma das maiores associações para profissionais de gerenciamento de projetos, que auxilia mais de 700.000 membros, profissionais certificados e voluntários em praticamente todos os países do mundo a aumentar o sucesso das suas empresas, evoluir em suas carreiras e tornar a profissão mais madura[**], também está em um momento de transformação.

O PMI tem buscado cada vez mais o foco no suporte ao desenvolvimento do indivíduo, profissional que se utiliza de gerenciamento de projetos, para que este se torne cada vez mais capacitado a atuar nesse mundo VUCA, sendo um dos agentes transformadores nas organizações, onde projetos bem gerenciados são a chave para o sucesso.

---

* VUCA (*Volatility, Uncertainty, Complexity, Ambiguity*) é um acrônimo usado para descrever ou refletir sobre a volatilidade, incerteza, complexidade e ambiguidade das condições e situações gerais. A noção de VUCA foi introduzida pelo *US Army War College* para descrever o mundo multilateral mais volátil, incerto, complexo e ambíguo que resultou do fim da Guerra Fria. O uso comum do termo VUCA começou nos anos 90 e deriva do vocabulário militar. Ele foi posteriormente usado em ideias emergentes em liderança estratégica que se aplicam a uma ampla gama de organizações, incluindo desde corporações com fins lucrativos a educação (fonte: Wikipédia).

** Fonte: <http://brasil.pmi.org/>

O PMI categorizou o desenvolvimento do indivíduo em três vértices de um triângulo de talentos:

- **Gerenciamento Técnico de Projetos:** específicos para o profissional interessado nas técnicas de gerenciamento de projetos e em constante evolução.
- **Liderança:** é fundamental saber liderar, servir e inspirar pessoas.
- **Gerenciamento Estratégico e de Negócios:** gerenciamento de projetos está intimamente conectado ao negócio da organização e deve buscar transformar em realidade o planejamento estratégico.

Nesta 7ª edição do livro, o autor compartilha boas práticas e ferramentas com o seu leitor, sendo todas aderentes ao triângulo de talentos do PMI, servindo como uma importante fonte de conhecimento para a necessidade atual do mercado. Traz conteúdos sobre *Kanban*, *Canvas* e *Scrum*, ferramentas indispensáveis para a velocidade em que os profissionais e organizações precisam obter resultados e fornecer produtos ou serviços aos seus clientes de forma que agregue valor.

Parabenizo o autor pela continuidade dessa obra, que vem sendo muito útil a toda a nossa comunidade.

Agradeço, em nome do PMI capítulo Rio de Janeiro, não apenas por esta excelente contribuição a toda comunidade interessada em boas práticas em gerenciamento de projetos, mas também pelo trabalho voluntário desenvolvido ao longo de todos esses anos junto a nossa instituição.

Uma boa leitura a todos!

Carla Krieger
Presidente PMI-Rio Chapter (gestão 2018 e 2019)

Prefácio da 1ª edição

Prezado leitor,

O gerenciamento de projetos está sendo reconhecido cada vez mais no ambiente profissional e assumindo a cada dia maior projeção como fator de desenvolvimento dos resultados dos processos de negócios das organizações.

No século passado, Peter Drucker, Tom Peters e outros autores já apontavam para este século escrevendo que o mundo iria perceber cada vez mais os projetos, como se observa hoje.

Também no século passado, o PMI já tratava de desenvolver o profissionalismo em gerenciamento de projetos. Neste século, nossa missão estratégica é tornar o gerenciamento de projetos indispensável para os resultados dos processos de negócios.

As organizações, em todo o mundo, vão utilizar o gerenciamento de projetos, dar valor a ele e atribuir a ele o seu sucesso. Neste contexto, várias pessoas contribuem de muitas formas. Identificamos no mercado os provedores, os consumidores e os praticantes de gerenciamento de projetos.

É preciso desenvolver continuamente o conhecimento em gerenciamento de projetos, desde o entendimento e uso correto da terminologia até o desenvolvimento de padrões e de metodologia, passando pelo compartilhamento das melhores práticas, ferramentas e técnicas.

Neste contexto, o autor contribui com a comunidade de profissionais de gerenciamento de projetos, abordando diversas ferramentas de gerenciamento de projetos neste livro.

Trata-se de ferramentas muito úteis, e muitos profissionais de gerenciamento de projetos poderão se beneficiar dessas ferramentas e desenvolver o estudo delas, bem como desenvolver a sua aplicação prática melhorando sempre os resultados dos projetos e/ou diminuindo as perdas.

Estudos mostram que a maioria dos projetos falha, estoura prazos e estoura custos. Se os profissionais utilizarem o ferramental disponível certamente estarão, pelo menos, reduzindo as perdas, o que significa desde já um ganho.

Há vários anos conhecemos o autor, que contribuiu também com seu trabalho voluntário para a Seção Regional do PMI Rio de Janeiro. Ficamos honrados com o convite para escrever o prefácio deste livro e damos aqui os parabéns ao prezado Merhi por mais este trabalho.

José Angelo Valle
Ex-Presidente PMI-Rio

Nota do Autor à 7ª Edição

Algumas situações em nossas vidas são muito curiosas. Como engenheiro civil e especialista em gestão de projetos, sou completamente focado em planejamento. Acredito fortemente que o principal elemento motivador para o sucesso de qualquer empreendimento (leia-se projetos) é um bom planejamento. O planejamento, na verdade, é apenas o caminho que pretendemos seguir. Nem sempre conseguimos nos manter dentro desse caminho, mas ele está lá definido, para que, mesmo que por qualquer razão tenhamos nos desviado dele, possamos visualizá-lo e retornarmos a ele ou, se necessário, o ajustarmos, porém sempre o tendo como referência.

Mas como podemos planejar o sucesso? Isso realmente é possível? Claro que é. Após o planejamento partimos para a execução. Se a ideia é boa e o planejamento é bem feito, sua execução nos encaminhará ao sucesso.

Isso tudo é muito compreensível, mas o que dizer das pessoas que defendem que muitas vezes as coisas mais importantes de nossas vidas podem acontecer por acaso, quando menos esperamos, sem nem pensarmos em planejar? Pois é, agora o engenheiro, especialista em gestão de projetos, defensor do planejamento, vai dar seu testemunho em defesa desse grupo.

Quando estava cursando o MBA em Gerenciamento de Projetos na primeira turma deste então nem tão conhecido tema na Fundação Getúlio Vargas, fui apresentado ao *PMBOK® Guide*. Esta publicação trata o gerenciamento de projetos através da gestão de 47 processos agrupados em dez áreas de conhecimento (escopo, prazo, custo, qualidade, recursos humanos, comunicação, aquisições, riscos, partes interessadas e integração) e cinco fases (início, planejamento, execução, controle e encerramento). Cada um desses processos, como em qualquer processo, possui suas ENTRADAS, as TÉCNICAS e FERRAMENTAS necessárias e suas SAÍDAS. O *PMBOK® Guide* se refere a cada um desses elementos, mas quando as FERRAMENTAS são citadas nessa publicação elas não são detalhadas, apenas mencionadas. O que precisei fazer na época para melhor compreender o que estava sendo tratado era pesquisar essas FERRAMENTAS. Fiz isso de maneira organizada e usava o material dessa pesquisa para minhas permanentes consultas, tanto como aluno quanto como profissional.

Existiam tantas FERRAMENTAS identificadas e detalhadas que passei a ser uma referência entre meus colegas de turma. Na verdade, me tornei um atalho para os demais alunos. Alguns anos após a conclusão desse MBA eu ainda consultava com frequência minhas anotações e um dia, mais precisamente em 2007, eu estava conversando com meus editores Rosa Queiroz e Sergio Martins e, mencionando essas anotações, eu fui indagado por eles: *por que não publicamos isso*?

Sendo uma editora tão comprometida com o gerenciamento de projetos, a Brasport inclui em seus catálogos algumas das mais conhecidas obras sobre esse tema com os autores mais respeitados do mercado. Essa mesma editora estava propondo publicar minhas "anotações" de estudante. Pensei: será que isso vai dar certo? Por que não tentar?

Aí está o acaso. Minha maior obra, uma história de sucesso. Um livro que vem sendo reeditado há muitos anos, sempre com uma excelente acolhida por parte dos leitores, publicado sem eu planejar.

O grande sucesso das seis primeiras edições, aliado à vasta gama de ferramentas e técnicas de gerenciamento disponíveis, contribuiu para que fossem acrescentadas quatro novas ferramentas nesta edição. São elas: Gestão Eficaz do Tempo, Mapa de Gerenciamento dos Recursos Humanos, Mapa de Gerenciamento das Aquisições e Mapa de Gerenciamento das Partes Interessadas.

Essas alterações não implicam em mudança de conteúdo, mas em melhoria de qualidade. Espero que o resultado desta obra corresponda ainda mais à expectativa dos leitores e que esta publicação da qual tanto me orgulho continue tendo a boa acolhida que recebeu até hoje.

Apresento no Capítulo 26 a Gestão Eficaz do Tempo. A intenção deste capítulo, além de oferecer algumas estratégias para o gerenciamento eficaz do tempo, também é de fazer o leitor refletir sobre como seu tempo está sendo organizado e planejado, para assim ajudá-lo a executar suas tarefas com ainda mais qualidade.

Para gerenciar pessoas em um empreendimento, não se pode pensar em uma estrutura rígida, padronizada, tampouco em um modelo único. As estruturas de recursos humanos atuais consistem em várias ações que, coordenadas, facilitam a gestão e o planejamento de pessoas. Além das ferramentas de recrutamento e seleção, treinamento e desenvolvimento e a remuneração, disponíveis no mercado, existem ainda as ações de dimensionamento da quantidade necessária de pessoas para o trabalho, orientação, admissão e demissão, avaliação do desempenho, relações sindicais, segurança, saúde e bem-estar, que complementam a gestão de pessoas. No Capítulo 39, denominado Mapa de Gerenciamento dos Recursos Humanos, são apresentadas algumas planilhas baseadas no Modelo 5W2H que poderão auxiliar no planejamento dos recursos humanos quer seja em um projeto, quer seja na própria organização.

O Mapa de Gerenciamento das Aquisições, apresentado no Capítulo 46, basicamente apresenta dois modelos de tabelas para o auxílio na Análise de Fazer ou Comprar que é uma técnica de gerenciamento usada para determinar se um trabalho específico pode ser mais bem realizado pela organização ou equipe do projeto ou se deve ser contratado de fontes externas.

O gerenciamento das aquisições tem como objetivo dar garantia de que todos os bens e serviços externos à organização executora e necessários ao projeto serão fornecidos dentro do prazo, custo e qualidade planejados.

Partes interessadas são pessoas, grupos ou organizações que poderiam impactar ou ser impactados por um projeto. Para aumentarmos a possibilidade de obtermos um processo bem-sucedido, devemos analisar as expectativas desse grupo e o impacto dessas expectativas no projeto, além de desenvolver estratégias gerenciais apropriadas para efetivamente engajar essas partes interessadas nas decisões do projeto. Para o auxílio na correta e eficiente identificação e gerenciamento das partes interessadas utilizaremos algumas planilhas de planejamento e controle que poderão ser desenvolvidas em conjunto ou separadamente apresentadas no Capítulo 54, denominado Mapa de Gerenciamento das Partes Interessadas.

Torna-se oportuno esclarecer que essas inclusões e modificações não descaracterizam as premissas sobre as quais este livro foi concebido e escrito e nem se desviam de seu objetivo principal, que é auxiliar os gerentes e respectivas equipes de trabalho a desenvolver e buscar novas ferramentas que ajudem na habilidade de tomar decisões seguras com base nas informações disponíveis, entendendo que a utilização dessas técnicas conduza não apenas a respostas mais adequadas, mas também que sempre considere o seu impacto dentro da organização.

Essas ferramentas complementam esta nova edição, enriquecendo e contribuindo para melhor aproveitamento do que pretendo passar aos meus alunos, leitores e profissionais da área de gerenciamento.

Sempre ressalto que o conhecimento e a facilidade de uso dessas ferramentas geram habilidades essenciais nas organizações com vistas à redução de custos e à melhoria dos processos, pois a liderança a partir do meio oferece um novo paradigma para a gestão eficaz nesse período de rápidas transformações.

Não sugiro uma fórmula para o gerenciamento de desafios que se situam à frente. Essa atitude seria uma proposta arriscada, pois não existe um caminho único para o sucesso – no entanto, uma boa aplicação das ferramentas, dos conceitos e das estruturas de referência gerenciais pode gerar uma melhor compreensão do alcance e do significado das oportunidades que emergirão ao longo de nossa trajetória.

O Autor

O Autor

Merhi Daychoum é Engenheiro Civil graduado em 1986. Profissional em Gerenciamento de Projetos (PMP® – *Project Management Professional*), certificado pelo Instituto de Gerenciamento de Projetos (PMI® – *Project Management Institute*). Membro do PMI® (*Project Management Institute*). Membro Voluntário do Grupo de Governo do PMI®-RJ, MBA em Gerenciamento de Projetos pela Fundação Getúlio Vargas. MBA Executivo Internacional pela Fundação Getúlio Vargas. MBA-Pleno em Gerenciamento de Projetos pela Ohio University – College of Business – Center for International Business Education and Development em convênio com a Fundação Getúlio Vargas e o Business Institute – em curso. Especialista em Negociação formado pela Fundação Getúlio Vargas. Participou do seminário para executivos brasileiros ministrado na Ohio University – College of Business. Consultor da Organização das Nações Unidas para a Educação, Ciência e a Cultura (Unesco). Coordenador de Projetos e Obras do Programa Delegacia Legal do Governo do Estado do Rio de Janeiro. Diretor da empresa Construcon Construções e Consultoria Ltda. Instrutor de cursos de Gerenciamento de Projetos baseados na metodologia do PMI® (*Project Management Institute*). Instrutor de cursos de Negociação. Palestrante de temas como Motivação e Liderança. Coordenador de unidade nos cursos do Rio de Janeiro e de Salvador da Escola de Políticas Públicas e Gestão Governamental (EPPGG). Coordenador da disciplina Gestão de Projetos do Curso de Especialização em Gestão da Inovação em Fitomedicamentos da Farmanguinhos – Fiocruz. Professor de Análise e Elaboração de Projetos do Curso de Especialização em Políticas Públicas e Gestão Governamental – EAD – da Universidade Federal Fluminense (UFF). Professor do MBA em Gerenciamento de Projetos da Universidade Veiga de Almeida. Palestrante do Programa PROGREDIR do CREA-RJ. Debatedor da Rádio Tupi – RJ. Coautor do livro **Ortodontia com Excelência – Na Busca da Perfeição Clínica**, da Napoleão editora. Autor dos livros **Gerência de Projetos – Programa Delegacia Legal, Manual de Sobrevivência a Reformas** e **Negociação – Conceitos e Técnicas**, todos publicados pela Brasport.

Sumário

FERRAMENTAS DE NEGOCIAÇÃO

FERRAMENTAS DE GERENCIAMENTO DO PRAZO

FERRAMENTAS DE GERENCIAMENTO DE CUSTOS

FERRAMENTAS DE GERENCIAMENTO DA QUALIDADE

FERRAMENTAS DE GERENCIAMENTO DO ESCOPO

FERRAMENTAS DE GERENCIAMENTO DE RECURSOS HUMANOS

FERRAMENTAS DE GERENCIAMENTO DAS AQUISIÇÕES

FERRAMENTAS DE GERENCIAMENTO DA COMUNICAÇÃO

FERRAMENTAS DE GERENCIAMENTO DAS PARTES INTERESSADAS

FERRAMENTAS DE GERENCIAMENTO DE RISCOS

FERRAMENTAS DE GERENCIAMENTO DA INTEGRAÇÃO

APLICAÇÃO PRÁTICA

Introdução

Gerenciar não é uma tarefa fácil. Significa dar suporte, alcançar e manter a motivação da equipe, acompanhar, cobrar, interagir, prover treinamento ou qualificação, ter a mente aberta para receber e acatar as críticas, fazer e deixar fluir a criatividade no grupo, ao mesmo tempo em que atua como participante ativo desse mesmo grupo.

O gerente funciona como uma interface entre a equipe e o cliente. Ele é cobrado pelos resultados e precisa ser ágil na solução dos problemas que possam ocorrer durante o desenvolvimento do trabalho.

Em muitas situações não há tempo hábil para um planejamento da solução. Ela tem que ser imediata. Só há uma saída: fazer um bom planejamento da sua atividade.

Para o auxílio desta árdua tarefa que é o gerenciamento existem inúmeros instrumentos desenvolvidos geralmente por grandes autores e estudiosos da administração. Sempre que possível o gestor deve recorrer a esses instrumentos, que servem para apoiar a tomada de decisão e reduzir a incidência de erros provenientes de ações mal planejadas.

Chamo esses instrumentos de apoio à gestão de **Ferramentas e Técnicas**. Sem sombra de dúvidas, essas ferramentas podem auxiliar bastante no trabalho diário desses profissionais e são fundamentais para pessoas que trabalham com qualquer tipo de gerenciamento.

Cabe ressaltar que não estou lançando nem inventando nenhuma metodologia ou até mesmo uma ferramenta nova. Tudo que está neste trabalho são ferramentas já utilizadas e muito popularizadas. Muitas técnicas aqui apresentadas possuem definições bem mais amplas e, em alguns casos, diferentes das encontradas neste livro.

Portanto, essas ferramentas encontram-se estudadas com mais profundidade em livros de gestão pela qualidade total, em livros de administração de negócios e em muitos outros.

Na literatura existem registros sobre todos os métodos, técnicas e ferramentas aqui apresentados. No entanto, esses registros são dispersos e este trabalho procurou, através de uma compilação, possibilitar uma visão geral e mostrar os passos básicos de algumas dessas metodologias, tentando facilitar o entendimento das técnicas desenvolvidas, evidenciando a sua aplicabilidade e estimulando a sua aplicação prática.

Geralmente essas ferramentas e técnicas foram criadas para algum uso específico, porém muitas delas ao longo do tempo se tornaram de uso universal, servindo ao apoio da gestão de diversas áreas de conhecimento e, por muitas vezes, com uma aplicação mais frequente em uma área diferente daquela onde ela foi desenvolvida para apoiar inicialmente. Independentemente do uso ou das adaptações que se façam dessas metodologias, a ideia principal sempre será a busca da melhoria da gestão.

Gerenciamento de Projetos

Segundo o *Project Management Institute*, "projeto é um esforço temporário empreendido para criar um produto, serviço ou resultado exclusivo".

Os projetos são desenvolvidos em todos os níveis da organização. Eles podem envolver uma única pessoa ou milhares delas. Podem durar poucas semanas ou mais de cinco anos. Os projetos podem envolver uma unidade isolada da organização ou atravessar as fronteiras organizacionais, como ocorre em consórcios ou parcerias.

Podemos citar como exemplos de projetos:

- Desenvolver um novo produto ou serviço.
- Implementar uma mudança organizacional em nível de estrutura, de pessoas ou de estilo gerencial.
- Construir um prédio ou instalações.
- Desenvolver um sistema de abastecimento de água para as comunidades em desenvolvimento.
- Levar a cabo uma campanha política.
- Implementar um novo processo ou procedimento organizacional.

Gerenciamento de projetos é a aplicação de conhecimentos, habilidades e técnicas para projetar atividades que visem atingir os requerimentos do projeto. O gerenciamento do projeto é acompanhado através do uso de processos que podem ser dispostos por cinco grupos de processos – Iniciação, Planejamento, Execução, Controle e Encerramento – ou também podem ser agrupados em dez áreas de conhecimento – Integração, Escopo, Tempo, Custo, Qualidade, Recursos Humanos, Aquisições, Comunicação, Riscos e Partes Interessadas. A equipe gerencia o trabalho do projeto, que tipicamente envolve:

- Demandas concorrentes: escopo, tempo, risco, custo e qualidade.
- Partes envolvidas com diferentes necessidades e expectativas.
- Identificação de requerimentos.

O *Standish Group International* realizou um estudo que revelou, através de dados alarmantes, que as empresas desperdiçam incontáveis recursos devido a falhas na utilização de práticas efetivas de gerenciamento de projetos:

- 31% de todos os projetos são cancelados antes do término.
- 88% dos projetos ultrapassam seu prazo, custo ou ambos.
- Os projetos ultrapassam, em média, 189% dos custos estimados.
- Os projetos ultrapassam, em média, 222% do prazo estimado.

Os Processos do Gerenciamento de Projetos

Gerenciamento de projetos é um esforço interativo – uma ação ou uma falta de ação em uma área usualmente afeta também outras áreas. As interações podem ser diretas e claras ou podem ser incertas e sutis. Por exemplo, uma mudança de escopo quase sempre afeta o custo do projeto.

Os projetos são compostos de processos. Um **processo** é "uma série de ações que geram um resultado". Os processos do projeto são realizados por pessoas.

Os processos são descritos por suas Entradas, Ferramentas e Técnicas e Saídas:

Entradas → Qualquer item, interno ou externo, que é exigido por um processo antes que esse processo continue. Pode ser uma saída de um processo predecessor.

Ferramentas e Técnicas → Alguma coisa tangível, como um modelo ou um programa de software, usada na realização de uma atividade para desenvolver um produto ou resultado. São mecanismos aplicados às entradas para criar as saídas.

Saídas → Um produto, serviço ou resultado gerado por um processo.

Demonstração Gráfica de um Processo

Como podemos perceber, não é possível gerenciar um projeto sem o uso dessas **Ferramentas e Técnicas.** Se possível, utilize-as automatizadas. Existem diversos softwares que fazem isso.

Se você não tem o costume de utilizá-las, comece agora a trabalhar com elas.

Ferramentas de Estratégia

1

Análise SWOT

A **Análise SWOT** é uma ferramenta utilizada para fazer análises de cenário (ou análises de ambiente), sendo usada como base para a gestão e o planejamento estratégico de uma organização. É um sistema simples para posicionar ou verificar a posição estratégica da empresa no ambiente em questão. A técnica é creditada a Albert Humphrey, que liderou um projeto de pesquisa na Universidade de Stanford nos anos 60 e 70, usando dados da revista Fortune das quinhentas maiores corporações. Porém, devido à sua simplicidade, a análise SWOT é utilizada para qualquer tipo de análise de cenário, para criar um blog ou para gerenciar uma multinacional.

O termo **SWOT** é uma sigla oriunda do idioma inglês. Significa um anagrama de Forças (***S****trengths*), Fraquezas (***W****eaknesses*), Oportunidades (***O****pportunities*) e Ameaças (***T****hreats*).

Strengths – pontos fortes: vantagens internas da organização em relação às empresas concorrentes.

Weaknesses – pontos fracos: desvantagens internas da organização em relação às organizações concorrentes.

Opportunities – oportunidades: aspectos positivos com o potencial de fazer crescer a vantagem competitiva da organização.

Threats – ameaças: aspectos negativos com o potencial de comprometer a vantagem competitiva da organização.

A ideia da análise **SWOT** já era utilizada há quase três mil anos, quando Sun Tzu enunciava: "concentre-se nos seus pontos fortes, reconheça as suas fraquezas, agarre as oportunidades e proteja-se das ameaças" (Sun Tzu, 500 a.C.).

Essa análise de cenário se divide em **ambiente interno** (forças e fraquezas) e **ambiente externo** (oportunidades e ameaças).

As forças e fraquezas são determinadas pela posição atual da organização e se relacionam, quase sempre, a fatores internos. Já as oportunidades e ameaças são antecipações do futuro e estão relacionadas a fatores externos.

O ambiente interno pode ser controlado pelos dirigentes da organização, uma vez que ele é resultado das estratégias de atuação definidas pelos seus próprios membros.

Dessa forma, durante a análise SWOT, quando for percebido um ponto forte, ele deve ser ressaltado ao máximo; e quando for percebido um ponto fraco, a organização deve agir para controlá-lo ou, pelo menos, minimizar seu efeito.

Já o ambiente externo está totalmente fora do controle da organização. Mas, apesar de não poder controlá-lo, a organização deve conhecê-lo e monitorá-lo com frequência, de forma a aproveitar as oportunidades e evitar as ameaças.

Essa forma de análise estratégica vem sendo utilizada com muito sucesso por empresas privadas em todo o mundo e, sem dúvida, pode ser uma ferramenta de grande utilidade para todas as organizações.

Modelo Esquemático da Análise SWOT

SWOT	**AJUDA** (Na conquista de objetivos)	**ATRAPALHA** (Na conquista de objetivos)
AMBIENTE INTERNO (Atributos da organização)	**Forças**	**Fraquezas**
AMBIENTE EXTERNO (Atributos do ambiente)	**Oportunidades**	**Ameaças**

Assim, a análise SWOT, ou seja, a análise dos pontos fortes e fracos da organização, das oportunidades e das ameaças, é um instrumento precioso para qualquer entidade, não necessariamente uma empresa. Permite-lhe fazer uma análise precisa de sua situação em um nível de detalhes que possibilita definir as decisões estratégicas a serem tomadas no presente e no futuro.

Sua importância no apoio à formulação de estratégias deriva de sua capacidade de promover um confronto entre as variáveis externas e internas, facilitando a geração de alternativas de escolhas estratégicas, bem como de possíveis linhas de ação.

Como Fazer a Análise SWOT

A análise é dividida em duas partes: o ambiente externo à organização (oportunidades e ameaças) e o ambiente interno à organização (pontos fortes e pontos fracos). Essa divisão é necessária porque a organização tem que agir de formas diferentes em um e em outro caso, como veremos a seguir.

O ambiente interno pode ser controlado pelos dirigentes da organização, já que ele é o resultado de estratégias de atuação definidas por eles mesmos. Dessa forma, quando percebemos um ponto forte em nossa análise, devemos ressaltá-lo ainda mais; quando percebemos um ponto fraco, devemos agir para controlá-lo ou, pelo menos, minimizar seu efeito.

O ambiente externo, diferentemente do ambiente interno, não permite o seu controle, porém é fundamental para o sucesso da organização que se busquem formas de conhecê-lo ao máximo procurando monitorá-lo de maneira ágil e eficiente, com o objetivo de identificar e evitar as ameaças e aproveitar as oportunidades.

A análise SWOT deve ser realizada de maneira formal uma vez por ano, mas as informações mais importantes devem ser monitoradas constantemente.

Ambiente Externo

Diversos fatores externos à organização podem afetar o seu desempenho. E as mudanças no ambiente externo podem representar **oportunidades** ou **ameaças** ao desenvolvimento do plano estratégico de qualquer organização.

Na prática, isso significa que mudanças que estão totalmente fora do controle da organização podem afetar (positiva ou negativamente) seu desempenho e sua forma de atuação. As mudanças no ambiente externo sempre afetam de maneira homogênea todas as organizações que atuam em uma mesma área geográfica e em um mesmo mercado e, assim, representam oportunidades ou ameaças iguais para todos.

Quando ocorre uma mudança na legislação, por exemplo, todas as organizações são afetadas.

Um bom exemplo disso foi o fim do incentivo fiscal que permitia a dedução de doações de pessoas físicas no imposto de renda. Isso foi uma ameaça que afetou todas as organizações de maneira igual: todas foram prejudicadas de forma semelhante pela mudança na legislação. O que pode ter sido diferente, de um caso para outro, foi a maneira de lidar com essa situação e o impacto que essa mudança pode ter gerado para cada organização.

Por outro lado, como uma oportunidade surgida do ambiente externo podemos citar o crescimento dos partidos de esquerda, com maior propensão a investir na área social.

Mais uma vez, todas as organizações têm a mesma possibilidade de se beneficiar dessa mudança no ambiente externo, mas, como bem sabemos, nem todas vão conseguir aproveitar esta oportunidade da mesma maneira.

Uma organização que perceba que o ambiente externo está mudando e que tenha agilidade para se adaptar a essa mudança aproveitará melhor as oportunidades e sofrerá menos as consequências das ameaças. Por isso, a análise do ambiente externo é tão importante.

Toda análise de ambiente externo deve ser acompanhada da análise do grau de probabilidade de que um determinado evento ocorra. Por exemplo, se as pesquisas de opinião pública indicam um maior contentamento com um determinado governante, é mais provável que ele consiga aprovar as medidas que propuser no Congresso. Se, ao contrário, a opinião pública indica uma grande insatisfação com o governo atual, é provável que ele tenha dificuldade em aprovar essas mesmas medidas no Congresso.

A análise da situação deve levar em consideração não apenas o que está sendo sinalizado como uma alternativa de cenário, mas também qual é a probabilidade de que aquele cenário se concretize. Essa análise de cenários deve ser permanente, porque o ambiente externo é muito dinâmico e está sendo alterado constantemente.

Uma coisa é perceber que o ambiente externo está mudando, outra é ter competência para adaptar-se a essas mudanças (aproveitando as oportunidades e/ou enfrentando as ameaças).

A avaliação do ambiente externo costuma ser dividida em duas partes:

- **Fatores Macroambientais** - Dentre os quais podemos citar questões demográficas, econômicas, tecnológicas, políticas, sociais, culturais, legais, etc.
- **Fatores Microambientais** - Dentre os quais podemos citar os beneficiários, suas famílias, as organizações congêneres, os principais parceiros, os potenciais parceiros, etc.

Oportunidades

Correspondem às oportunidades para crescimento, lucro e fortalecimento da organização, tais como:

- Necessidades não satisfeitas do consumidor.
- Aumento do poder de compra do mercado.
- Disponibilidade de linhas de crédito.
- Crescimento do número de clientes/usuários.

Ameaças

Correspondem a mudanças no ambiente que apresentam ameaças à sobrevivência da empresa, tais como:

- Mudanças nos padrões de consumo.
- Lançamento de produtos substitutivos no mercado.
- Redução no poder de compra dos consumidores.

Como Transformar uma Ameaça em Oportunidade

Uma ameaça, portanto um fator externo que pode vir a afetar o funcionamento da organização, não é necessariamente uma má notícia. De fato, ela pode provocar o aparecimento de um novo ponto forte na empresa. Para isso, os gestores devem perceber como esse novo fato (como, por exemplo, imposições legais mais restritivas sobre os produtos desenvolvidos pela organização) pode ser explorado pela organização de modo a retirar um benefício real.

O aparecimento de um novo produto inovador por parte de um concorrente, tipicamente uma ameaça à participação de mercado, pode tornar-se um novo conjunto de capacidades da organização. Normalmente são as organizações maiores que têm mais capacidade para reagir de forma positiva às constantes ameaças que se colocam. No entanto, muitas pequenas e médias organizações também podem ganhar esse "jogo".

Assim, quais são as condições para que uma ameaça possa ser transformada em oportunidade?

- A organização tem que possuir visão estratégica para avaliar corretamente as ameaças como sendo oportunidades escondidas.
- A organização precisa possuir os recursos financeiros, materiais e humanos para poder executar as alterações necessárias (por exemplo, o lançamento de um novo produto).
- Finalmente, a organização tem que reagir com rapidez. As organizações concorrentes podem também ter visto a oportunidade latente.

Ambiente Interno

Da mesma maneira que ocorre em relação ao ambiente externo, o ambiente interno deve ser monitorado permanentemente.

Em primeiro lugar, é importante fazer uma relação de quais são as variáveis que devem ser monitoradas, por exemplo: capacidade de atendimento, demanda pelos serviços prestados, satisfação do público-alvo com o atendimento, crescimento do número de contribuintes, nível de renovações das contribuições, dedicação dos funcionários, capacidade de gestão das lideranças da organização, flexibilidade da organização, etc.

Forças

Correspondem aos recursos e às capacidades da organização que podem ser combinados para gerar vantagens competitivas com relação a seus competidores. Incluem:

- Marcas de produtos.
- Conceito da empresa.
- Participação de mercado.
- Vantagens de custos.
- Localização.
- Fontes exclusivas de matérias-primas.
- Grau de controle sobre a rede de distribuição.

Fraquezas

Os pontos mais vulneráveis da organização em comparação aos mesmos pontos dos competidores atuais ou em potencial:

- Pouca força de marca.
- Baixo conceito junto ao mercado.
- Custos elevados.
- Localização não favorável.
- Falta de acesso a fontes de matérias-primas.
- Pouco controle sobre a rede de distribuição.

De qualquer modo, devemos nos atentar ao fato de que por muitas vezes forças e fraquezas se confundem. Uma força atual pode se transformar em uma fraqueza no futuro, pela dificuldade de mudança que esta provoca.

Podemos criar uma listagem para avaliar cada um desses tópicos para identificá-los como forças ou fraquezas dentro de uma organização, como no exemplo a seguir:

TÓPICOS	FORÇA	FRAQUEZA
Capacidade de atendimento	X	
Demanda pelos serviços prestados		X
Satisfação do público-alvo		X
Dedicação dos funcionários	X	
Capacidade de gestão das lideranças	X	
Flexibilidade da organização		X
Pesquisa e Desenvolvimento (P & D)	X	
Base de Clientes		X
Distribuição e Logística	X	
Marketing e Vendas	X	
Situação Financeira	X	
Operações / Produção		X
Gerência e Direção		X
Organização	X	
TI / Sistemas de Informação		X

Pode ser interessante avaliar também os seus principais "concorrentes" em relação aos mesmos tópicos, para que se possa ter clareza de quais são os diferenciais competitivos que cada organização tem em relação às outras com as quais compete por recursos e/ou no atendimento ao público-alvo.

Outros itens considerados de menor importância ou que estejam caracterizados como pontos fortes podem não receber recursos (financeiros, humanos e/ou materiais) nesse momento, já que, como sabemos, a organização não pode investir em todas as áreas ao mesmo tempo e esses itens não são tão prioritários ou tão problemáticos.

Quando temos claro quais são as áreas de maior importância e quais as áreas que são consideradas fraquezas de nossa organização, fica mais fácil decidirmos onde devem ser alocados os esforços para melhoria, já que não seria possível investir em todas as áreas ao mesmo tempo.

Matriz da Análise SWOT

O cruzamento entre os quatro quadrantes da análise provê uma moldura onde a organização pode desenvolver melhor suas vantagens competitivas relacionando oportunidades e forças, por exemplo.

No caso do cruzamento entre oportunidades e fraquezas, é possível estabelecer as bases para modificações no ambiente interno, de modo a poder aproveitar melhor as oportunidades.

O cruzamento entre ameaças e forças pode representar a possibilidade de investir na modificação do ambiente, de modo a torná-lo favorável à organização (o que não é tarefa fácil de ser conseguida).

Se no cruzamento entre ameaças e fraquezas estiverem situações de alta relevância para a organização, provavelmente trata-se de uma ocasião para modificações profundas na entidade, incluindo a viabilidade de sua manutenção no próprio negócio.

Na correlação entre o ambiente externo (oportunidades e ameaças) e o ambiente interno (pontos fortes e pontos fracos) identificam-se quatro tipos de situações:

- **Oportunidade X Força = Alavanca** (quando uma oportunidade encontra um conjunto de pontos fortes para proveitos).
- **Oportunidade X Fraqueza = Restrição** (quando a oportunidade não pode ser aproveitada pela empresa devido a seus pontos fracos).
- **Ameaça X Força = Defesa** (quando existe uma ameaça, mas a empresa possui pontos fortes para amenizá-la).
- **Ameaça X Fraqueza = Problema** (quando a ameaça do ambiente torna a empresa mais vulnerável devido a seus pontos fracos).

Exemplo de Matriz SWOT Simples

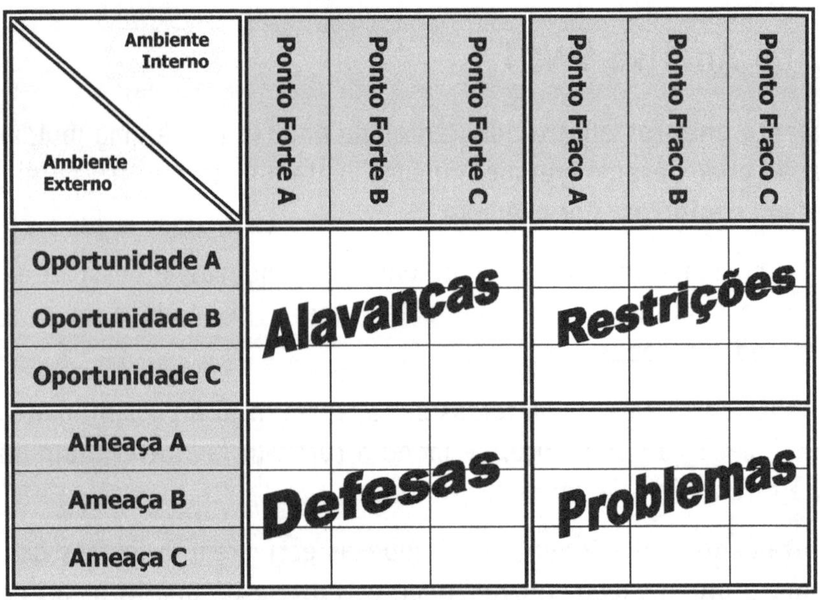

Exemplo de Matriz SWOT Setorizada por Cenários

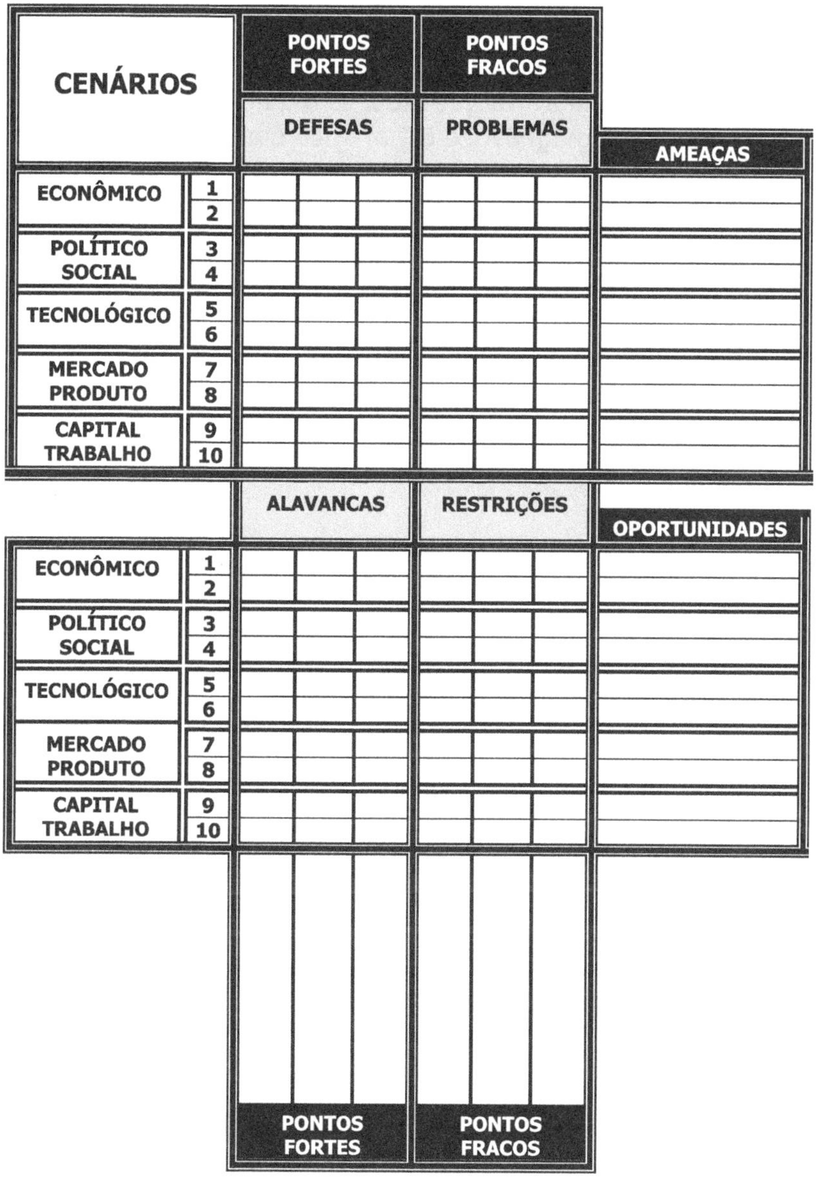

Em cada uma das interseções da matriz a organização deve colocar as sugestões relevantes. Neste ponto, um reparo é importante: muitos gestores confundem oportunidades e pontos fortes ou ameaças e pontos fracos. É preciso recordar que as oportunidades e as ameaças se referem à envolvente externa, enquanto os pontos fortes e fracos têm a ver com a situação atual da organização e decorrem, portanto, de uma análise interna. O diagnóstico estratégico efetuado deve estar organizado em termos funcionais. É útil associar a cada ponto forte ou fraco um departamento ou área da organização. Tipicamente, as áreas funcionais são as seguintes:

- Produção
- Administrativa
- Financeira
- Recursos humanos
- Marketing/Comercial

Objetivos e Metas

Realizada a fase de análise (matriz SWOT), deveremos estabelecer um conjunto de objetivos e as metas correspondentes, priorizando alavancas e problemas e atenuando as forças prejudiciais à organização.

Cada objetivo ou conjunto de objetivos deve ser fragmentado em metas, normalmente anuais, para que se possa fazer um acompanhamento e corrigir o rumo.

A elaboração do diagnóstico estratégico da organização, através do modelo SWOT, deve levar à formulação de objetivos estratégicos para a entidade. Existem alguns princípios que não podem ser esquecidos quando se elaboram e escolhem os objetivos e as metas a atingir:

- **Coerência horizontal**: os objetivos dos órgãos situados no mesmo nível organizacional devem estar em consonância e ser coerentes entre eles para evitar conflitos e incompatibilidades.
- **Coerência vertical**: os objetivos de um nível organizacional devem ajudar na realização dos objetivos do nível organizacional imediatamente superior.
- **Comunicação total**: os objetivos globais da organização devem ser conhecidos e compreendidos por todos os seus níveis hierárquicos.

Por outro lado, para ser eficaz e levar de fato a resultados úteis para a organização, é preciso que:

- Seja definido um horizonte temporal: os resultados devem ter um *timing* preciso.
- Seja escolhido um responsável.
- Seja estabelecida uma unidade de medida (indicador) para avaliar os avanços dos vários objetivos.
- Os objetivos estejam quantificados.

Depois de ter realizado uma análise SWOT, a organização pode:

- Estabelecer metas de melhoria dos itens que tenham sido considerados prioritários e de baixo desempenho.
- Estabelecer metas relacionadas à forma de atuação no que diz respeito ao aproveitamento de oportunidades.
- Estabelecer quais ações serão importantes para evitar os efeitos de eventuais ameaças.

Essas metas serão a base do planejamento anual de atividades da organização.

A análise SWOT é, portanto, um instrumento de fácil aplicação e pode ser de grande utilidade no planejamento das organizações sociais, assim como vem sendo no planejamento de muitas organizações privadas.

A Nova Análise SWOT

É possível afirmar que as **ameaças**, em certos casos, não são mais do que **oportunidades** no futuro próximo. Assim, a nova análise SWOT substitui o fator **ameaças** pelo fator **tempo**. A componente temporal é cada vez mais importante na estratégia das empresas. Muitas das ameaças, tipicamente a entrada de produtos concorrentes melhores no mercado, podem ser equacionadas como uma avaliação de quando é que a organização deve introduzir novos modelos dos produtos já existentes, sejam eles evoluções dos modelos atuais ou modelos substitutos.

A eliminação do fator ameaças do raciocínio estratégico leva a uma abordagem mais positiva, mas também proativa. As organizações devem, antes de tudo, fazer um esforço para melhorar as suas competências. Só dessa forma estarão aptas a tirar o máximo proveito das oportunidades que vão surgir. Tudo é uma questão de decidir qual é o *timing* mais apropriado para efetuar as alterações necessárias aos produtos ou aos serviços propostos pela organização aos seus clientes. Cabe ressaltar que esse *timing* é muito variável de setor para setor.

Finalmente, é importante registrar que há também quem prefira a designação "**oportunidades e risco**" à abordagem clássica de "**oportunidades e ameaças**".

2

Árvore de Decisão

A **árvore de decisão** é um dos modelos mais práticos e mais usados em conclusão indutiva. Este método representa funções como árvores de decisão. Essas árvores são elaboradas de acordo com um conjunto de informações (exemplos previamente classificados) e, posteriormente, outros exemplos são classificados de acordo com essa mesma árvore. São diagramas que apresentam a sequência das decisões inter-relacionadas e os resultados esperados de acordo com a alternativa escolhida.

Em geral, existe mais de uma escolha ou opção disponível quando se enfrenta uma tomada de decisão. Essas escolhas são ilustradas em forma de **árvore deitada**, iniciando-se à esquerda e ramificando-se para a direita, ou em forma de **árvore em pé**, iniciando-se em cima e ramificando-se para baixo com as possíveis consequências.

A árvore de decisão descreve uma decisão que está sendo considerada e as implicações da escolha de uma ou de outra das alternativas disponíveis.

Ela incorpora probabilidades ou riscos e os custos ou recompensas de cada caminho lógico dos eventos e decisões futuras.

Nessas situações espera-se estimar, com relativa precisão, as probabilidades de ocorrência desses eventos sujeitos a incertezas e o peso, probabilidade ou **valor esperado** de cada possível alternativa considerada. Ao gerente de projetos caberá escolher aquela alternativa que demonstra o melhor resultado entre todas.

Basicamente, o processo de construção e análise de árvores de decisão se fundamenta nos seguintes passos:

1. Definição do problema.
2. Identificação das alternativas a serem consideradas.

3. Identificação dos eventos futuros decorrentes das alternativas escolhidas.
4. Representação em tabelas ou gráficos das alternativas e suas ramificações.
5. Estimativa das probabilidades de ocorrência para cada evento futuro identificado.
6. Determinação dos valores finais das alternativas.
7. Tomada de decisão.

VALOR ESPERADO

O valor esperado é obtido através do somatório da ponderação dos resultados em cada alternativa considerada, multiplicado pela sua probabilidade de ocorrência. Em outras palavras, o valor esperado de uma determinada alternativa de decisão é o produto do valor final esperado da situação pela sua probabilidade de ocorrência.

Esses cálculos podem ser feitos para valores esperados em relação ao tempo ou para valores esperados em relação ao dinheiro. No caso de valores esperados em relação ao dinheiro, podemos considerar a expressão *VME – Valor Monetário Esperado*.

$$VME = \sum(\text{Resultado})(\text{Probabilidade})$$

Para efeito de ilustração, considere um exemplo onde é necessário se tomar uma decisão e existem duas possibilidades, com probabilidades de ganho e perda em cada uma delas, sendo:

POSSIBILIDADES	PROBABILIDADES	EVENTO	
		GANHO	PERDA
Possibilidade 1	20%	100.000	
	80%		20.000
Possibilidade 2	70%	10.000	
	30%		20.000

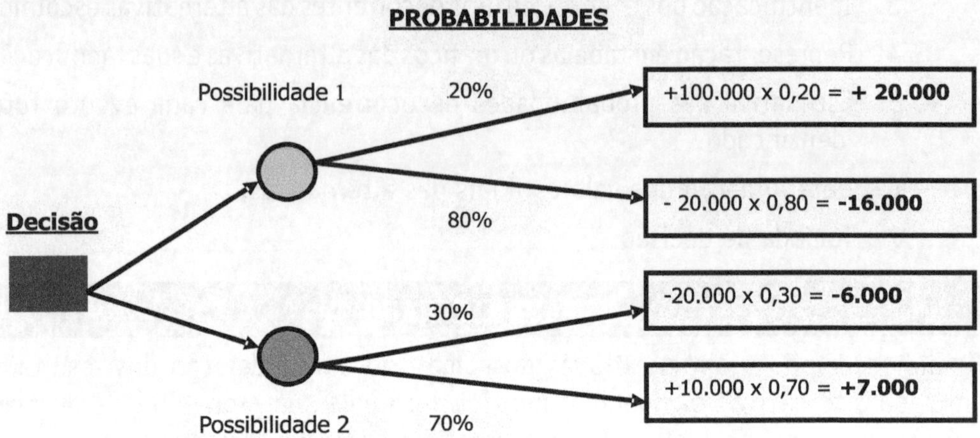

- ❑ Possibilidade 1 = (+ 20.000) + (- 16.000) = + 4.000
- ❑ Possibilidade 2 = (- 6.000) + (+ 7.000) = + 1.000

Uma decisão baseada na árvore de decisão indicaria como a melhor alternativa a Possibilidade 1.

Vejamos outro exemplo no qual, durante o planejamento dos recursos, o gerente de projetos e a sua equipe estão diante de uma escolha do tipo fazer ou comprar (*make or buy*), na qual a decisão de preparação das máquinas (*setup*) para fabricar internamente um componente de um novo produto tem um custo bastante elevado em relação à importação desse mesmo componente da China. Acontece que o custo variável desse componente, caso fosse manufaturado internamente, uma vez tendo sido realizado o *setup* das máquinas, seria bem menor que o preço de compra do componente importado.

Sendo assim, vejamos como deveria proceder esse gerente de projetos:

1. **Definições do problema.** A decisão em questão é a de adotar uma alternativa de maior retorno econômico para o provimento de recursos do projeto de um novo produto.
2. **Identificação das alternativas a serem consideradas.** Produzir internamente o componente ou passar a importá-lo da China.
3. **Identificação dos eventos futuros decorrentes das alternativas escolhidas.** A demanda pelo novo produto poderia ser alta, média ou baixa, o que impactaria no retorno econômico do projeto (lucro líquido), que foi calculado como explicitado na tabela a seguir:

DECISÃO	LUCRO LÍQUIDO		
	Demanda Alta	Demanda Média	Demanda Baixa
Produzir	53	32	11
Importar	45	30	15

4. **Representação em tabelas ou gráficos das alternativas e suas ramificações.** A escolha (*make or buy*) que o gerente de projetos deverá fazer e os valores envolvidos na análise estão expressos na árvore de decisão a seguir.

Árvore de Decisão Inicial

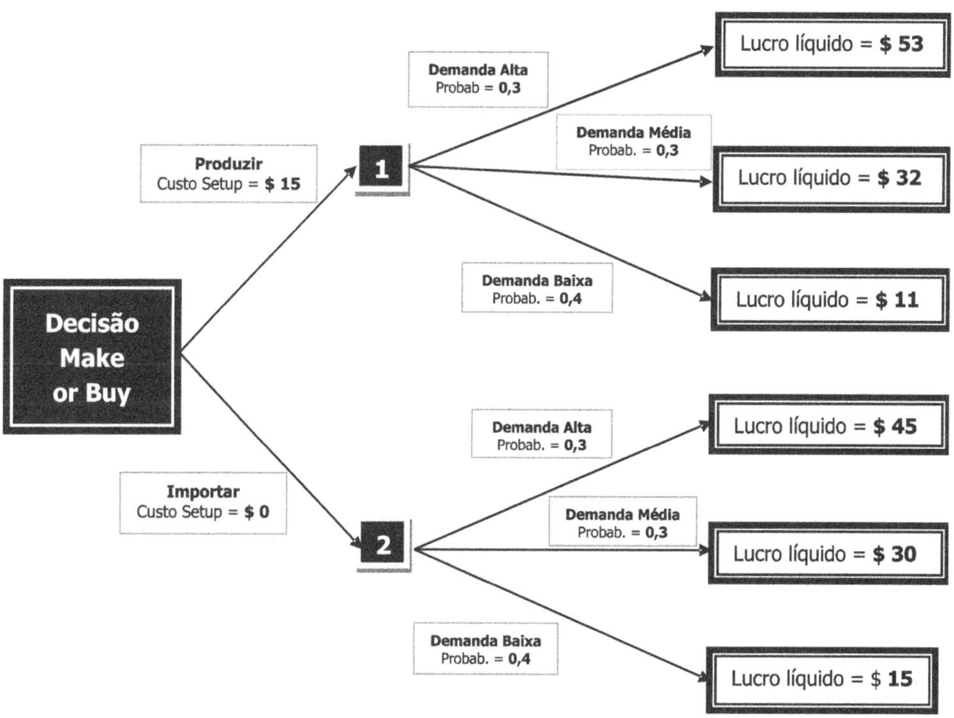

5. **Estimativa das probabilidades de ocorrência para cada evento futuro identificado.** As probabilidades para cada alternativa de demanda foram estimadas como:

- Probabilidade de o produto ter demanda alta = 30% 0,3
- Probabilidade de o produto ter demanda média = 30% 0,3
- Probabilidade de o produto ter demanda baixa = 40% 0,4

6 e 7. **Determinação do valor esperado e a tomada de decisão.** Desse modo, a equipe do projeto pode determinar que caminho oferece um resultado monetário mais atraente ou, ainda, que ofereça menor exposição ante os riscos observados.

$$\text{VME} = (\text{Resultado})(\text{Probabilidade})$$

No exemplo mencionado anteriormente, o VME de cada alternativa pode ser calculado como:

$$\text{VME}_{\text{Produzir}} = (\$53)(0,3) + (\$32)(0,3) + (\$11)(0,4) = \$29,9$$
$$\text{VME}_{\text{Importar}} = (\$45)(0,3) + (\$30)(0,3) + (\$15)(0,4) = \$28,5$$

Os cálculos apresentados nos levam, inicialmente, a considerar que a alternativa de produzir internamente, dadas as estimativas de demanda, traria maior retorno econômico ao projeto do novo produto comparado à alternativa de importar.

Porém, teríamos ainda que levar em consideração o custo do *setup* da produção, o que modificaria essa decisão. Ao se aplicar o custo de *setup* da expectativa de resultado, que só existe na alternativa de produzir localmente, a decisão muda. Vejamos a seguir:

$$\text{VME}_{\text{Produzir}} = (\$53)(0,3) + (\$32)(0,3) + (\$11)(0,4) = \$\ 29,9 - \$15 = \$14,9$$
$$\text{VME}_{\text{Importar}} = (\$45)(0,3) + (\$30)(0,3) + (\$15)(0,4) = \$28,5 - \$0 = \$28,5$$

Essa ferramenta de decisão é importante para o trabalho do gerente de projetos, pois auxilia no processo de tomada de decisões quando há decisões alternativas, fato frequente no gerenciamento de riscos em projetos. É bastante comum termos alternativas de respostas a riscos, e a árvore de decisão nos auxiliará de maneira efetiva nesse ponto:

Árvore de Decisão Concluída

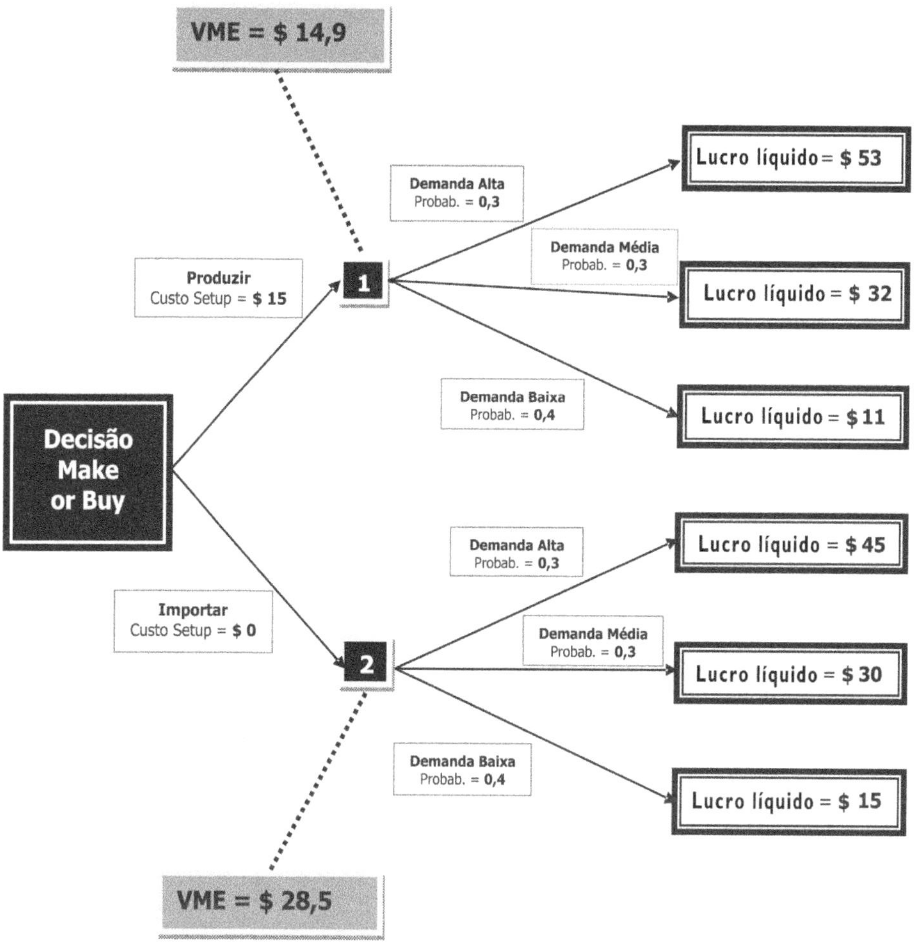

3 Balanced Scorecard

Balanced Scorecard é uma metodologia disponível e aceita no mercado, desenvolvida pelos professores da Harvard Business School Robert Kaplan e David Norton, em 1992. BSC (Balanced Scorecard) é uma sigla que pode ser traduzida para Indicadores Balanceados de Desempenho.

O termo "indicadores balanceados" se dá ao fato da escolha dos indicadores de uma organização não se restringirem unicamente ao foco econômico-financeiro. As organizações também utilizam indicadores focados em ativos intangíveis como: desempenho de mercado junto a clientes, desempenhos dos processos internos e pessoas, inovação e tecnologia. Isso porque a somatória desses fatores alavancará o desempenho desejado pelas organizações, consequentemente criando valor futuro.

Segundo Kaplan e Norton, o Balanced Scorecard reflete o equilíbrio entre objetivos de curto e longo prazo, entre medidas financeiras e não financeiras, entre indicadores de tendências e ocorrências e, ainda, entre as perspectivas interna e externa de desempenho.

Esse conjunto abrangente de medidas serve de base para o sistema de medição e gestão estratégica por meio do qual o desempenho organizacional é mensurado de maneira equilibrada sob as quatro perspectivas (financeira, clientes, processos internos e aprendizado e crescimento). Dessa forma, contribui para que as organizações acompanhem o desempenho financeiro, monitorando, ao mesmo tempo, o progresso na construção de capacidades e na aquisição dos ativos intangíveis necessários para o crescimento futuro.

É um projeto lógico de um sistema de gestão genérico para organizações, onde o administrador de empresas deve definir e implementar (por exemplo, através de um sistema de informação de gestão) variáveis de controle, metas e interpretações para que a organização apresente desempenho positivo e crescimento ao longo do tempo.

Os métodos usados na gestão do negócio, dos serviços e da infraestrutura se baseiam normalmente em metodologias consagradas que podem utilizar a TI (Tecnologia da Informação) como solução de apoio, relacionando-a à gerência de serviços e garantia de resultados do negócio.

Os passos dessas metodologias incluem:

- Definição da estratégia empresarial.
- Gerência do negócio.
- Gerência de serviços.
- Gestão da qualidade.

Todos esses passos devem ser implementados através de indicadores de desempenho.

Os requisitos para definição desses indicadores tratam dos processos de um modelo da administração de serviços e busca da maximização dos resultados com base em quatro perspectivas que refletem a visão e a estratégia empresarial:

- **Financeira** – Demonstra se a implementação da estratégia está refletindo na melhoria dos resultados financeiros.
- **Clientes** – Determina se a estratégia da organização está se refletindo na satisfação e na retenção dos clientes, além da conquista de novos clientes e aumento da participação no mercado (*market share*).
- **Aprendizado e crescimento** – Determina quais competências, tecnologias e sistema organizacional são necessários para o desenvolvimento da organização.
- **Processos internos** – Verifica se os processos da organização estão contribuindo para a geração de valor percebido pelo cliente e alcance das metas financeiras da organização.

Portanto, a partir de uma visão balanceada e integrada de uma organização, o BSC permite descrever a estratégia de forma muito clara, através das quatro perspectivas:

- financeira;
- clientes;
- processos internos;
- aprendizado e crescimento.

Sendo que todos se interligam formando uma relação de causa e efeito.

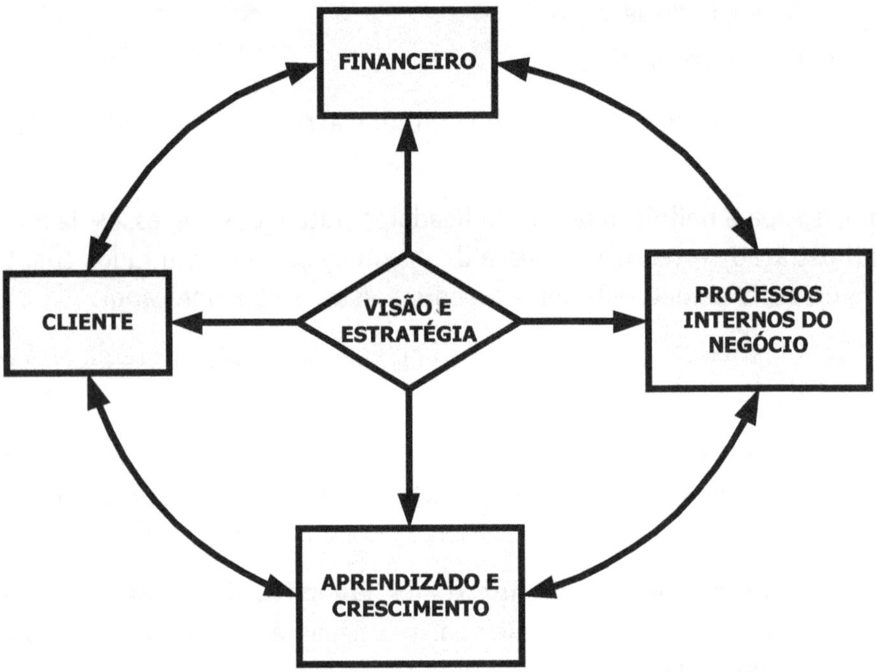

BALANCED SCORECARD		
PERSPECTIVA	**OBJETIVOS**	**INDICADORES**
FINANCEIRA	**Para ter sucesso financeiramente, como devemos ser vistos pelos nossos investidores.**	▪ **Lucratividade** ▪ **Fluxo de Caixa** ▪ **Retorno sobre Investimento**
CLIENTE	**Para alcançar nossa visão, como devemos ser vistos pelos nossos clientes.**	▪ **Satisfação do Cliente** ▪ **Fidelização do Cliente** ▪ **Participação no Mercado**
APRENDIZADO E CRESCIMENTO	**Para alcançar nossa visão, como sustentar a habilidade de mudar e progredir.**	▪ **Criatividade** ▪ **Inovação** ▪ **Participação** ▪ **Sugestões**
PROCESSOS INTERNOS DO NEGÓCIO	**Para satisfazer os clientes, em quais processos devemos nos destacar.**	▪ **Eficiência** ▪ **Eficácia** ▪ **Qualidade** ▪ **Custos Baixos**

Exemplos de Aplicação das Perspectivas:

PERSPECTIVA FINANCEIRA			
Objetivos	**Medidas**	**Metas**	**Iniciativas**
Aumento do lucro líquido.	Foco nas vendas de produtos com maior margem de lucro.	Aumentar o lucro líquido em 10%.	Análise da composição de preços.

PERSPECTIVA DO CLIENTE			
Objetivos	**Medidas**	**Metas**	**Iniciativas**
Atração de novos clientes.	Pesquisa de mercado.	Aumento de 20% na carteira de clientes.	Investimento em Propaganda e Marketing.

PERSPECTIVA DO APRENDIZADO E CONHECIMENTO			
Objetivos	**Medidas**	**Metas**	**Iniciativas**
Melhoria no atendimento.	Programa de treinamento.	Treinar toda a equipe de vendas em até 30 dias.	Contratar treinamento "in company".

PERSPECTIVA DOS PROCESSOS INTERNOS			
Objetivos	**Medidas**	**Metas**	**Iniciativas**
Certificação ISO 9000.	Padronização dos processos.	Obtenção da certificação em 12 meses.	Contratar consultoria.

Alguns exemplos de perspectivas:

PERSPECTIVA FINANCEIRA
➢Lucro Líquido
➢Receita
➢Liquidez Corrente

PERSPECTIVA DO CLIENTE
➢Satisfação dos Clientes
➢Captação de Clientes
➢Recompra

PERSPECTIVA DE APRENDIZADO E CONHECIMENTO
➢ *Turnover*
➢Competência Funcional
➢Clima Organizacional

PERSPECTIVA DOS PROCESSOS INTERNOS
➢Eficiência dos Projetos
➢Aumento de Portfólio
➢Aprimoramento dos Processos

Passo a Passo para a Implementação do Balanced Scorecard

1. Formular a estratégia da organização.
2. Traduzir a visão e a missão em temas estratégicos.
3. Criar a proposição de valor para os clientes.
4. Traduzir os temas estratégicos em objetivos e medidas para as perspectivas de valor.
5. Definir as iniciativas estratégicas para as perspectivas de valor.

Desde que foi criado, o BSC vem sendo utilizado por centenas de organizações do setor privado, público e em ONGs no mundo inteiro e foi escolhido pela renomada revista Harvard Business Review como uma das práticas de gestão mais importantes e revolucionárias dos últimos 75 anos.

Missão, Visão e Valores da Organização

A missão, a visão e os valores são as bases para estabelecer uma direção e uma orientação para uma organização, mas, para se tornarem realidade, têm que se traduzir em objetivos e orientações estratégicas. São os objetivos estratégicos que estabelecem a direção e a priorização das atividades de uma organização. Eles constituem um plano de ação para se alcançar a missão e conseguir a visão.

A missão, a visão e os valores são os fundamentos de atuação de uma organização e assumi-los com convicção permitirá encontrar os caminhos que a levarão aonde ela quer chegar.

MISSÃO → É a razão pela qual a organização existe ou foi criada e sobre a função ou tarefa fundamental que dela se espera.

VISÃO → É o que proporciona à organização um sentido e uma orientação consistente ao futuro. Trata-se de aonde a empresa quer chegar.

VALORES → São os compromissos e princípios éticos nos quais a organização baseia a sua conduta.

Objetivos Estratégicos e Metas

Uma organização deve levar em consideração seus pontos fortes e pontos fracos (ambiente interno) relativamente às oportunidades e ameaças (ambiente externo) para que, a partir disso, seus administradores possam traçar os objetivos e metas almejados de maneira a perseguir sua visão estratégica e cumprir sua missão.

OBJETIVOS → São resultados qualitativos e/ou quantitativos que a organização precisa alcançar em um prazo determinado, no contexto de seu ambiente, para cumprir a sua missão e atingir a sua visão.

METAS → Os objetivos precisam ser transformados em metas, que são fragmentos de um objetivo. As metas permitem uma melhor distribuição de tarefas, um melhor acompanhamento ou resultados parciais e possíveis correções de rumo.

RESULTADOS → São as consequências das ações da organização.

Visão Geral de uma Organização

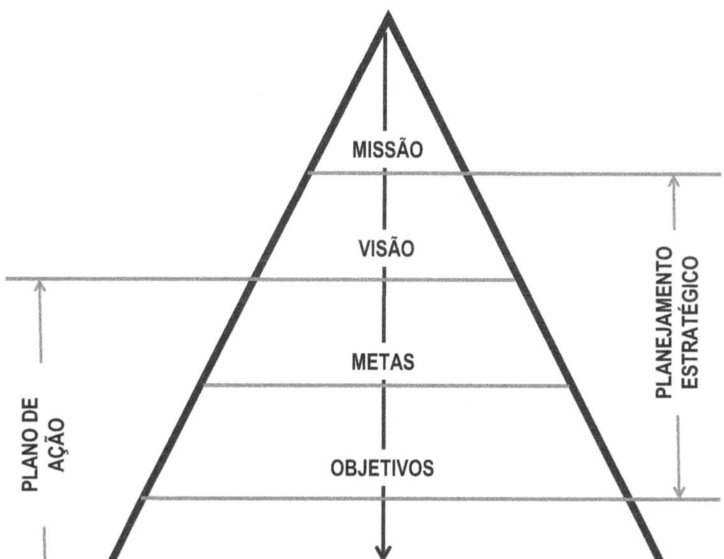

4

Benchmarking

Existem diversas definições para *benchmarking*. Neste capítulo, iremos abordar algumas delas pelo fato de serem complementares e para facilitar o entendimento desta importante ferramenta de gestão.

O que é o Benchmarking?

Benchmarking é a busca das melhores práticas na indústria que conduzem ao desempenho superior. É visto como um processo positivo e proativo por meio do qual uma empresa examina como outra realiza uma função específica a fim de melhorar como realizá-la ou uma função semelhante. O processo de comparação do desempenho entre dois ou mais sistemas é chamado de *benchmarking*, e as referências usadas são chamadas de *benchmark*.

Apesar do seu neologismo, *benchmarking* é mais do que uma simples combinação de palavras – exprime uma filosofia. Este processo não se limita à simples identificação das melhores práticas, mas, principalmente, à sua divulgação através das diversas técnicas do marketing. "*Benchmarking* é simplesmente o método sistemático de procurar os melhores processos, as ideias inovadoras e os procedimentos de operação mais eficazes que conduzam a um desempenho superior" (Christopher E. Bogan).

Benchmarking também pode ser definido como um processo de medição e comparação sistemática dos processos dos negócios de uma organização com os líderes naqueles processos em qualquer parte do mundo, para obter informações que ajudarão essa organização a implementar ações para melhorar seu desempenho.

Outra definição bem interessante é a seguinte: *benchmarking* é um processo sistemático e contínuo de avaliação dos produtos, serviços e processos de trabalho das organizações que são reconhecidas como representantes das melhores práticas com a finalidade de comparar desempenhos e identificar oportunidades de melhoria na organização que está realizando (ou monitorando) o *benchmarking*.

Das inúmeras definições encontradas sobre *benchmarking*, destacamos ainda:

O *benchmarking* é um dos mais úteis instrumentos de gestão para melhorar o desempenho das empresas e conquistar a superioridade em relação à concorrência. Baseia-se na aprendizagem das melhores experiências de empresas similares e ajuda a explicar todo o processo que envolve uma excelente "performance" empresarial. A essência desse instrumento parte do princípio de que nenhuma empresa é a melhor em tudo, o que implica reconhecer que existe no mercado quem faz melhor do que nós. Habitualmente, um processo de *benchmarking* arranca quando se constata que a empresa está diminuindo a sua rentabilidade. Quando a aprendizagem resultante de um processo de *benchmarking* é aplicada de forma correta, facilita a melhoria do desempenho em situações críticas de uma organização.

Ou, ainda, uma definição mais sintética, mas igualmente objetiva:

Benchmarking é um processo contínuo e sistemático que permite a comparação das performances das organizações e respectivas funções ou processos face ao que é considerado "o melhor nível", visando não apenas a equiparação dos níveis de performance, mas também a sua ultrapassagem. A curiosidade histórica do termo vem das marcas ("marks") que os viajantes deixavam nos bancos ("bench") de descanso para indicar a que distância estavam de Roma (a referência), a capital de um grande império da antiguidade.

Conceito de Benchmarking

Benchmarking é uma técnica que consiste em acompanhar processos de organizações concorrentes ou não, que sejam reconhecidas como representantes das melhores práticas administrativas. É um processo de pesquisa, contínuo e sistemático, para avaliar produtos, serviços e métodos de trabalho, com o propósito de melhoramento organizacional, procurando a superioridade competitiva.

Isto é, o *benchmarking* consiste na procura de melhores práticas de administração como forma de ganhar vantagens competitivas. Faz uso de pontos de referências que funcionam em vez de criar algo novo.

O *benchmarking* é uma das mais antigas ferramentas de gestão. O seu propósito é estimular e facilitar as mudanças organizacionais e melhorar o desempenho das organizações através de um processo de aprendizagem.

Evolução Histórica

A necessidade de avaliar o desempenho das empresas de forma comparativa e sistemática, procurando identificar e atuar nos fatores de sucesso e de insucesso, fez com que se desenvolvesse uma nova ferramenta de gestão (metodologia) conhecida por *benchmarking*.

Inicialmente, é nos EUA que o *benchmarking* ganha expressão, individualidade e notoriedade, atribuindo-se à Rank Xerox Corporation o pioneirismo na introdução da prática de *benchmarking*. Posteriormente, outras organizações destacaram-se ao aplicar com sucesso o *benchmarking*, entre as quais podemos destacar: Ford Motor Company, Alcoa, Millken, AT&T, IBM, Johnson & Johnson, Kodak, Motorola e Texas Instruments, tornando-se um processo quase obrigatório para qualquer organização que deseje melhorar os seus produtos, serviços, processos e resultados.

Do *benchmarking* podem se beneficiar as empresas, independentemente da dimensão, dos seguintes setores de atividade (comércio, indústria, prestação de serviços às empresas, construção, logística e transportes, ou seja, aplica-se a quase todas as empresas) ou entidades do ambiente empresarial, como ferramenta de apoio ao aconselhamento às empresas suas clientes.

O que é o Benchmark?

Enquanto o *benchmarking* é o processo de identificação de referenciais de excelência, o *benchmark* é o referencial de excelência em si. A origem do termo *benchmark* parece estar nas marcas de referência usadas nas medições topográficas.

Pilares do Benchmarking

O *benchmarking* está baseado em dois pilares. O primeiro pilar é uma comparação que objetiva verificar o alcance das metas estabelecidas, sendo denominado **INDICADORES**, e o segundo pilar é uma comparação que objetiva verificar como as organizações homólogas alcançam essas metas. Este pilar é designado como **PROCESSOS**.

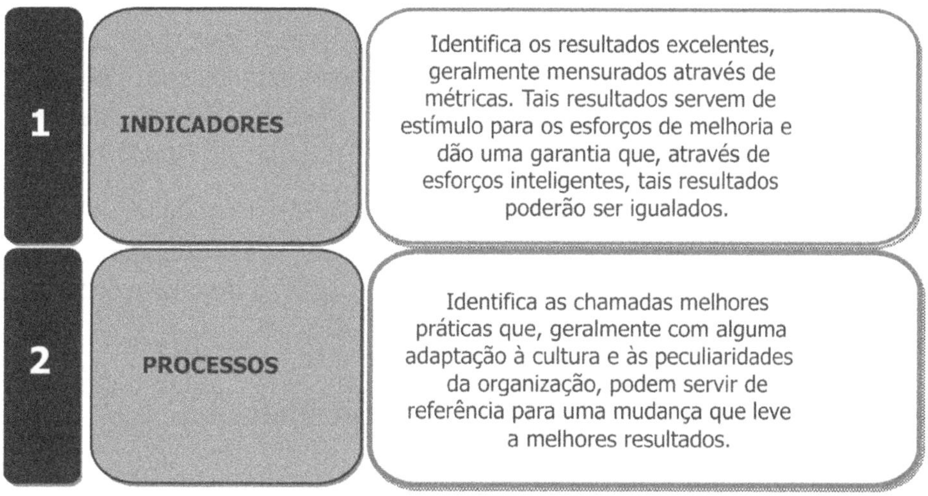

Objetivo do Benchmarking

O objetivo principal de se fazer *benchmarking* é implementar mudanças que levem a melhorias significativas nos produtos e processos da organização e, consequentemente, nos seus resultados. Qualquer organização, pública ou privada, com ou sem fins lucrativos, de qualquer setor ou porte, pode utilizar o *benchmarking* para entender e melhorar os seus processos.

O *benchmarking* é uma das formas mais eficazes de estabelecer metas e tem um efeito motivacional grande junto às equipes.

Grupos de Benchmarking

Os grupos de *benchmarking* são fóruns que reúnem organizações com o propósito de atuar de forma planejada e sistemática no intercâmbio de informações sobre as melhores práticas conhecidas e testadas.

Os membros dos grupos reúnem-se regularmente para assistir a apresentações e debater experiências em gestão empresarial dos próprios membros ou de organizações convidadas.

Origem dos Grupos de Benchmarking

O primeiro grupo de *benchmarking* foi fundado em agosto de 1993 e teve origem em um seminário conduzido por David Hutchins - um dos mais renomados especialistas internacionais em qualidade. Algumas empresas participantes decidiram empreender um esforço concentrado para desenvolver estudos sobre *benchmarking* e criar um ambiente organizado para a busca e a troca de práticas referenciais de gestão utilizadas por organizações de destaque instaladas no Brasil.

Estes grupos estão ligados ao **INDE – Instituto Nacional de Desenvolvimento e Excelência** – e partilham com a comunidade informações valiosas que possibilitam um desenvolvimento não só dos seus membros, mas das organizações brasileiras como um todo.

Diretrizes Adotadas pelos Grupos de Benchmarking

Os grupos adotam um rígido **código de ética** e um conjunto de **diretrizes** para os grupos de *benchmarking* elaborados pelo **INDE – Instituto Nacional de Desenvolvimento e Excelência.**

Objetivos e Princípios do Benchmarking

O maior e principal objetivo do *benchmarking* é aprender!

É necessário assumir uma postura de "organização que aprende", para que possamos justificar o esforço investido no processo. Fazer *benchmarking* é fundamental porque nos permite vislumbrar oportunidades e também ameaças competitivas. Isso constitui um atalho seguro para a excelência, pois utiliza todo o trabalho intelectual acumulado por outras organizações e evita os erros e as armadilhas do caminho. Obteremos dessa forma um salto quantitativo de desempenho que, para ser bem-sucedido, deverá apoiar-se em alguns princípios básicos que estão descritos a seguir:

PRINCÍPIO	DESCRIÇÃO
Reciprocidade	Ao solicitarmos informações estamos automaticamente oferecendo uma contrapartida. *Benchmarking* só existe como uma "rua de mão dupla": não devemos perguntar o que não poderemos responder em troca.
Analogia	O *benchmarking* só será útil se pudermos manter uma analogia com os processos da nossa organização.
Medição	Não basta obter os índices, é preciso levantar os processos que levaram aos resultados.
Validação	*Benchmarking* não é uma mera cópia, é preciso olhar o que foi levantado sob a ótica de aplicação dessas práticas na própria realidade.

O *benchmarking* não é um método aleatório de recolher informação, mas trata-se de um processo sistemático estruturado etapa a etapa, com o objetivo de avaliar os métodos de trabalho no mercado.

As saídas desse processo proporcionam às empresas comparar os seus produtos, serviços e métodos de trabalho com os das organizações representantes das melhores práticas.

É um processo gerencial permanente que requer atualização constante da coleta e análise cuidadosa daquilo que há de melhor externamente em práticas e desempenho para as funções de tomada de decisões e de comunicações em todos os níveis da empresa. Um processo que obriga ao teste constante das ações internas em relação aos padrões externos das práticas da indústria.

É um processo de descoberta e de uma experiência de aprendizagem. Exige a identificação das melhores práticas e a projeção do desempenho futuro.

A ideia por trás do *benchmarking* é de que ninguém é melhor em tudo. Então, "copiar" modelos de outras empresas significa "economizar" tempo e trabalho.

Por definição, as "cópias" nunca serão iguais. Haverá sempre ajustes, adaptação e aprimoramentos, o que garante a "evolução" da ideia original.

As vantagens da análise de *benchmarking* são, sem dúvida, mais numerosas que as desvantagens. Quer as pessoas, quer as empresas, todos gostam de ser como os melhores. E o *benchmarking* é, precisamente, "espreitar" os melhores para ser como eles. Como vantagens pode-se identificar:

- Introduzir novos conceitos de avaliação.
- Melhorar o conhecimento da própria organização.
- Identificar áreas que devem ser objeto de melhorias.
- Estabelecer objetivos viáveis e realistas.
- Criar critério de prioridade no planejamento.
- Favorecer um melhor conhecimento dos concorrentes e do nível competitivo do mercado.
- Aprender com os melhores.

No entanto, deve-se ter em conta que:

- Existem inúmeras empresas que negam ou distorcem os dados, apesar do código de conduta que se comprometem a respeitar, precisamente devido ao fato de que não querem que outras atinjam os patamares de excelência financeira, operacional, logística, social, ambiental, etc., porque, se os atingirem, terão mais um concorrente no mercado com as mesmas "armas".
- Por outro lado, existem empresas que invejam os indicadores de outras com dimensão diferente, ou que atuam em um mercado que não é o mesmo, comparando o que não é comparável. Por vezes, é errado e prejudicial para a própria empresa.

Tipos de Benchmarking

Antes de começarmos o processo, devemos entender quais são os tipos de *benchmarking*, para que possamos definir claramente nossos objetivos.

1 Benchmarking Competitivo

Caracteriza-se por ter como alvo específico as práticas dos concorrentes. Na prática, é o menos usual, uma vez que é quase impossível que as empresas se prestem a facilitar dados que estão ligados diretamente à sua atividade com a concorrência. Por isso, muitas vezes é necessário contratar uma consultoria externa para obter informações sobre o *benchmarking* competitivo. Um método recomendado para obter as informações dos concorrentes é a utilização de "cliente oculto". Além disso, tem como objetivo atividades similares em diferentes locais, departamentos, unidades operacionais, país, etc.

2 Benchmarking Interno

É aquele utilizado quando buscamos as melhores práticas dentro da própria organização em unidades diferentes (outros departamentos, sedes, etc.). Tem como vantagens a facilidade para obter parcerias, custos mais baixos e a valorização pessoal interna. A grande desvantagem é que as práticas estarão sempre impregnadas com os mesmos paradigmas. Este é o tipo mais utilizado.

3 Benchmarking Genérico

Ocorre quando o *benchmarking* é baseado em um processo que atravessa várias funções da organização e pode ser encontrado na maioria das empresas do mesmo porte, como, por exemplo, o processo desde a entrada de um pedido até a entrega do produto ao cliente. É neste tipo de *benchmarking* que encontramos a maioria dos exemplos práticos e onde as empresas estão mais dispostas a colaborar e a ser mais verdadeiras.

4 Benchmarking Funcional

É baseado em uma função específica que pode existir ou não na própria organização e serve para trocarmos informações acerca de uma atividade bem definida, como, por exemplo, a distribuição, o faturamento ou a embalagem. Alguns autores vinculam o conceito de *benchmarking* funcional ao *benchmarking* genérico, pela possibilidade deles serem utilizados sem se levar em consideração a concorrência direta da organização que aprende ou patrocina o estudo e a organização "investigada".

Conclusão

Agora já podemos definir que o objeto do *benchmarking* são organizações semelhantes, dentro do mesmo setor ou não, onde ocorrem as melhores práticas e que são reconhecidas pelo mercado como líderes.

Devemos então saber exatamente em que canais procurar a informação, para que não percamos o foco e acabemos desperdiçando nosso tempo no lugar errado. Até mesmo através de revistas e jornais ou de relacionamentos profissionais e pessoais podemos fazer *benchmarking*, considerando que a comparação de experiências será benéfica para nosso crescimento.

As pesquisas de mercado, assim como bancos de dados, já constituem fontes mais precisas para adquirir dados concretos na análise de uma determinada prática administrativa. O contato com grupos de empresas é uma condição essencial para um *benchmarking* bem feito e, quando se realizar, é preciso ter sempre em mente que a visita é uma chance única e deve ser aproveitada ao máximo.

Porém, recomenda-se cautela ao analisar a maneira das outras organizações agirem. Devemos tomar cuidado com a ideia de que fora de nossa organização "tudo é perfeito".

Implementação de um Processo de Benchmarking

Já foram desenvolvidos vários modelos para a implementação de um processo de *benchmarking*. Trabalharemos com três desses modelos.

Neste modelo, existe um roteiro onde o processo de *benchmarking* está dividido em cinco fases:

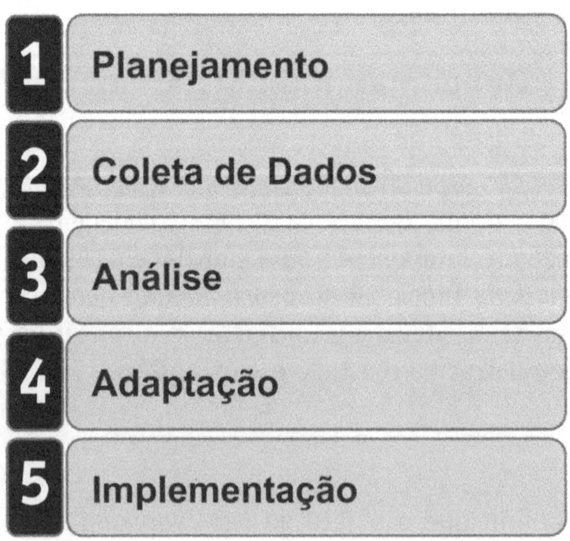

Este segundo modelo descreve uma metodologia mais detalhada, apresentando 12 etapas:

1. Identificar organizações comparativas.
2. Definir o método de pesquisa.
3. Coletar os dados.
4. Determinar a lacuna de desempenho.
5. Projetar níveis de desempenho futuro.
6. Comunicar descoberta dos marcos de referência.
7. Obter aceitação destes marcos de referência.
8. Estabelecer metas funcionais.
9. Desenvolver plano de ação.
10. Implementar ações específicas.
11. Monitorar o progresso.
12. Recalibrar os marcos de referência.

Neste terceiro modelo o processo de implementação está dividido em cinco fases, que, por sua vez, estão subdivididas em atividades, e estas, em tarefas. As cinco fases deste modelo são:

1. Planejamento
2. Coleta Interna de Informações
3. Coleta Externa de Informações
4. Melhoria do Desempenho dos Itens
5. Melhoria Contínua

As atividades de cada uma dessas cinco fases são descritas a seguir:

1 Planejamento

- Identificação do item.
- Obtenção do apoio da direção.
- Desenvolvimento do sistema de medida.
- Desenvolvimento do plano de coleta de informação.
- Revisão dos planos.
- Caracterização do item.

2 Coleta Interna de Informações

- Coleta e análise de informação publicada internamente.
- Seleção de potenciais parceiros internos.
- Caracterização do item em cada parceiro.
- Coleta interna de dados.
- Realização de visitas aos parceiros.

3 Coleta Externa de Informações

As atividades constituintes desta fase são basicamente uma repetição das descritas na fase anterior e estão divididas para efeitos de concepção em duas grandes atividades:

- Coleta de informação publicada externamente.
- Coleta de dados externos.

4 Melhoria do Desempenho dos Itens

Esta fase trata de simplesmente decidir quais as melhores práticas a serem aplicadas. Sua metodologia de implementação é crítica, pois requer análises muito cuidadosas da grande quantidade de informação recolhida, bem como a interpretação dos elementos no contexto da organização. Esta metodologia envolve:

- Identificação das ações corretivas.
- Desenvolvimento do plano de implementação.
- Obtenção da aprovação da solução.
- Implementação e verificação da solução.

5 Melhoria Contínua

Neste momento, após terem sido alcançados os objetivos a que se propusera, a organização tem duas alternativas: direcionar os esforços para a melhoria de outro item e nada fazer pelo primeiro ou continuar a trabalhar na melhoria do desempenho do item. Quando se abandonam os esforços de melhoria contínua, o melhor que se pode esperar é que o desempenho se mantenha estável. No entanto, as organizações concorrentes poderão estar trabalhando em melhoria contínua, o que vai provocar, num futuro próximo, um novo desvio negativo no desempenho do item. É claro que é preferível continuar os esforços de melhoria do item e, para tal, deverão ser realizadas mais duas atividades:

- ❑ Manutenção da base de dados.
- ❑ Implementação da melhoria contínua do desempenho.

Benchmarking é...	Benchmarking não é...
Um processo contínuo.	Um evento isolado.
Uma investigação que fornece informações valiosas.	Uma investigação que fornece respostas simples e "receitas".
Um processo de aprendizado com outros.	Cópia ou imitação.
Um trabalho intensivo, consumidor de tempo, que requer disciplina.	Rápido e fácil.
Uma ferramenta viável a qualquer organização e aplicável a qualquer processo.	Mais um modismo da administração.

Segundo a pesquisa "Management Tools & Trends 2005", feita pela Bain & Company, o *benchmarking* é a terceira ferramenta de gestão mais usada pelas organizações.

5 Brainstorming

O *brainstorming* (ou "tempestade de ideias"), mais que uma técnica de dinâmica de grupo, é uma atividade desenvolvida para explorar a potencialidade criativa do indivíduo, colocando-a a serviço de seus objetivos. No Brasil, também é carinhosamente chamada de "toró de parpite".

De autoria de Alex Osborn, foi e é, por este e por seus seguidores, uma técnica muito utilizada nos Estados Unidos, principalmente em áreas de relações humanas, publicidade e propaganda, muito embora tenha sido difundida e inserida em diversas outras áreas, tais como educação, negócios e outras situações mais técnicas.

Quando são necessárias respostas rápidas a questões relativamente simples, o *brainstorming* é uma das técnicas mais populares e eficazes.

Também pode ser uma técnica de criatividade geral para identificação de riscos usando-se parte dos membros da equipe de projetos ou especialistas no assunto.

Essas ideias podem ser relacionadas com as causas ou a solução de um problema ou, ainda, direcionadas para a criação de novos produtos ou inovações. Tipicamente, uma seção de *brainstorming* é estruturada de tal forma que a ideia de cada participante é gravada para uma análise futura.

Sua meta é obter uma lista abrangente de opiniões que podem ser abordadas mais tarde no processo de análise. Sob a liderança de um facilitador, as pessoas geram ideias sobre o assunto em pauta. No *brainstorming* todos são encorajados a contribuir, e qualquer coisa que atrapalhe nessas contribuições é negativa. É vital que os participantes da equipe do projeto reconheçam que todas as ideias têm valor. A técnica de *brainstorming* tem várias aplicações, mas é mais frequentemente usada em:

- **Desenvolvimento de novos produtos** - Obter ideias para novos produtos e efetuar melhoramentos aos produtos existentes.
- **Publicidade** - Desenvolver ideias para campanhas de publicidade.
- **Resolução de problemas** - Consequências, soluções alternativas, análise de impacto, avaliação.
- **Gestão de processos** - Encontrar formas de melhorar os processos gerenciais e de produção.
- **Gestão de projetos** - Identificar objetivos dos clientes, riscos, entregas, pacotes de trabalho, recursos, tarefas e responsabilidades.
- **Formação de equipes** - Compartilhamento e discussão de ideias enquanto se estimulam os participantes a raciocinar.

Princípios e Regras

O *brainstorming* consiste em estimular e coletar ideias dos participantes, um por vez e continuamente, sem nenhuma preocupação crítica, até que se esgotem as possibilidades. O *brainstorming* clássico é baseado em dois princípios e quatro regras básicas:

Princípios

Os dois princípios são:

1. **Atraso do julgamento:** a maioria das más ideias é inicialmente boa ideia. Atrasando ou adiando o julgamento, é dada a hipótese de se gerarem muitas ideias antes de se decidir por uma. De acordo com Osborn, o humano é capaz tanto do julgamento como da criatividade. Embora a maioria da educação nos ensine apenas a usar o julgamento, nós apressamos o julgamento. Quando praticamos o atraso do julgamento, permitimo-nos a nós próprios usar a nossa mente criativa para gerar ideias sem as julgar. Não é fácil. Primeiro, não parece natural, mas depois tem as suas recompensas. Quando geramos ideias, é necessário ignorar as considerações sobre a importância da ideia, a sua usabilidade, a sua praticabilidade. Nesse patamar, todas as ideias são iguais. É necessário atrasar o julgamento enquanto ainda não se terminou a geração das ideias.

2. **Criatividade em quantidade e qualidade:** o segundo princípio é relativo à quantidade e à qualidade da criatividade. Quanto mais ideias forem geradas, será mais provável encontrar uma boa ideia. A técnica de *brainstorming* tira vantagem de associações que se desenvolvem quando se consideram muitas ideias. Uma ideia pode levar a uma outra. Más ideias podem levar a boas ideias.

Por vezes, não conseguimos pensar num problema enquanto não houver algumas respostas. *Brainstorming* nos dá a hipótese de pôr as ideias que passam pela cabeça no papel, de maneira a conseguir obter as melhores delas.

Usualmente, as linhas de guia que se seguem são chamadas de "regras". Devem ser seguidas como regras, embora sejam apenas linhas de guia ou de direção.

Regras

As quatro principais regras do *brainstorming* são:

1. **Críticas são rejeitadas:** esta é provavelmente a regra mais importante. A não ser que a avaliação seja evitada, o princípio do julgamento não pode operar. A falha do grupo ao cumprir esta regra é a razão mais crítica para que a sessão de *brainstorming* não dê resultado. Esta regra é aquela que primariamente diferencia um *brainstorming* clássico dos métodos de conferência tradicionais.
2. **Criatividade é bem-vinda:** esta regra é utilizada para encorajar os participantes a sugerirem qualquer ideia que lhes venha à mente, sem preconceitos e sem medo de que isso os vá avaliar imediatamente. As ideias mais desejáveis são aquelas que inicialmente parecem ser sem domínio e muito longe do que poderá ser uma solução. É necessário deixar as inibições para trás enquanto se geram as ideias. Quando se segue esta regra, cria-se automaticamente um clima de *brainstorming* apropriado. Isso aumenta também o número de ideias geradas.
3. **Quantidade é necessária:** quanto mais ideias forem geradas, mais hipóteses há de encontrar uma boa ideia. Quantidade gera qualidade.
4. **Combinação e aperfeiçoamento são necessários:** o objetivo desta regra é encorajar a geração de ideias adicionais para a construção e reconstrução sobre as ideias dos outros.

Composição do Grupo

A maioria dos grupos de *brainstorming* é constituída por três elementos:

- ❑ O líder.
- ❑ Os membros.
- ❑ Um(a) secretário(a).

Devem ser escolhidas pessoas que tenham alguma experiência com o problema em questão. É necessário não misturar os chefes com a equipe.

Escolhem-se as pessoas que estejam no mesmo patamar da hierarquia na organização. A maioria das pessoas não consegue se libertar nem ser suficientemente criativa diante do seu chefe.

O líder de grupo deve estar familiarizado com o processo de *brainstorming* e ter facilidade em se manter relaxado e numa atmosfera descontraída.

A(o) secretária(o) deve ter facilidade na escrita rápida. Esta(e) vai ter que tomar nota de uma numerosa lista de ideias que serão geradas. As ideias não têm, necessariamente, de ser escritas exatamente da mesma forma que são ditas. O nome da pessoa que sugere as ideias não deve ser anotado, já que o anonimato encoraja a liberdade de expressão.

Brainstorming é uma boa forma de pensar e um bom caminho a seguir para a criação de um novo slogan para um produto, ou para um novo tema para uma campanha.

Essa técnica deve ser utilizada para problemas que tenham um final em aberto. Como em todas as técnicas criativas, o problema deve ser descrito em termos específicos para que ideias específicas possam ser geradas.

Generalidades, mesmo as mais brilhantes, são raramente as soluções mais criativas. Um problema de *brainstorming* deverá ter sempre um grande número de possíveis soluções. A resposta nunca é demasiado restrita.

Avaliação do Grupo

Enquanto um grupo típico de *brainstorming* deverá conter de seis a 12 pessoas, o grupo de avaliação deve conter exatamente três, cinco ou sete pessoas. Usando um número ímpar, eliminam-se as possibilidades de empate quando é efetuada a votação das possíveis soluções. Essa situação ajuda quando é procurado um consenso em vez da votação.

A composição dos membros deste grupo pode variar. Poderá consistir em pessoas que faziam parte do grupo de geração de ideias, ou na combinação de pessoas desse grupo com pessoas externas, ou de um grupo completamente novo.

Utilizar as mesmas pessoas poderá ter a vantagem de assegurar a familiaridade com o problema, enquanto o uso de um grupo de pessoas externas ao grupo original pode ter o benefício da maior objetividade.

A tarefa do grupo de avaliação é analisar todas as ideias e selecionar as melhores para uma possível implementação ou estudo adicional. Depois de o líder do grupo receber a lista de ideias da(o) secretária(o), as ideias devem ser editadas para garantir que estejam descritas de forma clara e concisa.

As ideias devem ser organizadas segundo categorias lógicas (usualmente, essas categorias vão de cinco a dez) e apresentadas ao grupo de avaliação para revisão. É possível tornar esse processo mais fácil e prático utilizando um *checklist* organizado segundo determinados critérios, como a simplicidade das ideias, as menos custosas em termos de tempo e capital e outros termos similares. O grupo de avaliação deve verificar as melhores ideias de forma a sujeitá-las a testes práticos.

Linhas de Direção

Embora não haja linhas de direção aceitas universalmente para passos específicos a implementar em uma sessão de *brainstorming*, as seguintes atividades principais são bastante comuns:

- ❑ Desenvolver um enunciado para o problema.
- ❑ Selecionar um grupo de seis a 12 participantes.
- ❑ Enviar uma nota aos participantes falando-lhes acerca do problema. Deverão ser incluídos o enunciado do problema, o contexto, bem como algumas soluções e outras coisas que se revelem úteis para o caso.
- ❑ Começar por escrever o problema em um quadro visível a todos os elementos pertencentes ao grupo.
- ❑ Falar, novamente, sobre as quatro regras principais do *brainstorming*.
- ❑ Requisitar novas ideias aos participantes na ordem pela qual estes levantam a sua mão. Apenas uma ideia deve ser sugerida em cada momento.
- ❑ Ter um gravador ou uma secretária de maneira que se possa escrever e tomar nota das ideias.
- ❑ A sessão deve durar cerca de trinta minutos.
- ❑ Selecionar um grupo para avaliação de três a cinco pessoas.
- ❑ Fornecer ao grupo a lista de ideias e dizer-lhes que sugiram e selecionem as melhores ideias.

- Fornecer ao grupo original um relatório com as ideias selecionadas pelo grupo de avaliação e requisitar a submissão de quaisquer ideias adicionais estimuladas pela lista.
- Dar a lista final de ideias à pessoa ou ao grupo de trabalho do projeto.

Brainstorming Individual

Brainstorming é a clássica técnica criativa de um grupo. De qualquer forma, muitas pessoas adaptam o *brainstorming* e o usam como uma técnica criativa individual. Isso significa que é sempre possível realizar uma sessão de *brainstorming* em qualquer momento e quantas vezes for necessário.

De fato, muitos indivíduos podem encontrar mais criatividade sozinhos do que fazendo parte de um tradicional grupo de *brainstorming*. Aliás, a liberdade de estar sempre disponível para um *brainstorming* individual é incrivelmente fácil de se atingir.

Situações em que pode ser necessária a realização de um *brainstorming* individual:

- Quando se trabalha sem equipe.
- Trabalha-se por conta própria.
- Quando não há disponibilidade para uma sessão em grupo.
- As pessoas que o rodeiam não gostam de sessões de *brainstorming*.
- As pessoas que o rodeiam não seguem as regras do *brainstorming*.
- É demasiado dispendioso e caro para si a realização de uma sessão.
- O problema é demasiado pequeno para justificar a reunião de um grande número de pessoas.

Quando se utiliza o *brainstorming* individual, pode ser de grande ajuda o uso de mapas mentais para organizar e desenvolver as ideias.

Recomendações para o Brainstorming

I. Separe as invenções das decisões.

Visto que o julgamento obstrui a imaginação, separe o ato criativo do ato crítico; separe o processo de conceber soluções possíveis do processo (*brainstorming*) de fazer uma seleção entre elas. Invente primeiro, decida depois.

Antes da sessão

1. Defina seu objetivo.
2. Escolha os participantes.
3. Mude o ambiente usual.
4. Planeje uma atmosfera informal.
5. Escolha um facilitador.

Durante a sessão

1. Faça com que os participantes sentem-se lado a lado.
2. Esclareça as regras básicas, principalmente a regra da ausência de críticas.
3. Faça as sugestões livres.
4. Registre as ideias sob a vista de todos.

Depois da sessão

1. Assinale as ideias mais promissoras.
2. Invente aperfeiçoamento para as ideias promissoras.
3. Estipule um prazo para avaliar as ideias e decidir.
4. Defina as ideias a serem utilizadas.

II. Amplie suas opções.

A sessão de sugestões livres (*brainstorming*) libera as pessoas para pensarem criativamente. Uma vez liberadas, elas precisam de modos de refletir sobre seus problemas e gerar soluções construtivas. A tarefa de inventar opções envolve quatro tipos de raciocínio:

1. **Pensar em um problema específico** – A situação factual que o desagrada.
2. **Análise descritiva** – Você diagnostica uma situação existente em termos genéricos, distribui os problemas em categorias e procura sugerir as causas.
3. **Considerar o que devesse ser feito** – Dados os seus diagnósticos, você busca recomendações sugeridas pela teoria.
4. **Produzir sugestões específicas e viáveis de ação** – Quem poderia fazer o quê.

6

Fluxograma

Fluxograma é um tipo de diagrama que pode ser definido como uma representação esquemática de um processo. Muitas vezes é desenvolvido por meio de gráficos que ilustram de forma descomplicada e objetiva a transição de informações entre os elementos que compõem este processo.

O termo fluxograma designa também uma representação gráfica de um determinado processo ou fluxo de trabalho, efetuado geralmente com o recurso de figuras geométricas normalizadas e as setas unindo essas figuras geométricas. Através dessa representação gráfica é possível compreender de forma rápida e fácil a transição de informações ou documentos entre os elementos que participam do processo em questão.

O fluxograma pode ser definido de outra maneira como sendo um gráfico em que se representa o percurso ou caminho percorrido por certo elemento (por exemplo, um determinado documento), através dos vários departamentos da organização, bem como o tratamento que cada um vai lhe dando. A existência de fluxogramas para cada um dos processos é fundamental para a simplificação e racionalização do trabalho, permitindo a compreensão e posterior otimização dos processos desenvolvidos em cada departamento ou área da organização.

Podemos entender o fluxograma, na prática, como sendo uma representação dos passos necessários para a execução de um processo qualquer. Essa forma gráfica é muito utilizada em fábricas e indústrias para a representação e organização de seus produtos e processos.

Fluxograma X Organograma

Não raramente o fluxograma pode ser confundido com o **organograma**. A diferença básica é que o fluxograma representa algo essencialmente dinâmico; já o organograma é uma representação da estrutura funcional de uma organização.

O fluxograma também pode ser usado por programadores para elaboração de algoritmos (programação estruturada), porém, neste caso, ele possui algumas representações próprias.

Denominações do Fluxograma

O fluxograma, que é uma representação gráfica que apresenta a sequência de um trabalho de forma analítica, caracterizando as operações, podendo também identificar os responsáveis e/ou as unidades organizacionais envolvidas no processo, é também conhecido como:

- Carta de fluxo do processo.
- Gráfico de processamento.
- Gráfico de sequência.

Objetivos do Fluxograma

Um fluxograma pode ser desenvolvido para:

- Padronizar a representação de métodos administrativos.
- Permitir maior rapidez da descrição de métodos administrativos.
- Facilitar leitura e entendimento de um processo.
- Melhorar a análise de um processo.
- Facilitar a localização e identificação dos pontos mais importantes de um processo ou método.

Vantagens do Fluxograma

Dentre inúmeras vantagens, podemos destacar que um fluxograma:

- Possibilita a identificação de qualquer método administrativo.
- Representa de forma objetiva o funcionamento de um processo.
- Permite a visualização integrada de um método administrativo.
- Evita a duplicidade de procedimentos.
- Elimina complexidades desnecessárias.
- Facilita a leitura e o entendimento de um processo devido ao uso de símbolos e convenções.

Análise do Fluxograma

Através da utilização de um fluxograma integrado ao apoio do Método 5W2H, ferramenta descrita mais adiante neste livro, é possível analisar satisfatoriamente um processo organizacional.

Como um fluxograma pode representar graficamente um processo, após a sua visualização podemos sugerir algumas perguntas, segundo o **Método 5W2H**, que permitirão a sua análise:

Análise do Fluxograma pelo Método 5W2H	
WHAT	O que é feito nesta fase do processo?
WHO	Quem executaria esta fase do processo?
WHY	Por que esta fase do processo é necessária?
WHERE	Onde esta fase do processo deveria ser feita?
WHEN	Quando esta fase do processo deveria ser feita?
HOW	Como esta fase está sendo executada?
HOW LONG	Quanto tempo dura a execução desta fase?
HOW MUCH	Qual o custo desta fase do processo?

Funcionalidades do Fluxograma

Através de um fluxograma é possível visualizar situações como:

- ❑ Quais ações deverão ser realizadas.
- ❑ Onde e quem realizará essas ações.
- ❑ Quais as entradas e saídas de um processo.
- ❑ Como será o fluxo das informações.
- ❑ Quais recursos serão necessários em um processo.
- ❑ Qual o volume de trabalho.
- ❑ Qual o tempo de execução, parcial ou total, de um processo.
- ❑ A visão ampla de todo um processo.

Representação Gráfica

O fluxograma sempre possui um início, um sentido de leitura (ou fluxo) e um fim. Alguns símbolos básicos são usados na construção de alguns tipos desse modelo de representação gráfica, porém eles podem variar. Veja a seguir algumas referências básicas:

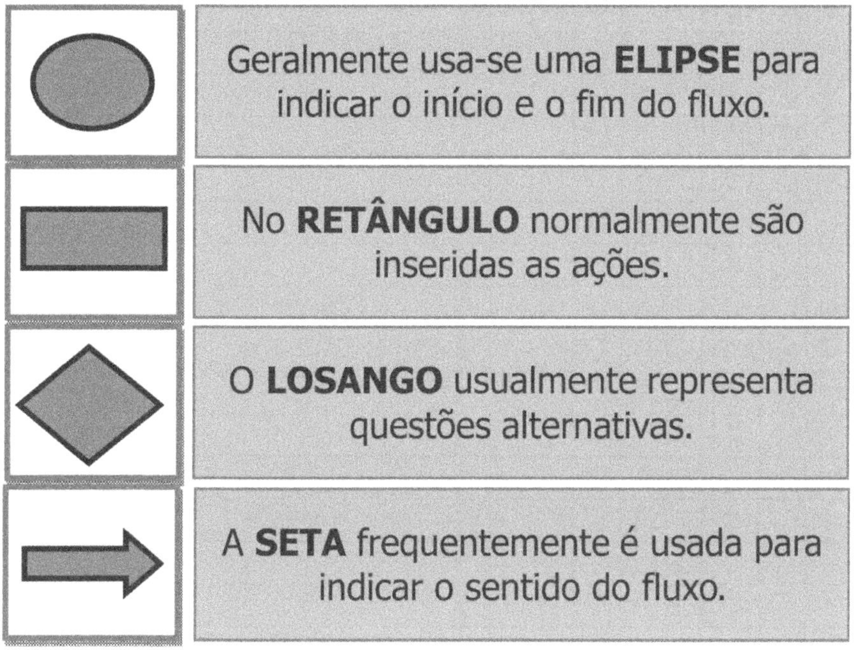

Tipos de Fluxogramas

Existem diversos tipos de fluxogramas, dentre os quais destacamos:

- Fluxograma vertical.
- Fluxograma sintético.
- Fluxograma de blocos.

A. Fluxograma Vertical

O **fluxograma vertical** tem como vantagens a rapidez de preenchimento, por ser um formulário padronizado, e a capacidade de manter a clareza na sua apresentação, além da facilidade de leitura.

A seguir é apresentado um fluxograma vertical:

Símbolos			Totais	
	●	Análise ou operação		
	➡	Transporte		
	■	Execução ou Inspeção		
	▲	Arquivo provisório		
	▼	Arquivo definitivo		

Rotina: Atual ☐ Proposta ☐ **Tipo de Rotina** ______

Setor: ______

Efetuado por: ______

Data: ______

Ordem	Símbolos					Setor	Descrição dos passos
1	○	⇨	□	△	▽		
2	○	⇨	□	△	▽		
3	○	⇨	□	△	▽		
4	○	⇨	□	△	▽		
5	○	⇨	□	△	▽		
6	○	⇨	□	△	▽		
7	○	⇨	□	△	▽		
8	○	⇨	□	△	▽		
9	○	⇨	□	△	▽		
10	○	⇨	□	△	▽		
11	○	⇨	□	△	▽		
12	○	⇨	□	△	▽		
13	○	⇨	□	△	▽		
14	○	⇨	□	△	▽		
15	○	⇨	□	△	▽		

Descrição dos Campos do Formulário	
Campo	**Preenchimento**
Identificação do Formulário	Fluxograma vertical.
Símbolos	Nesta área estão os símbolos e as descrições que representam as operações do processo em estudo.
Totais	O número de ocorrências deste símbolo ou operação.
Tipo de Rotina	A identificação do processo em estudo, inclusive se é atual ou proposto.
Setor (Cabeçalho)	Identificação da unidade organizacional responsável pelo processo, da equipe de analistas e a data de emissão do formulário.
Ordem	O número da ordem sequencial em que ocorreram as atividades do processo em estudo.
Setor (Planilha)	Identificação dos setores envolvidos no processo.
Descrição dos Passos	Descrição de forma direta e assertiva das atividades do processo.

Como Preencher os Campos do Formulário

Após o preenchimento de todos os campos, é necessário pintar os símbolos que correspondem à atividade descrita na coluna "descrição dos passos" e ligar os símbolos com uma linha para identificar o fluxo das atividades.

B. Fluxograma Sintético

Este fluxograma é utilizado para a representação da sequência dos vários passos (ou grupos de passos) de um determinado processo. Ele apenas representa genericamente um processo, sem maiores detalhamentos, pois não há preocupação em identificar cargos, unidades ou localização de cada atividade.

Este tipo de fluxograma é indicado quando:

- É necessário o esboço do processo a ser estudado.
- É necessário apresentar o processo a pessoas pouco acostumadas com fluxogramas.
- O propósito é fazer apenas uma análise superficial do processo.
- É preciso decidir se vale a pena detalhar um processo.
- É necessário apresentar o processo a pessoas que não o conhecem profundamente.

A seguir é apresentado um **fluxograma sintético** que representa a chegada de um material para o processo de produção de uma indústria.

C. Fluxograma de Blocos

Trata-se do tipo de fluxograma mais utilizado nas organizações. Tanto é utilizado no levantamento de processos existentes quanto na descrição de novos processos. É muito similar ao fluxograma sintético, porém este tipo de fluxograma permite um maior detalhamento dos seus processos, pelas seguintes razões:

- É capaz de exibir os fluxos alternativos.
- Permite estabelecer se o processo é positivo ou negativo.
- Possui maior variedade de símbolos.

A seguir é apresentado um **fluxograma de blocos** que representa como lidar com uma lâmpada que não funciona.

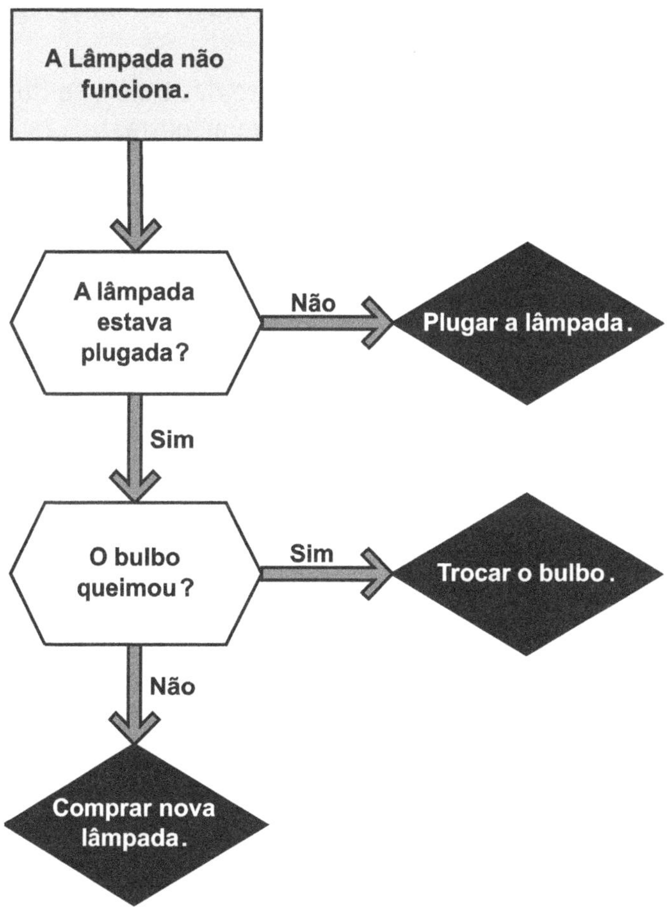

Criando um Fluxograma no Computador

Podemos desenvolver fluxogramas para documentar procedimentos, analisar processos, indicar fluxo de trabalho ou de informações, controlar custo e eficiência, além de inúmeras outras situações. Os fluxogramas são muito úteis também para representar um projeto passo a passo.

Existem vários softwares que podem nos auxiliar na elaboração de um fluxograma. Os mais usuais são o Microsoft Visio, o Microsoft PowerPoint e o Microsoft Excel.

Recomendações Importantes

- ❑ Identifique, no início, que técnica de fluxograma irá utilizar.
- ❑ Sempre desenvolva o fluxograma na seguinte ordem: de cima para baixo, da esquerda para direita.
- ❑ Fique atento para evitar o cruzamento das linhas de fluxo. As linhas ou setas nunca devem cruzar umas sobre as outras.
- ❑ Seja detalhista em seu levantamento. Procure não omitir nenhuma fase do processo.
- ❑ Procure elaborar um texto sempre claro e sucinto.
- ❑ Recomenda-se iniciar as ações sempre com um verbo no infinitivo (fazer, dizer, executar).
- ❑ É importante estabelecer o fluxograma de forma que ele fique o mais claro possível, ou seja, que seja fácil identificar as ações que devem ser executadas, ou, dependendo do tipo de fluxograma, as alternativas do processo.
- ❑ As operações podem ser numeradas de forma sequencial, para permitir referências ou comentários.
- ❑ Lembre-se de que simplificar processos não é somente eliminar passos.
- ❑ Em geral os processos não são isolados, portanto procure identificar as relações e os impactos entre eles.
- ❑ Outras simbologias e modelos podem ser utilizados para a montagem dos fluxogramas, o que vai determinar quais símbolos empregar ou, ainda, que tipo de fluxograma se deve usar, o objetivo dele e o que ele descreve.

7 Lei de Murphy

Se alguma coisa pode dar errado, dará. E mais: dará errado da pior maneira, no pior momento e de modo que cause o maior dano possível. Toda vez que você sai de guarda-chuva não chove e basta você esquecê-lo que cai o maior toró. No supermercado a sua fila é sempre aquela que anda mais devagar. Quanto mais atrasado você está para um compromisso, mais sinais vermelhos você encontra.

Muitos dos aborrecimentos do cotidiano são bem mais frequentes do que gostaríamos. Essas e outras catástrofes não são coincidências, são apenas a comprovação da inevitabilidade da **lei de Murphy**.

A lei de Murphy é uma forma de tornar mais populares e didáticos os conceitos da física e da matemática. Quando você toma como exemplos situações rotineiras, como a queda da torrada no chão com a parte da manteiga para baixo e as filas que demoram mais, fica mais fácil explicar coisas que, do contrário, soariam abstratas demais. O estudo da lei das **probabilidades** tem aplicações práticas muito sérias e úteis.

Algumas coisas dão certo e outras tantas dão errado, como na vida de qualquer pessoa ou em qualquer situação. Ninguém pode levar a lei de Murphy ao pé da letra e achar que ela é culpada por tudo de ruim que acontece. Se o seu carro quebrar quando você estiver atrasado para um encontro, é muito provável que a culpa seja sua porque deixou de levá-lo ao mecânico para uma manutenção preventiva. Afinal, na maioria das vezes, o carro não quebra.

Na verdade, embora essa "lei" possa parecer pessimista, nós devemos utilizá-la como um importante alerta quanto à necessidade de atenção a todos os detalhes de nossos planejamentos, pois, se deixadas à sua sorte, a tendência das coisas é ir de mal a pior.

Origens

Existem controvérsias sobre a origem da lei de Murphy. Há uma versão que diz que o capitão Edward A. Murphy, Jr. foi um dos engenheiros envolvidos nos experimentos de veículos com foguetes propulsores correndo em trilho único realizados pela Força Aérea dos Estados Unidos em 1949 para testar a tolerância humana à aceleração (USAF Project MX981). Um dos experimentos envolvia um conjunto de 16 medidores de aceleração colocados em diferentes partes do corpo humano. Existiam duas maneiras de colocar os sensores, e um técnico instalou todos os 16 da maneira errada. Foi nesse momento que Murphy fez o seu verdadeiro pronunciamento, que foi citado pelo Major John Paul Stapp em uma conferência à imprensa. Aqui publico uma carta escrita por George E. Nichols, testemunha do histórico pronunciamento, ao autor do livro "**A Lei de Murphy e Outros Motivos Por Que Tudo Dá Errado**", dando a sua versão.

"Caro Senhor Arthur Bloch: Ao saber que o senhor estava escrevendo um livro denominado 'A Lei de Murphy e outros motivos por que tudo dá errado', e que não tem informações sobre a origem do nome da lei, aqui o esclareço. O acontecimento ocorreu em 1949, na base da Força Aérea, em Edward, Muroc, Califórnia, durante a realização do projeto MX981. Este projeto, criado pelo coronel J. P. Stapp, pesquisava efeitos de impactos violentos em acidentes de aviação. O trabalho estava sendo realizado pela Northrop Aircraft, sob contrato do laboratório médico de aviação, em Wright Field. Eu era o administrador do projeto, por parte da Northrop. O inspirador da lei foi o capitão engenheiro do Wright Field Aircraft Lab., Ed Murphy. Indignado com o mau funcionamento de uma correia de polia, devido a um erro primário de ajuste, ele rosnou: 'se houver uma maneira de fazer a coisa errada ele faz!' referindo-se ao técnico do laboratório. Imediatamente passei a chamar de lei de Murphy a frase dita pelo capitão e, como sói acontecer, o nome pegou. Para aquela frase e todos os corolários. Algum tempo depois do batismo, o coronel Stapp declarou, numa coletiva de imprensa, que os esplêndidos resultados obtidos por nós, durante anos seguidos, em quedas, choques simulados, eram devido fundamentalmente à crença de todos na lei de Murphy, isto é, no nosso esforço constante para negar a sua inevitabilidade."

George E. Nichols – Administrador de Qualidade e Segurança – Projeto Viking. Laboratório de Propulsão a Jato – NASA.

Murphologia

Murphologia é a ciência que estuda a lei de Murphy. Inclui os seus corolários e engloba todas as frases derivadas da primeira lei. A Murphologia engloba diversas áreas do conhecimento.

Administração

- Toda solução cria um novo problema.
- Seja qual for o resultado, haverá sempre alguém para:
  - ⇨ interpretá-lo mal;
  - ⇨ alegar que já tinha previsto tudo em seu último relatório.
- Toda vez que um incompetente se demite é substituído por alguém mais incompetente.
- Nenhum patrão mantém um empregado que está certo o tempo todo.
- Se você conseguir manter a cabeça enquanto em sua volta todos estão perdendo a deles, provavelmente você não entende a gravidade da situação.
- O prestígio do economista varia na razão inversa da inteligibilidade de suas declarações.
- A informação que obriga a uma mudança radical no projeto sempre chega ao projetista depois do trabalho terminado, executado e funcionando maravilhosamente (também conhecida como síndrome do: poxa, mas só agora!!!).
- Assim que tiver esgotado todas as suas possibilidades e confessado seu fracasso, haverá uma solução simples e óbvia claramente visível a qualquer outra pessoa.
- Se algo é confidencial, será esquecido na máquina copiadora.

Cotidiano

- Mesmo o objeto mais inanimado tem movimento suficiente para ficar na sua frente e provocar uma canelada.
- Entregas de caminhão que normalmente levam um dia levarão cinco quando você depender da entrega.
- Uma gravata limpa atrai sempre a sopa do dia.
- Se estiver escrito "Tamanho Único", é porque não servirá em ninguém.
- Todo corpo mergulhado numa banheira faz tocar o telefone.
- A probabilidade de o pão cair com o lado da manteiga virado para baixo é proporcional ao valor do carpete.
- A fila do lado sempre anda mais rápido.

- ❑ A foto mais importante de sua vida tem sempre uma propaganda ao fundo.
- ❑ O seu cansaço é sempre proporcional ao aborrecimento que um chato pode lhe causar em uma festa.
- ❑ Quando um trabalho é mal feito, qualquer tentativa de melhorá-lo piora.
- ❑ Acontecimentos infelizes sempre ocorrem em série.
- ❑ Você sempre encontra aquilo que não está procurando.
- ❑ Toda vez que se menciona alguma coisa: se é bom, acaba, se é ruim, acontece.
- ❑ Para se conseguir um empréstimo é fundamental provar que você não precisa.
- ❑ A oportunidade sempre bate na porta nos momentos menos oportunos.
- ❑ Amigos vão e vêm, os inimigos ficam.
- ❑ Não importa quão longa e difícil seja a procura por um item, depois que você o compra, ele será vendido mais barato em algum lugar.
- ❑ Ajude um homem quando ele está em dificuldades e ele se lembrará de você quando estiver com problemas de novo.
- ❑ Se tudo está vindo na sua direção, você está na mão errada.
- ❑ Quando você disca um número errado, nunca dá ocupado.
- ❑ Um atalho é sempre a distância mais longa entre dois pontos.
- ❑ Se há possibilidade de várias coisas darem errado, todas darão; ou a que causar mais prejuízo.
- ❑ A utilidade de um artigo é inversamente proporcional ao preço que você pagou por ele.
- ❑ Entre dois acontecimentos prováveis, sempre acontece um improvável.
- ❑ Se você é capaz de distinguir entre o bom e o mau conselho, você não precisa de conselho.
- ❑ A ferramenta quando cai no chão sempre rola para o canto mais inacessível do aposento.
- ❑ A caminho do canto, a ferramenta acertará primeiro o seu dedão.
- ❑ O material é danificado na proporção direta do seu valor.
- ❑ Por mais tomadas que se tenha em casa, os móveis estão sempre na frente.
- ❑ Quando se tenta abrir a porta de casa com um molho de chaves na mão, a correta é sempre a última.

Educação

- Os assuntos mais simples são aqueles que você não entende nada.
- Ninguém nunca está ouvindo até você cometer um erro.
- Oitenta por cento do exame final da sua prova da faculdade será baseado na única aula que você perdeu e baseado no único livro que você não leu.
- Cada professor parte do pressuposto de que você não tem mais o que fazer senão estudar a matéria dele.
- A citação mais valiosa para a sua redação será aquela que você não consegue lembrar o nome do autor e nem o título do livro.
- Quanto mais cuidadosamente você planejar um trabalho, maior será sua confusão mental quando algo der errado.
- Sempre que você tem as respostas certas, ninguém está lhe fazendo as perguntas.
- O número de exceções sempre ultrapassa o número de regras.
- Há sempre exceções às exceções já estabelecidas.
- Quando conseguimos entender as exceções, já esquecemos as regras.
- A explicação mais simples sucede a solução mais complexa.

Família

- Tudo o que os seus pais faziam era errado.
- Agora que você é pai, tudo o que faz é errado.
- Os seus filhos ficarão com todo o crédito daquilo que der certo.
- Quanto mais você tentar não cometer os erros dos seus pais, mais terá chance de repeti-los.
- No momento em que você deitar o seu bebê no berço, ele abrirá um grande berreiro.
- Dez segundos após você trocar a fralda do seu bebê, ele a molhará.
- As crianças são incríveis. Em geral, elas repetem palavra por palavra aquilo que você não deveria ter dito.
- Um brinquedo inquebrável só serve para quebrar outros brinquedos.

Informática

- É impossível criar coisas à prova de erros – os idiotas são muito criativos.
- Qualquer programa quando começa a funcionar já está obsoleto.

- A complexidade do programa cresce até exceder a competência do programador.
- Se uma instalação piloto funciona bem, todos os programas dependentes dela funcionarão muito mal.
- Só quando um programa já está sendo usado há seis meses é que se descobre um erro fundamental.
- Qualquer programa baseado na competência do usuário foi mal programado.
- Erros impossíveis de encontrar são infinitos em contraste com os erros fáceis de encontrar, que são naturalmente limitados.
- Um computador programado para recusar qualquer dado errado sempre encontrará um debiloide gênio para fazê-lo engolir dados errados.

Tecnologia

- O defeito só aparece depois que a unidade passou pela inspeção final.
- Depois que um equipamento foi montado e funciona perfeitamente encontram-se embaixo do banco diversas peças fundamentais.
- Se sua experiência fracassou, destrua todas as provas de que tentou.
- As variáveis variam menos que as constantes.
- A única peça que a fábrica esqueceu de embarcar é indispensável para a montagem de 75% do equipamento.
- A fábrica não esqueceu de entregar, ela nem fabricou a peça.
- Em qualquer circuito eletrônico o componente de vida mais curta será instalado no lugar de mais difícil acesso.
- Qualquer desenho de circuito eletrônico deve conter pelo menos: uma peça obsoleta, duas impossíveis de encontrar e três ainda sendo testadas (por você, é claro).
- Depois que o último dos parafusos foi retirado da tampa de acesso de um equipamento, verifica-se que foi removida a tampa errada.
- Depois que o último dos parafusos da tampa de um equipamento foi apertado, verifica-se que alguma peça ficou para fora.
- O êxito de uma demonstração é inversamente proporcional ao número de pessoas importantes que a assistem.
- Todo arame cortado no tamanho indicado será curto demais.

- Não há nenhum problema mecânico tão difícil que não possa ser resolvido com força bruta e ignorância.
- É mais fácil separar do que colocar tudo junto novamente.
- Nada é tão fácil quanto parece, nem tão difícil quanto a explicação do manual.
- A explicação mais simples sucede a solução mais complexa.

Tempo

- Tudo leva mais tempo do que todo o tempo que você tem disponível.
- Quando um voo em que você vai se atrasa, o voo da sua conexão sai no horário.
- Se você tem alguma coisa há muito tempo, pode jogar fora.
- Se você joga fora alguma coisa que tem há muito tempo, você vai precisar dela logo, logo...
- Toda dor de dente tende para sábado à noite.
- Se você for esperar o motivo certo para fazer alguma coisa, nunca fará nada.
- Quando o tempo se reduz a zero o esforço beira as raias do infinito.
- Se não existissem os últimos minutos, nada neste mundo seria realizado.
- Nada jamais é executado dentro do prazo ou do orçamento.
- Depois de acrescentar ao cronograma duas semanas para atrasos imprevisíveis, acrescente mais duas para atrasos previsíveis.
- Os primeiros 90% de uma tarefa demoram 90% de tempo a executar. Os outros 10% demorarão outros 90%.
- Qualquer equipamento coberto por uma garantia deixará de funcionar logo após a garantia acabar.
- Quanto tempo dura um minuto depende de que lado da porta do banheiro você esteja.
- Se você chega cedo, o espetáculo será cancelado.
- Se você se mata para chegar na hora, terá que esperar.
- Se você chega atrasado, começou há horas.

8 Matriz de Ansoff

A **matriz de Ansoff**, também conhecida como matriz produto/mercado, é uma ferramenta, desenvolvida por Igor Ansoff, de modo a prover uma moldura lógica para compreensão e desenvolvimento de objetivos de marketing. Trata-se de um modelo utilizado para determinar oportunidades de crescimento de unidades de negócio, deixando claro que as estratégias da organização terão um impacto significativo nas ações tomadas, mas que, quando bem estudadas e elaboradas, serão determinantes para um sucesso mais próximo e focado.

A matriz de Ansoff possui duas dimensões, cada qual com duas alternativas (novos e existentes):

- Produtos
- Mercados

Sobre essas duas dimensões, quatro estratégias podem ser formuladas:

- Penetração de mercado
- Desenvolvimento de mercado
- Desenvolvimento de produtos
- Diversificação

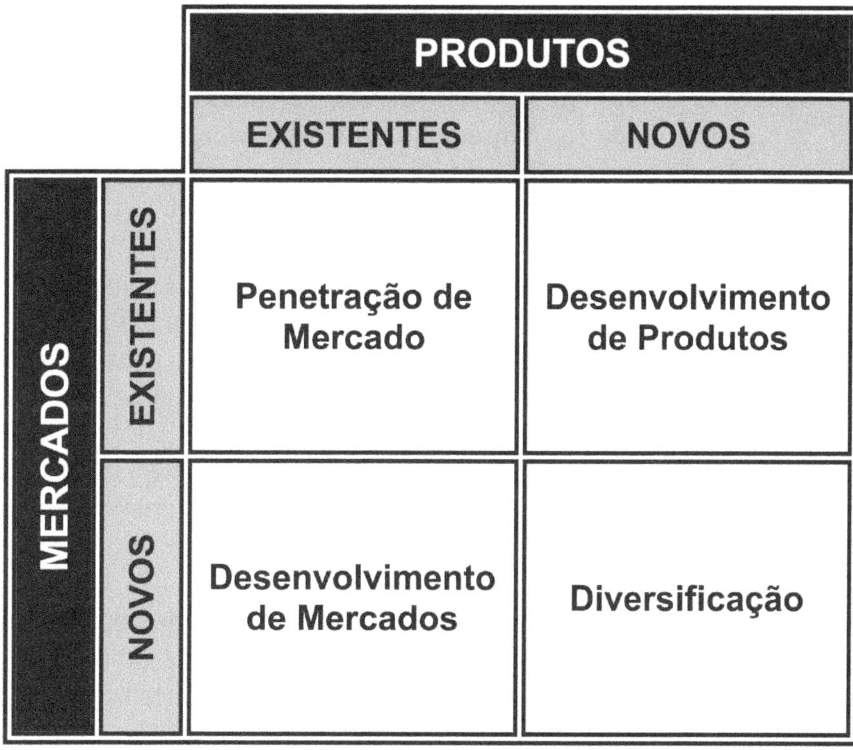

Matriz de Ansoff

As decisões estratégicas, segundo Ansoff (1990), preocupam-se especificamente com a seleção do composto de produtos que a organização produzirá e dos mercados nos quais os venderá.

Nesse contexto, o vetor de crescimento especifica a direção dos negócios futuros da organização e apresenta quatro alternativas:

- A **penetração de mercado** indica a direção de crescimento por meio do aumento na participação nos mercados atuais para os produtos já existentes. Isso pode ser conseguido, por exemplo, aumentando-se a frequência no uso do produto, ou aumentando-se a quantidade consumida, ou encontrando-se novas aplicações do produto para os atuais usuários.
- O **desenvolvimento de mercados** indica uma nova busca de mercados para os atuais produtos da organização. Isso pode ser conseguido, por exemplo, por meio de expansão geográfica ou pela busca de novos segmentos-alvo.

- O **desenvolvimento de produtos** cria novos produtos ou gera aperfeiçoamentos que alterem a percepção nos produtos atuais que venham a substituir os produtos existentes nos mercados de atuação da organização. Isso pode ser conseguido, por exemplo, por meio do desenvolvimento de produtos de nova geração ou pela adição de qualidades no produto atual – refinamento do produto.

- A **diversificação** é especial, pois tanto os produtos quanto os mercados são novos para a empresa. A diversificação pode ser relacionada ou não relacionada. Na diversificação relacionada, pode-se promover o intercâmbio ou compartilhamento de ativos ou competências – marca habilidades de marketing, capacidade de vendas, habilidades de fabricação ou ainda buscar economias de escala. Na diversificação não relacionada, pode-se buscar a integração vertical, benefícios tributários, ou obter um alto retorno sobre investimentos.

Há um elo comum evidente entre as três primeiras alternativas, representado pelo conjunto de potencialidades de marketing, pela tecnologia do produto ou ambos. Já na diversificação, o elo comum é menos evidente e certamente mais fraco (ANSOFF, 1990).

9 Matriz BASICO

Existem diversos softwares modernos que auxiliam os gerentes e administradores em vários processos, inclusive no processo de tomada de decisão. Porém, existem também diversas ferramentas muito simples que são facilmente operadas e produzem excelentes resultados.

Dentre essas ferramentas, uma muito eficaz no auxílio a tomadas de decisão, principalmente quando se relaciona à questão de priorizar e viabilizar a implantação projetos, é a **matriz BASICO**. Trata-se de uma ferramenta bastante oportuna para priorizar projetos e para definir quais tipos de recursos precisarão ser alocados a eles.

Esta matriz pode ser utilizada quando existem dúvidas sobre qual projeto dentre vários deve ser implantado inicialmente. É uma forma de priorização onde seis critérios de avaliação diferentes recebem um conceito que vai de 1 a 5. Após a avaliação de todos esses critérios é feito o somatório de cada uma das opções consideradas, e a priorização é definida em função dos totais obtidos. A opção que totalizar o maior valor deverá ser a prioridade e assim por diante.

Os critérios a serem avaliados são:

- ❑ **B**enefícios para a organização.
- ❑ **A**brangência dos resultados.
- ❑ **S**atisfação do cliente interno.
- ❑ **I**nvestimento requerido.
- ❑ **C**liente externo satisfeito.
- ❑ **O**peracionalidade simples.

Quanto **maior** for a avaliação de cada um desses critérios, **maior** deverá ser o conceito, com exceção da coluna "**I**", pois, neste caso, quanto **maior** for o investimento necessário, **menor** deverá ser o conceito.

Por exemplo, se o projeto requer um investimento muito alto, o conceito a ser atribuído deverá ser baixo, e se o projeto requer um investimento mais baixo, neste caso o conceito deverá ser mais alto.

A seguir é demonstrado um exemplo da aplicação da **matriz BASICO** para a análise de priorização de quatro projetos:

MATRIZ DE PRIORIZAÇÃO DE ALTERNATIVAS								
Alternativas de Projetos	Pontuação						Total	Prioridade
	B	A	S	I	C	O		
Projeto ALFA	4	4	4	2	4	4	22	2º
Projeto BETA	4	4	5	4	4	3	24	1º
Projeto GAMA	4	3	2	4	3	4	20	3º
Projeto DELTA	2	2	3	4	3	2	16	4º

Quanto à questão do conceito a ser atribuído a cada um dos critérios de análise, são **sugeridas**, nas seis tabelas a seguir, as pontuações para cada um dos itens da matriz BASICO:

BASICO	
Benefícios para a organização.	
Pontuação	**Critério**
1	Benefícios de pouca expressão quanto a impactos operacionais, mas que irão contribuir para a disseminação da Qualidade Técnica na instituição.
2	Algum benefício no desempenho da instituição, possível de ser quantificado.
3	Benefícios de razoável impacto no desempenho da instituição.
4	Grandes benefícios que irão resultar em significativos impactos no desempenho da instituição.
5	Benefícios de vital importância para a instituição.

B**A**SICO	
Abrangência dos resultados.	
Pontuação	**Critério**
1	Abrangência muito pequena (até 5% da instituição).
2	Abrangência pequena (de 5% a 20% da instituição).
3	Abrangência razoável (de 20% a 40% da instituição).
4	Abrangência muito grande (de 40% a 70% da instituição).
5	Total abrangência (de 70% a 100% da instituição).

BASICO	
Satisfação do cliente interno.	
Pontuação	**Critério**
1	Pequena, mas o suficiente para contribuir para a disseminação da Qualidade Técnica na instituição.
2	Razoável, mas não chega a ser facilmente notada pelos colegas de trabalho.
3	Média, a ponto de ser facilmente notada pelos colegas de trabalho.
4	Grande, a ponto de gerar demonstrações de reconhecimento com a atitude tomada.
5	Muito grande, servindo como excelente referencial dos resultados na Qualidade Técnica.

BASICO	
Investimentos requeridos.	
Pontuação	**Critério**
1	Gastos de recursos muito significativos, além do disponível, requerendo recursos extrainstituição.
2	Utilização de recursos que requerem remanejamento dentro da instituição.
3	Recursos além dos destinados à área.
4	Pouca utilização de recursos.
5	Mínima utilização de recursos.

BASI**C**O	
Cliente externo satisfeito.	
Pontuação	**Critério**
1	Nenhum reflexo perceptível pelo cliente externo.
2	Pouco impacto nos processos finalísticos.
3	Bons reflexos diretos nos processos finalísticos ou nos processos de apoio que atingem diretamente os clientes externos e o meio ambiente.
4	Grandes reflexos diretos nos processos finalísticos ou nos processos de apoio que atingem os clientes externos e o meio ambiente.
5	Impacto positivo muito grande na imagem da instituição com o cliente.

BASIC**O**	
Operacionalidade simples.	
Pontuação	**Critério**
1	Baixíssima exequibilidade, dependendo de ações/decisões que extrapolam os limites da instituição.
2	Pouca exequibilidade, dependendo de ações ou decisões políticas dentro da instituição, ou mudanças acentuadas de comportamentos ou da cultura organizacional em geral.
3	Média facilidade ou exequibilidade, dependendo de tecnologia de difícil disponibilidade no mercado ou razoáveis mudanças comportamentais daqueles diretamente ligados aos problemas.
4	Boa facilidade ou exequibilidade, dependendo, entretanto, de tecnologia externa, mas de relativa disponibilidade no mercado.
5	Grande facilidade ou exequibilidade de implantação da solução, com total domínio da "tecnologia" requerida.

10 Matriz BCG

Na década de 1960, duas ferramentas extremamente úteis para o trabalho do planejador foram introduzidas: a **matriz BCG** e a **curva do ciclo de vida do produto**.

A matriz BCG (*Boston Consulting Group*) é um modelo para análise de portfólio de produtos ou de unidades de negócio baseado no conceito de ciclo de vida do produto.

Para garantir a criação de valor a longo prazo, a organização deve ter um portfólio de produtos que contenha tanto mercadorias com altas taxas de crescimento no mercado (que precisam de investimentos) como mercadorias com baixo crescimento (que geram receita).

A matriz tem duas dimensões: **crescimento do mercado** e **participação relativa de mercado** (que é a participação da empresa em relação à participação de seu maior concorrente). Quanto maior a participação de mercado de um produto ou quanto mais rápido o mercado de um produto cresce, melhor para a empresa.

Os produtos devem ser posicionados na matriz e assim classificados de acordo com cada quadrante.

A matriz BCG é baseada no crescimento da indústria e da parcela de mercado relativa, sendo essas duas dimensões consideradas representantes da posição competitiva da unidade de uma organização em seu mercado ou área de atuação e do fluxo de caixa líquido resultante, necessário para operar a referida unidade. A hipótese básica da matriz é que a organização com maior parcela relativa é aquela com menor custo.

Na figura a seguir são representadas, na visão de Ross (1992), pelo ponto de vista de finanças, as diferentes classificações de produtos ou organizações sugeridas pela matriz BCG:

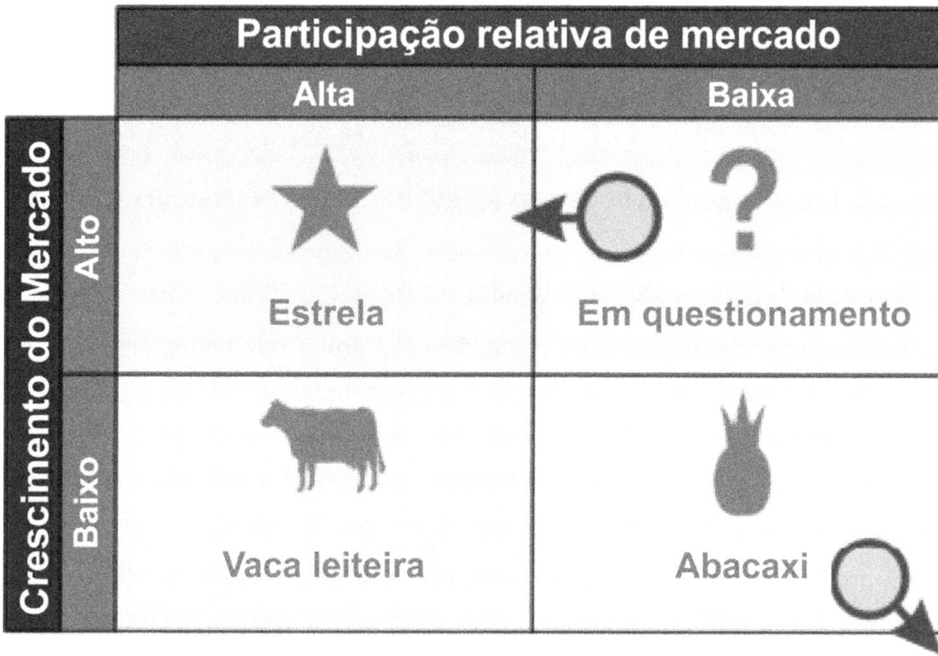

- **Vacas leiteiras** – Negócios com parcela relativa alta em mercados de baixo crescimento. Os lucros e a geração de caixa devem ser altos. Produzem bons fluxos de caixa, que podem financiar outros empreendimentos. Como o crescimento do mercado é baixo, poucos investimentos deverão ser exigidos. Pode ser a base de uma empresa.
- **Abacaxi** – Também conhecido como "cachorro", "vira-lata" ou "animal de estimação", expressões que não traduzem bem o conceito em português, os "abacaxis" devem ser evitados e minimizados em uma organização. São negócios com parcela relativa baixa em mercados de baixo crescimento. São usuários modestos de fluxos de caixa, armadilhas de caixa devido a sua fraca posição competitiva.
- **Estrelas** – São líderes no mercado. Negócios com parcela relativa alta em mercado de alto crescimento exigem muitos recursos, provenientes de fluxo de caixa, para sustentar o seu crescimento. Geralmente rendem altos lucros e podem estar com o caixa equilibrado. Entretanto, a participação de mercado deve ser mantida, pois pode virar uma "vaca leiteira" se não houver perda de mercado.
- **Em questionamento** – Também conhecido como "ponto de interrogação" ou "criança problema". Tem a pior característica quanto ao fluxo de caixa, pois proporciona pouco retorno devido a exigir investimentos

e ter baixa participação de mercado, e sua posição competitiva em geral não é muito sólida. Se nada for feito para mudar a participação de mercado, pode absorver um grande investimento e depois se tornar um "abacaxi".

A matriz BCG tem a vantagem de não apresentar uma só estratégia para todos os produtos.

Algumas desvantagens deste modelo são:

- alta participação de mercado não é o único fator de sucesso;
- crescimento de mercado não é o único indicador de atratividade de um mercado;
- às vezes um "abacaxi" pode gerar mais caixa que uma "vaca leiteira".

De acordo com Bruce Henderson (criador da matriz BCG): "para ter sucesso, uma empresa precisa ter um portfólio de produtos com diferentes taxas de crescimento e diferentes participações no mercado. A composição desse portfólio é uma função do equilíbrio entre fluxos de caixa. Produtos de alto crescimento exigem injeções de dinheiro para crescer. Produtos de baixo crescimento devem gerar excesso de caixa. Ambos são necessários simultaneamente".

Curva do Ciclo de Vida do Produto

As características dos estágios do ciclo de vida dos produtos são:

- **Introdução** – Neste momento oferece-se um produto básico tentando fixar seu padrão. A sua utilização é baixa e o custo por cliente/usuário ainda é bem alto. Neste ponto os usuários possuem características de inovadores. Existem em geral poucos concorrentes, e os objetivos das organizações resumem-se basicamente em criar conscientização e experimentação do produto. Fortes promoções de divulgação devem ser criadas para esse fim.
- **Crescimento** – Nesta fase busca-se estender a linha de produtos, aumentando garantias e serviços. A divulgação do produto dispara e os usuários passam a ser definidos como adotantes iniciais. Os concorrentes aumentam em número e o objetivo da organização passa a ser maximizar a parcela de mercado. Sua distribuição fica mais intensiva e a divulgação busca conscientizar o mercado de massa.

- **Maturidade** – Esta etapa é caracterizada pelo maior número de usuários e o máximo em distribuição. O número de concorrentes começa a declinar e os objetivos passam a ser defender a parcela do mercado. Neste ponto a divulgação deve mostrar as diferenças e as vantagens da opção pelo produto.
- **Declínio** – Quando o produto chega nesse ponto sua utilização cai. Os usuários são caracterizados como retardatários. Os objetivos passam a ser reduzir os custos e manter a marca o máximo que for possível. O nível de divulgação é reduzido apenas o suficiente para manter os clientes/usuários mais leais.

A análise conjunta da **matriz BCG** com o **ciclo de vida do produto** é uma fonte de sugestões para estratégias a serem seguidas.

11

Matriz GE

A **Matriz GE** (General Eletric)/Mc Kinsey é um modelo para executar uma análise de portfólio de unidades de negócios. Para compreender melhor tornam-se necessárias algumas definições básicas:

- Um **portfólio de negócios** é o conjunto de **unidades de negócios** de uma organização.
- Uma unidade de negócios pode ser uma organização inteira de pequeno ou médio porte ou uma divisão de uma corporação de grande porte, contanto que possa formular uma estratégia de negócios e tenha objetivos independentes da organização principal.

O melhor portfólio de negócios é aquele que se encaixa perfeitamente aos pontos fortes da organização e ajuda a explorar os mercados mais atrativos.

Os objetivos da análise do portfólio de negócios são:

1. Decidir qual unidade de negócios deve receber mais ou menos investimentos.
2. Desenvolver estratégias de crescimento para incluir novos produtos e negócios ao portfólio.
3. Decidir quais negócios ou produtos não deverão permanecer.

Outra ferramenta muito conhecida de análise de portfólio é a matriz BCG (Ferramenta 11). A matriz BCG opera com duas variáveis básicas, que são a **atratividade do mercado** e a **força competitiva** da organização. A matriz GE é uma forma posterior e mais avançada da matriz BCG. A matriz GE é considerada mais evoluída devido a três aspectos:

1. A **atratividade do mercado** (fatores externos) da matriz GE substitui o **crescimento do mercado** da matriz BCG como dimensão para medir a atratividade da indústria. A atratividade do mercado inclui uma gama maior de fatores do que apenas o crescimento do mercado. Compare também com o modelo das Cinco Forças de Porter (Estratégia Competitiva - Michael E. Porter).
2. A **força competitiva** (fatores internos) da matriz GE substitui **participação relativa de mercado** da matriz BCG como dimensão para medir a posição competitiva de cada unidade de negócio. A força competitiva também inclui uma gama maior de fatores do que apenas a participação de mercado.
3. A matriz GE funciona com uma grade de 3x3 células, enquanto a matriz BCG tem apenas uma grade de 2x2 células. Isso também resulta em uma maior sofisticação desse modelo.

Fatores (externos) que afetam a ATRATIVIDADE do mercado:

- ❑ Tamanho do mercado
- ❑ Taxa de crescimento do mercado
- ❑ Lucratividade do mercado
- ❑ Tendências de fixação de preços
- ❑ Competitividade da concorrência
- ❑ Riscos do setor
- ❑ Barreiras de entrada
- ❑ Oportunidades de diferenciação de produtos e serviços
- ❑ Variação da demanda
- ❑ Segmentação do mercado
- ❑ Estrutura da distribuição
- ❑ Desenvolvimento da tecnologia

Fatores (internos) que afetam a FORÇA COMPETITIVA da organização:

- ❑ Capacidade de recursos e das competências
- ❑ Força relativa do marketing
- ❑ Participação de mercado
- ❑ Crescimento da participação de mercado
- ❑ Fidelidade dos clientes

- ❑ Estrutura de custos da concorrência
- ❑ Margens de lucros relativas (comparadas à concorrência)
- ❑ Capacidade de produção e força da distribuição
- ❑ Qualidade
- ❑ Alcance a recursos financeiros
- ❑ Capacidade gerencial

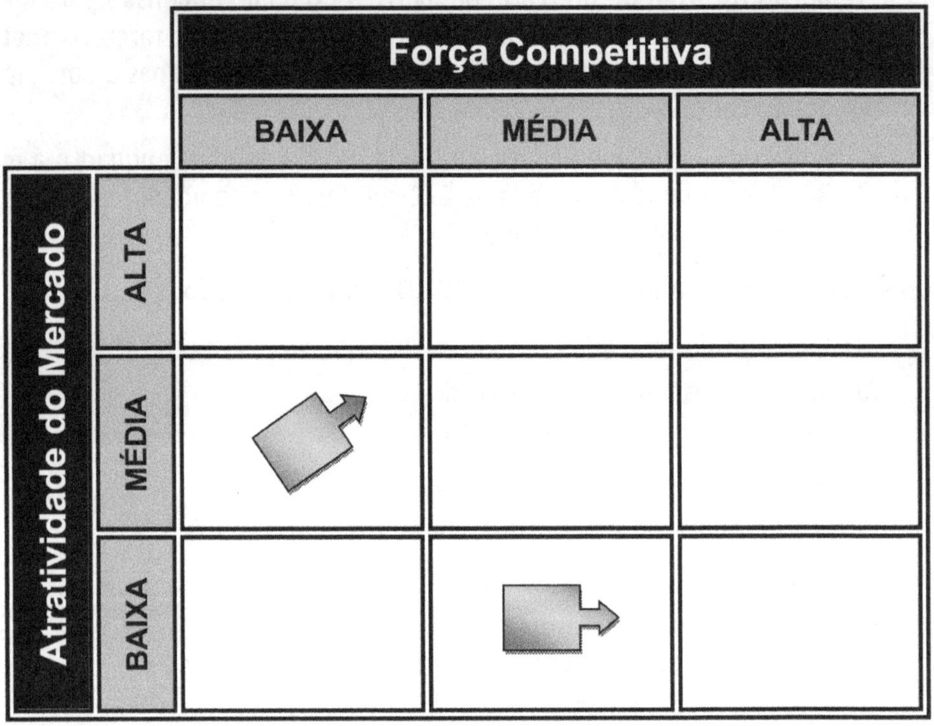

Matriz GE/Mc Kinsey

Planejamento Estratégico – Matriz GE

O modelo GE surgiu em 1970 devido a um desconforto ao usar o modelo proposto pela BCG, que utilizava apenas duas variáveis (crescimento do mercado e participação relativa de mercado). Isso gerava a possibilidade dos administradores tomarem decisões relevantes baseando-se em apenas dois indicadores. Dessa forma, surgiu o modelo de **atratividade de mercado X força competitiva da unidade de negócio.**

A principal diferença entre os dois modelos é que a matriz GE sugere que vários fatores sejam analisados antes de julgar a atratividade do mercado e o posicionamento do negócio. Esses fatores podem ser divididos em dois grupos.

- **Atratividade do setor:** tamanho, diversificação e crescimento do mercado, estrutura competitiva, sensibilidade à inflação, competição internacional, tecnologia, ambiente legal, relações trabalhistas, etc.
- **Pontos fortes do negócio:** tamanho, crescimento, participação relativa no mercado, posição competitiva na produção, tecnologia, liderança de mercado, rentabilidade de imagem, etc.

Depois de tudo analisado, parte-se para a prática. Deve-se definir a estratégia de negócio de acordo com a combinação da atratividade do mercado e o posicionamento do negócio.

Como pode ser observado na tabela, as decisões são tomadas a partir de sua análise:

- As unidades mais bem posicionadas em mercados mais atrativos recebem mais investimentos.
- Posicionamentos mais fracos e não tão atrativos caracterizam menos investimentos no negócio.
- As unidades ponderadas são administradas para manter seus ganhos e assim continuar crescendo até chegar ao seu ápice.

Nem sempre o foco da aplicação é voltado simplesmente para o aumento nas vendas. O objetivo, ao contrário, pode ser manter a demanda existente com maior lucratividade reduzindo custos ou retirar recursos e permitir que a demanda caia até mesmo para atingir o nível alvo desejado pela gerência corporativa.

O modelo GE também apresenta algumas limitações. Uma delas diz respeito aos fatores analisados terem todos a mesma importância, ou seja, não há ponderação. Essa limitação causa outro problema, pois o modelo é extremamente subjetivo, afinal dois executivos podem considerar o mesmo fator de forma diferente no processo de investimento ou desinvestimento.

Mas, em compensação, não há nenhuma relação estabelecida entre os fatores e definições sobre quais são negativos e para quais setores, como, por exemplo, a inflação pode ser ao mesmo tempo positiva para um segmento e negativa para outros.

12

Matriz GUT

Esta ferramenta é uma forma de se tratarem problemas com o objetivo de priorizá-los.

Ela poderá auxiliar na tarefa de definir prioridades quando há várias atividades a serem executadas.

A matriz tem esse nome pelo fato de levar em consideração a **G**ravidade, a **U**rgência e a **T**endência de cada problema.

- **Gravidade:** impacto do problema sobre coisas, pessoas, resultados, processos ou organizações e efeitos que surgirão em longo prazo, caso o problema não seja resolvido.
- **Urgência:** relação com o tempo disponível ou necessário para resolver o problema.
- **Tendência:** potencial de crescimento do problema, avaliação da tendência de crescimento, redução ou desaparecimento do problema.

Tabela GUT

MATRIZ GUT				
Ptos	G **Gravidade** Consequências se nada for feito.	U **Urgência** Prazo para tomada de decisão.	T **Tendência** Proporção do problema no futuro.	**G x U x T**
5	Os prejuízos ou dificuldades são extremamente graves.	É necessária uma ação imediata.	Se nada for feito, o agravamento da situação será imediato.	5 x 5 x 5 **125**
4	Muito graves.	Com alguma urgência.	Vai piorar em curto prazo.	4 x 4 x 4 **64**
3	Graves.	O mais cedo possível.	Vai piorar em médio prazo.	3 x 3 x 3 **27**
2	Pouco graves.	Pode esperar um pouco.	Vai piorar em longo prazo.	2 x 2 x 2 **8**
1	Sem gravidade.	Não tem pressa.	Não vai piorar ou pode até melhorar.	1 x 1 x 1 **1**

- ❑ A pontuação de 1 a 5, para cada dimensão da matriz, permite classificar em ordem decrescente de pontos os problemas a serem abordados na melhoria do processo.
- ❑ Esse tipo de análise deve ser feito pelo grupo de melhoria com responsáveis pelo processo, de forma a se estabelecer a melhor priorização dos problemas e ações.

Exemplos de Aplicação da Matriz GUT:

MATRIZ GUT					
Processo: Definição de Prioridades de Ação					
Atividades	**G**	**U**	**T**	**G x U x T**	**Prioridade**
Telefonar para Gerente A, perguntando se pode ceder um equipamento para Colaborador A terminar a atividade.	5	5	4	100	**2**
Entrar em contato com o cliente para avisar que o trabalho está atrasado.	5	5	5	125	**1**
Verificar lista de pessoal em "stand by", para saber quem poderá assumir a tarefa, em duas semanas, de Colaborador B que está com uma forte gripe.	3	3	1	9	**4**
Colaborador C está com a tarefa atrasada. Tomar providências para resolver o problema.	5	3	5	75	**3**
Marcar reunião presencial com toda a equipe.	4	3	3	24	**5**

MATRIZ GUT					
Processo: Processo de Compras					
Problemas	**G**	**U**	**T**	**G x U x T**	**Prioridade**
Atraso na liberação de créditos.	4	4	4	12	**1**
Baixo interesse dos fornecedores nas licitações.	4	4	3	11	**2**
Atraso na liberação de recursos financeiros.	4	4	3	10	**3**
Especificações de materiais imprecisas.	4	3	1	9	**4**

Considerações Finais

- Os exemplos anteriores são simples e servem apenas para que se tenha uma ideia do mecanismo.
- No dia a dia, crie a matriz na **planilha eletrônica** de sua preferência. À medida que os problemas forem surgindo e novas atividades sejam criadas, vá lançando na tabela e colocando valores para **G**, **U** e **T**. Automatize-a, de modo que já calcule e coloque as atividades em ordem de prioridade.
- Não se esqueça de retirar da tabela as atividades/problemas já concluídas/resolvidos.

13

Matriz PCQE

Um planejamento normalmente é desenvolvido com base em estimativas. Na verdade o que se tem é um objetivo que desejamos que seja transformado em um resultado, e para isso projetamos algumas situações que são previstas baseadas nos dados e percepções disponíveis. Através dessas informações definimos algumas metas que pretendemos atingir. São, entre outras, metas de prazo, metas de custo e metas de qualidade.

Esperamos que durante a **execução** de nossos planos as situações ocorram conforme definimos no **planejamento**. Feito um bom planejamento, a geração de múltiplas linhas de base é extremamente simples e rápida, e essas ferramentas de **controle** definirão o caminho planificado a seguir.

Porém, durante a execução de um projeto, diversos eventos podem contribuir para que os resultados obtidos tenham índices diferentes dos que foram planejados.

Durante a fase de controle pode ser percebido algum desvio em relação às situações planejadas ou até mesmo uma simples tendência para um desvio. Por isso é muito importante para o sucesso dos nossos empreendimentos que identifiquemos esses prováveis desvios antes mesmo que aconteçam. Isso pode ser alcançado através da observação das tendências, lembrando que cada item de nosso projeto tem uma expectativa de rendimento que foi baseada em uma estimativa.

A produtividade geral é fundamentada em hipóteses em relação à disponibilidade dos recursos, à previsão de prazos e custos e às expectativas de qualidade dos resultados.

Áreas de Conhecimento da Gestão de Projetos

Para possibilitar o alcance de resultados positivos e alinhado com as expectativas das partes interessadas em relação aos nossos empreendimentos, a gestão de projetos atualmente aborda dez áreas de conhecimento.

As áreas de conhecimento da gerência de projetos elencadas a seguir descrevem os conhecimentos e as práticas nos termos dos processos que as compõem.

Trinômio Sagrado

Porém, nem sempre foi assim. Nas abordagens iniciais de gerenciamento todo o foco era voltado para o trinômio Prazo, Custo e Qualidade. Isso porque, em uma visão simplista, esses três fatores são determinantes para o sucesso de um projeto; além de seus indicadores serem facilmente identificáveis, não somente pela equipe do projeto, mas também por qualquer outra parte interessada (*stakeholder*): cliente, patrocinador, usuário, etc. As alterações de Prazo, Custo e Qualidade são facilmente percebidas. Devido a isso, o agrupamento dessas três áreas de conhecimento recebe a denominação de **Trinômio Sagrado**.

Tripla Restrição

Numa abordagem mais criteriosa, fica evidenciado que um quarto elemento do gerenciamento – Escopo –, quando modificado, altera diretamente não só os três elementos do Trinômio Sagrado (Prazo, Custo e Qualidade), como todas as demais áreas de conhecimento da Gestão de Projetos. Devido a isso, passamos a considerar no gerenciamento o conceito da **Tripla Restrição**, que destaca três requisitos fundamentais para o controle da execução de um projeto: Prazo, Custo e Escopo.

Segundo esse conceito, cada um dos requisitos varia em função dos demais, havendo, portanto, uma interdependência em relação às decisões tomadas que interferem em cada um deles.

Modelo Híbrido

Um novo modelo de gerenciamento pode ser determinado considerando-se as áreas de conhecimento que compõem o **Trinômio Sagrado** (Prazo, Custo e Qualidade) em uma interseção com as áreas de conhecimento componentes da **Tripla Restrição** (Prazo, Custo e Escopo), resultando em um modelo com quatro áreas de conhecimento: Prazo, Custo, Qualidade e Escopo.

Modelo PMI® (Project Management Institute)

Atualmente as abordagens gerenciais são mais abrangentes e outras áreas de conhecimento passaram a compor o grupo de conhecimentos e processos gerenciais dos projetos, definindo o seguinte modelo:

Atualmente os processos do gerenciamento de projetos, descritos pelo PMI, estão organizados em dez áreas de conhecimento, conforme está descrito a seguir:

- Gerência do **Prazo** do Projeto: descreve os processos necessários para assegurar que o projeto termine dentro do prazo previsto.
- Gerência do **Custo** do Projeto: descreve os processos necessários para assegurar que o projeto seja completado dentro do orçamento previsto.
- Gerência da **Qualidade** do Projeto: descreve os processos necessários para assegurar que as necessidades que originaram o projeto sejam satisfeitas.
- Gerência do **Escopo** do Projeto: descreve os processos necessários para assegurar que o projeto contemple todo o trabalho requerido, e nada mais do que o trabalho requerido, para contemplar o projeto com sucesso.
- Gerência dos **Recursos Humanos** do Projeto: descreve os processos necessários para proporcionar a melhor utilização das pessoas envolvidas no projeto.
- Gerência das **Aquisições** do Projeto: descreve os processos necessários para a aquisição de mercadorias e serviços fora da organização que desenvolve o projeto.

- Gerência das **Comunicações** do Projeto: descreve os processos necessários para assegurar que a geração, a captura, a distribuição, o armazenamento e a pronta apresentação das informações do projeto sejam feitos de forma adequada e no tempo certo.
- Gerência dos **Riscos** do Projeto: descreve os processos que dizem respeito à identificação, à análise e à resposta aos riscos do projeto.
- Gerência das **Partes Interessadas** do Projeto: descreve os processos que dizem respeito à identificação de pessoas, grupos ou organizações que possam impactar ou ser impactadas pelo projeto, visando analisar as suas expectativas ou seu impacto no projeto, além de desenvolver estratégias gerenciais apropriadas para efetivamente engajar essas partes interessadas nas decisões do projeto e na sua execução.
- Gerência da **Integração** do Projeto: descreve os processos necessários para assegurar que os diversos elementos do projeto sejam adequadamente coordenados.

Definições

O termo **PCQE** é uma sigla oriunda das iniciais das quatro áreas de conhecimento do gerenciamento de projetos identificadas no Modelo Híbrido: **P**razo, **C**usto, **Q**ualidade e **E**scopo.

PRAZO	Espaço de tempo durante o qual se deve realizar o projeto ou alguma tarefa do projeto.
CUSTO	Soma dos dispêndios em que se incorre no processo de produção de um serviço.
QUALIDADE	Propriedade que permite avaliar, aprovar, ou recusar um serviço em função de sua conformidade e adequação.
ESCOPO	Relação de tarefas a serem executadas para a realização de um projeto.

Conceito PCQE

Baseado nas seguintes premissas:

- Todo problema está vinculado a uma mudança.
- Quando os recursos são limitados, é necessário que sejam definidas algumas prioridades.
- As áreas de conhecimento abrangidas pelo Trinômio Sagrado (Prazo, Custo e Qualidade) e pela Tripla Restrição (Prazo, Custo e Escopo) formam o Modelo Híbrido: Prazo, Custo, Qualidade e Escopo.
- Qualquer alteração em uma das áreas de conhecimento da gestão de projetos gerará um impacto nas demais áreas.
- Embora as quatro áreas de conhecimento do Modelo Híbrido (Prazo, Custo, Qualidade e Escopo) não possam simplesmente ser consideradas de maior importância em relação às demais áreas de conhecimento do modelo PMI® para a gestão de projetos (Aquisições, Recursos Humanos, Comunicação, Partes Interessadas, Riscos e Integração), elas normalmente são as geradoras das alterações que mais impactam nos resultados de um projeto.

O desenvolvimento da **matriz PCQE** é baseado no conceito de que, para corrigirmos os desvios apontados, devemos tentar analisar cada uma das quatro áreas de conhecimento do Modelo Híbrido e tentar colocá-las em ordem de prioridade em relação aos possíveis problemas. Para isso devemos identificar uma hierarquia de preocupação e prioridades entre essas quatro áreas (Prazo, Custo, Qualidade e Escopo) na seguinte ordem:

- Área de conhecimento problemática principal
- Área de conhecimento problemática secundária
- Terceira área de conhecimento
- Quarta área de conhecimento

Nosso objetivo na aplicação desta ferramenta será o desenvolvimento de um **plano de ações** baseado na análise dessas quatro áreas de conhecimento com foco nas duas principais áreas problemáticas.

Apresentação da Matriz PCQE

A seguir será representado o modelo da matriz PCQE:

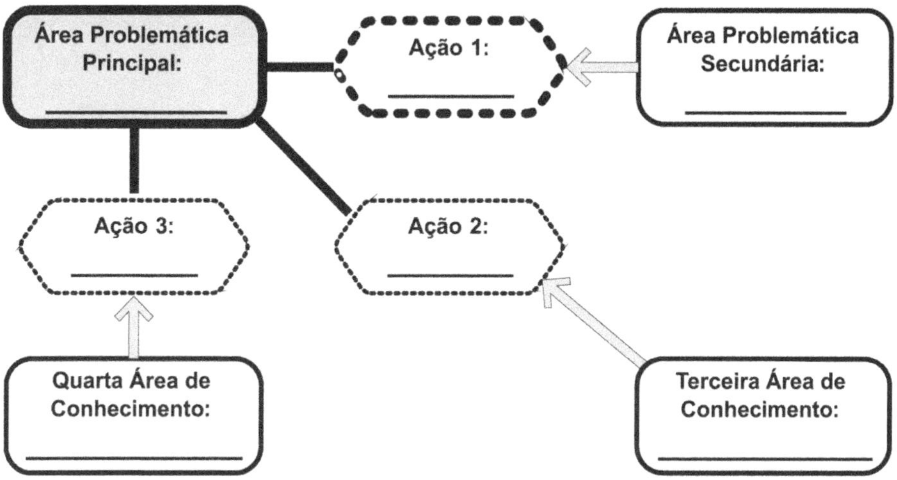

Como Utilizar a Matriz PCQE

O objetivo principal da utilização dessa matriz é obter um apoio para a elaboração de um **plano de ações** para a correção de desvios que poderão afetar os bons resultados de um projeto.

Para a melhor utilização dessa ferramenta são recomendados os seguintes passos:

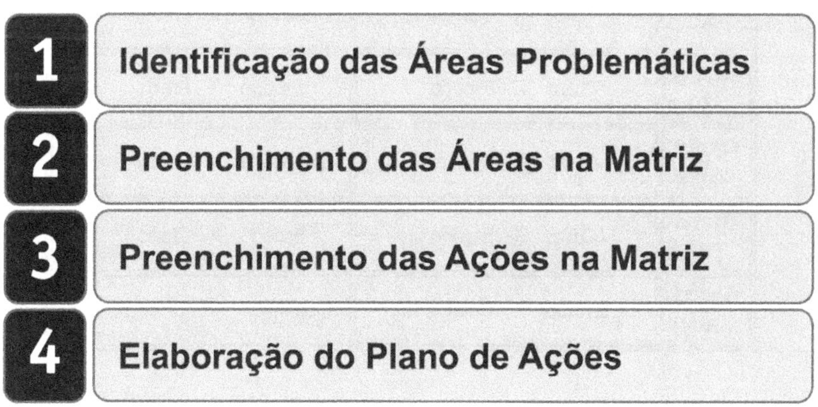

A seguir, os quatro passos recomendados para a utilização da matriz PCQE para apoio ao plano de ações serão detalhados:

1 Identificação das Áreas Problemáticas

A partir da medição constante da evolução de um projeto, poderemos identificar problemas através dos desvios apontados nessa análise.

Através do modelo representado deverão ser identificadas:

- Área de conhecimento problemática principal
- Área de conhecimento problemática secundária
- Terceira área de conhecimento
- Quarta área de conhecimento

Considerando as quatro áreas de conhecimento do Modelo Híbrido e que iremos focar as nossas ações com base nas duas áreas que, após uma análise criteriosa, podemos identificar como sendo as duas mais problemáticas, poderão ocorrer as seguintes combinações duas a duas:

Planilha 1 – Combinações Possíveis

GRUPO	PRIMÁRIO		SECUNDÁRIO	PRIMÁRIO		SECUNDÁRIO
Grupo 1	Prazo	X	Custo	Custo	X	Prazo
Grupo 2	Prazo	X	Qualidade	Qualidade	X	Prazo
Grupo 3	Prazo	X	Escopo	Escopo	X	Prazo
Grupo 4	Custo	X	Qualidade	Qualidade	X	Custo
Grupo 5	Custo	X	Escopo	Escopo	X	Custo
Grupo 6	Escopo	X	Qualidade	Qualidade	X	Escopo

2 Preenchimento das Áreas na Matriz

Com a identificação da priorização das áreas de conhecimento problemáticas, passamos ao preenchimento da matriz com essas informações.

Após o preenchimento da matriz com a identificação das áreas de conhecimento em suas respectivas posições de prioridade, deverá ser feita a análise das combinações entre essas áreas elencadas prioritariamente.

3 Preenchimento das Ações na Matriz

Independentemente da combinação definida pela gerência do projeto como sendo das áreas problemáticas primária e secundária, a seguir serão representadas, através da **Planilha 2**, as possíveis combinações entre as áreas de conhecimento e as ações recomendadas para a solução de problemas identificados:

- ❑ Ação 1
- ❑ Ação 2
- ❑ Ação 3

Planilha 2 – Tabela de Interação das Áreas de Conhecimento

ÁREA DE CONHECIMENTO		SECUNDÁRIA			
		PRAZO	CUSTO	QUALIDADE	ESCOPO
PRIMÁRIA	PRAZO		Contratos	Fiscalização	Cronograma
	CUSTO	Orçamento		Fiscalização	Especificação
	QUALIDADE	Fiscalização	Fiscalização		Fiscalização
	ESCOPO	Cronograma	Especificação	Fiscalização	

4 Elaboração do Plano de Ações

Com a identificação da ordem de prioridade das ações, já pode ser elaborado o **plano de ações** com apoio da consulta feita na **Planilha 3**.

Planilha 3 – Ações Recomendadas

ELEMENTO	AÇÃO	DESCRIÇÃO
Cronograma	Revisão	Superposição de Tarefas
	Ajuste	Compressão na Duração das Tarefas
Orçamento	Revisão	Atualização dos Preços
	Ajuste	Realização de Novas Cotações
Especificação	Revisão	Troca de Itens / Produtos Substitutos
	Ajuste	Supressão de Itens
Fiscalização	Revisão	Substituição da Fiscalização
	Redução	Aumento da Fiscalização
Contratos	Revisão	Renegociação de Prazos
	Ajuste	Renegociação de Preços

Exemplo de Aplicação da Matriz PCQE

Para facilitar o entendimento e evidenciar a aplicabilidade dessa ferramenta, vamos exemplificar a sua utilização através da seguinte situação:

Construção de Residência

Consideremos que durante a construção de sua residência uma pessoa perceba que o seu empreendimento esteja ocorrendo em uma situação diferente do planejado e ela perceba que precisa tomar algumas decisões para evitar o fracasso de seu projeto.

1 Identificação das Áreas Problemáticas

No caso, essa pessoa tem uma necessidade grande de concluir a sua obra dentro do prazo previsto e seus recursos financeiros são limitados. Ao fazer uma análise, ela percebe que o seu problema maior é em relação à data de conclusão (**Prazo**). Em seguida, o seu maior problema seria a limitação dos recursos financeiros (**Custo**).

Falta agora definir a terceira e quarta áreas em relevância. Ela reconhece que os serviços têm sido executados com muito capricho e têm ficado com acabamentos satisfatórios, sendo esta atualmente a sua menor preocupação. Neste caso, a quarta área de conhecimento seria a **Qualidade**. Por eliminação, fica definido o **Escopo** como sendo a terceira área de preocupação. Sua planilha ficaria assim:

PRIORIZAÇÃO DAS ÁREAS PROBLEMÁTICAS		
Prioridade	**Descrição**	**Área de Conhecimento**
1	Área Problemática Principal	**Prazo**
2	Área Problemática Secundária	**Custo**
3	Terceira Área de Conhecimento	**Escopo**
4	Quarta Área de Conhecimento	**Qualidade**

2 Preenchimento das Áreas na Matriz

Utilizando as informações da planilha, iniciamos o preenchimento da matriz PCQE com as informações da prioridade das áreas de conhecimento.

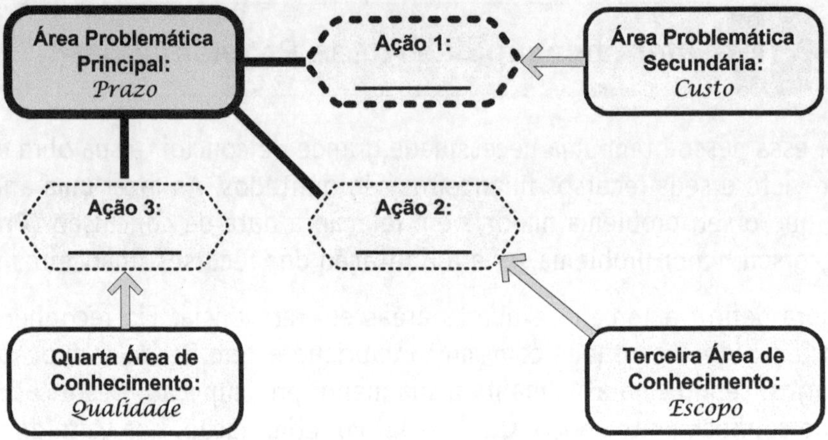

3 Preenchimento das Ações na Matriz

Identificadas as áreas de prioridade na matriz, deverá ser feita uma consulta à **Planilha 2 – Tabela de Interação das Áreas de Conhecimento** para a complementação do preenchimento da Matriz PCQE com as ações recomendadas.

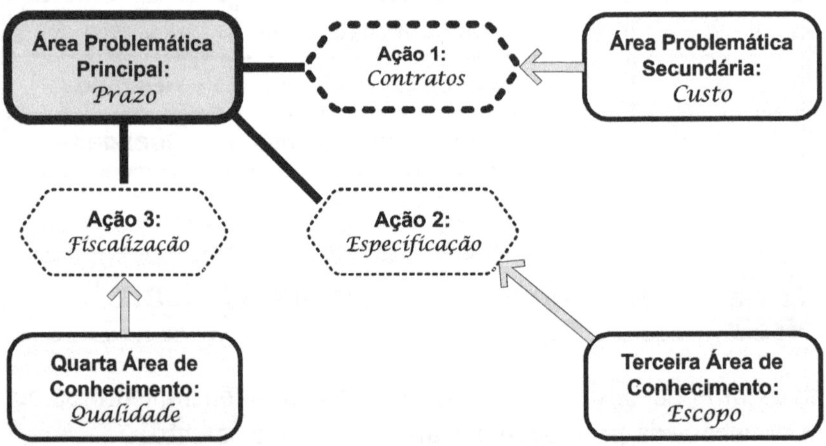

4 Elaboração do Plano de Ações

Com a matriz completa já é possível definir um plano com a recomendação das ações necessárias a serem tomadas, inclusive com ordem de prioridade.

PLANO DE AÇÕES		
AÇÃO	**DESCRIÇÃO DA AÇÃO**	
Ação 1	Contratos	Renegociação de Prazos.
		Renegociação de Preços.
Ação 2	Especificação	Troca de Itens / Produtos Substitutos.
		Supressão de Itens.
Ação 3	Fiscalização	Substituição da Fiscalização.
		Aumento da Fiscalização.

Ação 1 – As ações recomendadas neste tópico são basicamente em relação ao contrato com o construtor. Como sua prioridade é prazo, será necessário criar um adendo ao contrato considerando uma nova programação de trabalho e entregas.

Ação 2 – Em relação a esta ação, a recomendação é direcionada para especificação. Como a sua preocupação também é o custo, ele deve considerar a possibilidade da utilização de materiais mais baratos ou a supressão de alguns itens neste momento que poderiam ser executados em um segundo momento.

Ação 3 – Como há uma indicação para a fiscalização, é recomendado que se diminua o intervalo de tempo entre as vistorias.

14

Matriz de Prioridades

Uma questão fundamental na vida de um líder é exatamente quanto à utilização de seu tempo. Devido à velocidade como as coisas vêm acontecendo ultimamente, o excesso de atribuições e atividades é um fenômeno normal na vida dos gerentes e líderes de maneira geral.

Não adianta se esforçar, fazer mais e melhor e ter uma atitude positiva se o caminho está errado. **A direção é mais importante do que a velocidade**.

O quadro a seguir poderá ser utilizado como uma poderosa ferramenta para determinar as ações apropriadas que devem ser tomadas em relação às nossas tarefas/atividades, que, vez por outra, insistem em se acumular.

A ideia consiste em fazer uma relação entre a **Importância** (Valor) do assunto e a sua **Urgência** (Tempo). Através do cruzamento dessas informações, podemos obter de forma direta a ação recomendada para o tratamento de cada questão, definindo as prioridades.

MATRIZ DE PRIORIDADES	Mais Importante	Menos Importante
Mais Urgente	1 [Focar]	2 [Delegar]
Menos Urgente	3 [Planejar]	4 [Descartar]

Quadrante 1 → Mais Urgente + Mais Importante = FOCAR

- ❑ Crises.
- ❑ Novos clientes.
- ❑ Clientes estratégicos.
- ❑ Projetos, reuniões e preparativos com prazos rigorosos.
- ❑ "Incêndios".
- ❑ É o quadrante do "stress", onde atuamos como "bombeiros".

Quadrante 2 → Mais Urgente + Menos Importante = DELEGAR

- ❑ Relatórios e controles não estratégicos.
- ❑ Correspondências sem importância.
- ❑ Questões menores de outras pessoas.
- ❑ Controles operacionais.
- ❑ É o quadrante onde exercitamos a nossa capacidade de delegação.

Quadrante 3 → Menos Urgente + Mais Importante = PLANEJAR

- ❑ Identificação de novas oportunidades.
- ❑ Desenvolvimento de relacionamentos.
- ❑ Renovação.
- ❑ Ampliação dos negócios.
- ❑ É o quadrante do planejamento estratégico, do nosso objetivo.

Quadrante 4 → Menos Urgente + Menos Importante = DESCARTAR

- ❑ Trivialidades.
- ❑ Tarefas supérfluas.
- ❑ Alguns telefonemas.
- ❑ Correspondência irrelevante.
- ❑ Grande parte dos e-mails.
- ❑ É o quadrante do "lixo", onde desperdiçamos boa parte do nosso tempo desnecessariamente.

Sugestões para Delegar Responsabilidades

1. Reconheça as tarefas que são suas e aquelas que deve dar aos seus colaboradores → Matriz de Prioridades/Quadrante 2.

Antes de delegar uma tarefa nova ou diferente, pergunte a si mesmo se você já tem bem claro:

- ❑ O objetivo e/ou os objetivos que quer alcançar.
- ❑ As tarefas que compõem o trabalho.
- ❑ O tempo estimado para a execução do trabalho.
- ❑ Para os colaboradores os limites de suas responsabilidades.

2. Selecione aquele colaborador mais capacitado para resolver determinada tarefa.

- ❑ Conheça as habilidades, o talento, a experiência e a iniciativa dos colaboradores.
- ❑ Não sobrecarregue um colaborador com excesso de tarefas porque sabe que as fará bem, enquanto outros com a mesma capacidade você deixa em serviços rotineiros.

3. Faça delegação adequada.

- ❑ Troque ideias com os colaboradores, a fim de desenvolver a iniciativa e estimular a participação deles no trabalho.
- ❑ Verifique junto ao colaborador quais recursos serão necessários e quais recursos estão disponíveis.
- ❑ Não contradiga as instruções de um colaborador publicamente (a menos que haja grande emergência) porque isso destruiria seu respeito próprio. Se for necessário mudar as ordens que ele deu, diga-lhe em particular e peça que ele mesmo corrija a situação.

4. Verifique os resultados.

- ❑ Apoie os colaboradores e proteja-os de críticas vindas de fora. Se um colaborador não está fazendo o serviço devidamente, corrija-o, mas defenda-o se tiver dificuldades com outros superiores.
- ❑ Quando um colaborador precisar de ajuda, assista-o não dando-lhe respostas, e sim mostrando-lhe como achar as respostas.

5. **A delegação aumenta a satisfação no trabalho.**

- "A diversidade é o tempero da vida" é um ditado que certamente se aplica ao trabalho de uma pessoa. A monotonia de fazer a mesma tarefa repetitiva, dia após dia, entedia muitos colaboradores. Isso pode se refletir em ausências frequentes e em um índice elevado de rotatividade de pessoal.
- A maioria dos colaboradores gosta de sair da rotina daquilo que é repetitivo e corresponde com entusiasmo às tarefas que lhe são designadas.

6. **A delegação identifica as áreas onde é preciso ministrar treinamentos.**

- A capacidade que um colaborador demonstra ao realizar um trabalho pode ser prova de que ele está bem treinado, que merece confiança e é eficiente. Por outro lado, seus erros, sua lentidão e sua incerteza podem indicar falhas no treinamento que uma orientação individual e uma instrução especial poderiam eliminar.

7. **A promoção pode ser usada como recompensa de um trabalho bem feito.**

- Se um colaborador executa bem seu trabalho, pode estar pronto para empreender serviços mais difíceis e mais importantes. A delegação é o método que o supervisor sábio usa para oferecer aos subordinados a oportunidade de demonstrar que estão aptos para serem promovidos, e a promoção é delegação de maior responsabilidade e autoridade.

Considerações Finais

- Em média, as pessoas gastam 50% do seu tempo em tarefas urgentes, porém não importantes.
- Diga não ao **urgente** se não for **importante**.
- Aprenda a trabalhar com prazo e não com pressa.
- Aprenda a **delegar**.
- Quando **tudo** é prioridade, **nada** é prioridade.

15 Matriz de Priorização de Projetos e Investimentos

Selecionar um projeto ou investimento significa determinar que projetos ou investimentos desejamos apoiar entre diversas opções; significa, portanto, um compromisso futuro: a escolha de apenas um projeto ou investimento em detrimento dos demais.

Uma boa seleção é importante, pois estamos a ponto de comprometer recursos humanos, materiais e recursos intangíveis para alcançar os resultados desejados.

Se a seleção for confusa e mal elaborada, poderemos sofrer as consequências de nossa opção com um projeto ou investimento com desempenho ruim ou um projeto que falhou.

Dada a importância dessa escolha, torna-se imprescindível que tomemos essa decisão baseados não somente em uma simples análise financeira, mas em uma avaliação mais completa onde devem ser considerados diversos critérios gerais que poderão dar maior sustentação a essa tomada de decisão.

Esses critérios podem envolver diversos fatores. A definição dos fatores que deverão ser considerados dependerá da natureza de cada projeto ou investimento, além de sua finalidade. Por exemplo, podemos entender que projetos com características sociais sofrem menos impacto de fatores de mercado. O oposto ocorre com projetos ou investimentos onde os objetivos são exclusivamente o retorno financeiro.

Critérios Gerais

- ❑ Fatores técnicos
- ❑ Fatores de produção

- ❑ Fatores de mercado
- ❑ Fatores financeiros
- ❑ Fatores de pessoal
- ❑ Fatores administrativos
- ❑ Fatores diversos

A utilização desses critérios deve ser feita de forma ponderada em função da natureza de cada projeto ou investimento. Para facilitar essa análise é recomendável utilizar uma planilha que chamaremos de Matriz de Priorização de Projetos e Investimentos. Essa matriz pode ser elaborada da seguinte forma:

1. Os projetos ou investimentos a serem analisados deverão ser elencados juntamente com os grupos de fatores (técnicos, mercado, financeiros, etc.) que serão considerados.

FATORES		Projeto A	Projeto B
FATORES TÉCNICOS			
FATORES DE MERCADO			
FATORES FINANCEIROS			
FATORES DIVERSOS			

- ❑ Neste caso deverá ser selecionado um projeto entre dois projetos: Projeto A e Projeto B.
- ❑ Para essa avaliação serão levados em consideração os seguintes fatores: fatores técnicos, fatores de mercado, fatores financeiros e fatores diversos.

2. Cada grupo de fatores deverá receber um "peso". O somatório desses pesos deverá ser 1,0.

FATORES	PESO	Projeto A	Projeto B
FATORES TÉCNICOS			
	0,20		
FATORES DE MERCADO			
	0,30		
FATORES FINANCEIROS			
	0,25		
FATORES DIVERSOS			
	0,25		

- ❑ A atribuição de pesos deve ser feita através da sensibilidade do gerente de projetos e investidores ou mesmo por intermédio de consulta a especialistas.
- ❑ Os pesos atribuídos foram: fatores técnicos (0,20), fatores de mercado (0,30), fatores financeiros (0,25) e fatores diversos (0,25).
- ❑ O somatório dos pesos é igual a 1,0 → 0,20 + 0,30 + 0,25 + 0,25 = 1,0.

3. Cada grupo deverá ter uma série de fatores que serão considerados na análise.

FATORES	PESO	Projeto A	Projeto B
FATORES TÉCNICOS			
Viabilidade Técnica			
Modernidade			
Capacidade de Conclusão no Prazo	**0,20**		
FATORES DE MERCADO			
O produto está com demanda?			
O preço é realista?	**0,30**		
FATORES FINANCEIROS			
O investimento tem liquidez?			
Tempo de retorno (Pay Back)	**0,25**		
FATORES DIVERSOS			
Disponibilidade de mão de obra (RH)			
Disponibilidade de material	**0,25**		

- Cada grupo foi decomposto em diversos fatores de avaliação:
  - ⇨ **Fatores técnicos:** viabilidade técnica, modernidade e capacidade de conclusão no prazo.
  - ⇨ **Fatores de mercado:** demanda do produto e preço realista.
  - ⇨ **Fatores financeiros:** liquidez e tempo de retorno (*payback*).
  - ⇨ **Fatores diversos:** disponibilidade de mão de obra e disponibilidade de material.

4. Cada fator receberá uma pontuação que deverá ser de 1 a 5, de acordo com a avaliação de sua importância ou da possibilidade de alcance da meta considerada, sendo sugerido: 1 – Muito baixa, 2 – Baixa, 3 – Média, 4 – Alta e 5 – Muito alta. Essa avaliação deverá ser feita de acordo com a experiência da gerência ou através da consulta a um especialista.

FATORES	PESO	Projeto A 1	2	3	4	5	Projeto B 1	2	3	4	5
FATORES TÉCNICOS	0,20										
Viabilidade Técnica			■					■			
Modernidade				■							■
Capacidade de Conclusão no Prazo					■					■	
FATORES DE MERCADO	0,30										
O produto está com demanda?			■						■		
O preço é realista?					■			■			
FATORES FINANCEIROS	0,25										
O investimento tem liquidez?		■								■	
Tempo de retorno (Pay Back)			■					■			
FATORES DIVERSOS	0,25										
Disponibilidade de mão de obra (RH)					■			■			
Disponibilidade de material						■			■		
ÍNDICE DO PROJETO		**6,60**					**6,45**				

Como pode ser observado na tabela anterior, no caso do Projeto A, a pontuação considerada para os fatores técnicos foi a seguinte:

- ❑ Viabilidade técnica → 2
- ❑ Modernidade → 3
- ❑ Capacidade de conclusão no prazo → 4

No caso do Projeto B, a pontuação considerada para os fatores técnicos foi:

- ❑ Viabilidade técnica → 2
- ❑ Modernidade → 5
- ❑ Capacidade de conclusão no prazo → 4

O mesmo critério deverá ser utilizado para os demais fatores nos dois projetos.

5. A pontuação de cada fator considerado deverá ser multiplicada pelo peso de seu grupo de fatores.

FATORES	PESO	Projeto A						Projeto B					
		1	2	3	4	5	PTO	1	2	3	4	5	PTO
FATORES TÉCNICOS	**0,20**												
Viabilidade Técnica			■				0,40		■				0,40
Modernidade				■			0,60					■	1,00
Capacidade de Conclusão no Prazo					■		0,80				■		0,80
FATORES DE MERCADO	**0,30**												
O produto está com demanda?			■				0,60			■			0,90
O preço é realista?					■		1,20		■				0,60
FATORES FINANCEIROS	**0,25**												
O investimento tem liquidez?		■					0,25				■		1,00
Tempo de retorno (Pay Back)			■				0,50		■				0,50
FATORES DIVERSOS	**0,25**												
Disponibilidade de mão de obra (RH)					■		1,00		■				0,50
Disponibilidade de material						■	1,25			■			0,75

No caso de fatores de mercado, foi atribuído o peso 0,30. Isso significa que todos os fatores listados neste grupo, tanto para o Projeto A quanto para o Projeto B, deverão ter a sua pontuação multiplicada por este valor (0,30), como pode ser visto a seguir:

Para o Projeto A

- Produto está com demanda? → Avaliação 2
  Pontos: 2 x 0,30 = 0,60

- O preço é realista? → Avaliação 4
  Pontos: 4 x 0,30 = 1,20

Para o Projeto B

- ❑ Produto está com demanda? → Avaliação 3
  Pontos: 3 x 0,30 = 0,90

- ❑ O preço é realista? → Avaliação 2
  Pontos: 2 x 0,30 = 0,60

6. Deverá ser feito o somatório de pontos de cada opção (projeto ou investimento).

FATORES	PESO	Projeto A						Projeto B					
		1	2	3	4	5	PTO	1	2	3	4	5	PTO
FATORES TÉCNICOS	**0,20**												
Viabilidade Técnica			■				0,40		■				0,40
Modernidade				■			0,60					■	1,00
Capacidade de Conclusão no Prazo					■		0,80				■		0,80
FATORES DE MERCADO	**0,30**												
O produto está com demanda?			■				0,60			■			0,90
O preço é realista?					■		1,20		■				0,60
FATORES FINANCEIROS	**0,25**												
O investimento tem liquidez?		■					0,25				■		1,00
Tempo de retorno (Pay Back)			■				0,50		■				0,50
FATORES DIVERSOS	**0,25**												
Disponibilidade de mão de obra (RH)					■		1,00		■				0,50
Disponibilidade de material						■	1,25			■			0,75
ÍNDICE DO PROJETO		**6,60**						**6,45**					

Após a multiplicação de todas as avaliações de cada fator pelo peso de cada grupo de fatores, deverá ser feito o somatório de todos os produtos para a obtenção do índice de cada projeto.

- ❑ Para o Projeto A o índice obtido foi:
  0,40 + 0,60 + 0,80 + 0,60 + 1,20 + 0,25 + 0,50 + 1,00 + 1,25 = 6,60

- ❑ Para o Projeto B o índice obtido foi:
  0,40 + 1,00 + 0,80 + 0,90 + 0,60 + 1,00 + 0,50 + 0,50 + 0,75 = 6,45

7. A priorização será obtida a partir da pontuação. Quanto maior a pontuação maior a prioridade.

FATORES	PESO	Projeto A						Projeto B					
		1	2	3	4	5	PTO	1	2	3	4	5	PTO
FATORES TÉCNICOS													
Viabilidade Técnica			■				0,40		■				0,40
Modernidade	0,20			■			0,60					■	1,00
Capacidade de Conclusão no Prazo					■		0,80				■		0,80
FATORES DE MERCADO													
O produto está com demanda?			■				0,60			■			0,90
O preço é realista?	0,30				■		1,20		■				0,60
FATORES FINANCEIROS													
O investimento tem liquidez?		■					0,25				■		1,00
Tempo de retorno (Pay Back)	0,25		■				0,50		■				0,50
FATORES DIVERSOS													
Disponibilidade de mão de obra (RH)					■		1,00		■				0,50
Disponibilidade de material	0,25					■	1,25			■			0,75
ÍNDICE DO PROJETO		**6,60**						**6,45**					

Neste exemplo o Projeto A (6,60) conseguiu uma pontuação maior que o Projeto B (6,45), o que significaria dizer que, no caso de ser necessário se fazer uma única opção, o Projeto A deveria ser priorizado. Porém, algumas questões devem ser consideradas:

- ❑ Este método é um sistema de avaliação subjetiva, o que significa dizer que tanto os fatores considerados como os pesos atribuídos ou os pontos dados poderão variar de avaliador para avaliador.
- ❑ Cada tipo de projeto ou investimento possui características próprias, ou seja, não existe um modelo pronto e único para esse tipo de avaliação. Sempre deveremos levar em conta a natureza do projeto e a experiência do avaliador.
- ❑ Trata-se de uma forma bem simples de avaliação, porém, na ausência de uma metodologia mais elaborada, este modelo poderá ser bem útil.

16

Método 5W2H

Este método consiste basicamente em fazer **perguntas** no sentido de obter as informações primordiais que servirão de apoio ao planejamento de uma forma geral.

A terminologia **5W2H** tem origem nos termos da língua inglesa ***W**hat, **W**ho, **W**hy, **W**here, **W**hen, **H**ow, **H**ow much/How many.*

Esta ferramenta pode ser aplicada em várias áreas de conhecimento, servindo como base de planejamento, por exemplo, para:

- **Planejamento da qualidade** – Identificando quais os padrões de qualidade que são relevantes para o projeto e determinando como satisfazê-los, envolvendo as considerações de quando, como, quanto e onde atuar.
- **Planejamento das aquisições** – Identificando quais as necessidades do projeto que podem ser mais bem atendidas através da contratação de produtos ou serviços fora da organização, envolvendo as considerações de quando, como, o que, quanto e onde contratar.
- **Planejamento dos recursos humanos** – Identificando quais as necessidades do projeto que podem ser mais bem atendidas através da utilização dos recursos humanos disponíveis dentro da organização ou considerações de quando, como, quem, quantos e onde contratar.
- **Planejamento de riscos** – Identificando quais os riscos a serem considerados quando implementar uma ação de contingência e quanto disponibilizar para a mitigação ou transferência dos riscos.

Outras aplicações podem surgir, dependendo apenas de sua necessidade e criatividade em usar a ferramenta.

Na verdade, é uma ferramenta prática que permite, a qualquer momento, saber os dados mais importantes de um projeto.

5W2H	
WHAT?	O Que? / Que? / Qual?
WHO?	Quem?
WHY?	Por que?
WHERE?	Onde?
WHEN?	Quando?
HOW?	Como?
HOW MANY? / HOW MUCH?	Quantos? / Quanto?

Sugestões de Perguntas

Os pontos importantes sobre o projeto e cada atividade terão que ser definidos. Não há uma regra básica, como também não existem perguntas prontas. Dependerá de cada projeto, de cada atividade e dos participantes do grupo.

É de fundamental importância procurar conhecer os processos, identificando os elementos, as atividades, os produtos e serviços e os padrões a eles associados. Conhecer os processos significa conhecer como os produtos são planejados, produzidos e entregues.

A seguir são listadas algumas perguntas que poderão servir de base para um melhor entendimento da funcionalidade dessa metodologia.

O que? / Que? / Qual? (What?)

- ❑ Que produto/serviço o processo desenvolve?
- ❑ Qual o grau de satisfação do cliente com o processo?
- ❑ Quais os resultados dessa atividade?
- ❑ Quais atividades são dependentes dessa?
- ❑ Quais atividades são necessárias para o início dessa?
- ❑ Quais os insumos necessários?
- ❑ Quais são as metas, os padrões e as estratégias a serem adotados?
- ❑ Quais são os indicadores de desempenho do processo?
- ❑ Quais são os métodos e a tecnologia empregada?

Quem? (Who?)

- ❑ Quem executará determinada atividade?
- ❑ Quem depende da execução dessa atividade?
- ❑ Quem são os envolvidos nesse processo?
- ❑ Quem são os clientes ou fornecedores?
- ❑ Quem são os gerentes e executores do processo?
- ❑ Quem participa das decisões?
- ❑ Quem deveria executar o processo?
- ❑ Essa atividade depende de quem para ser iniciada?

Por que? (Why?)

- ❑ Por que essa atividade é necessária?
- ❑ Por que essa atividade não pode fundir com outra atividade?
- ❑ Por que A, B e C foram escolhidos para executar essa atividade?
- ❑ Por que/para que esse processo existe?
- ❑ Por que deve ser feito dessa maneira?

Onde? (Where?)

- ❑ Onde a atividade será executada?
- ❑ Onde serão feitas as reuniões presenciais da equipe?
- ❑ Onde o processo é planejado, executado e avaliado?
- ❑ Onde o processo deveria ser executado?

Quando? (When?)

- ❑ Quando será o início da atividade?
- ❑ Quando será o término?
- ❑ Quando serão as reuniões presenciais?
- ❑ Quando providenciar a aquisição?
- ❑ Quando deve começar o envolvimento dos clientes com o processo?
- ❑ Quando deve terminar o envolvimento dos clientes com o processo?
- ❑ Quando o processo deve ser avaliado?
- ❑ Quando o processo deve ser executado?
- ❑ Quando cada etapa deve ser executada?

Como? (How?)

- ❑ Como essa atividade será executada?
- ❑ Como acompanhar o desenvolvimento dessa atividade?
- ❑ Como A, B e C vão interagir para executar essa atividade?
- ❑ Como o processo é planejado, executado e avaliado?
- ❑ Como as informações são registradas e disseminadas?
- ❑ Como é avaliada a satisfação do cliente?
- ❑ Como está o desempenho do processo?

Quantos? (How Many?)

- ❑ Quantas pessoas atuarão nesse processo?
- ❑ Quantos testes são necessários?
- ❑ Quanto desse produto comprar?
- ❑ Quantos profissionais são necessários?
- ❑ Quantos equipamentos estão disponíveis?

Quanto? (How Much?)

- ❑ Quanto custará essa atividade?
- ❑ Quanto custará essa paralisação?
- ❑ Quanto considerar para contingência?
- ❑ Quanto disponibilizar de recursos financeiros?
- ❑ Quanto tempo está previsto para a atividade?

Outras aplicações ou formas de utilização podem surgir, dependendo apenas de sua necessidade e criatividade em usar a ferramenta.

Atividade	What	Who	Why	Where	When	How	How Much
Atividade I							
Atividade II							
Atividade III							
Atividade IV							
Atividade V							
Atividade VI							
Atividade VII							
Atividade VIII							
Atividade IX							
Atividade X							

17

Plano de Gerenciamento de Crises

O mestre Aurélio Buarque de Holanda define CRISE de diversas formas, tais como:

- Alteração que sobrevém no curso de uma doença.
- Acidente repentino que sobrevém numa pessoa em estado aparente de boa saúde ou agravamento súbito de um estado crônico.
- Manifestação violenta e repentina de ruptura de equilíbrio.
- Manifestação violenta de um sentimento.
- Estado de dúvidas e incertezas.
- Fase difícil, grave, na evolução das coisas, dos fatos, das ideias.
- Momento perigoso ou decisivo.
- Lance embaraçoso, conjuntura.
- Tensão, conflito.
- Deficiência, falta, penúria.
- Ponto de transição entre um período de prosperidade e outro de depressão.
- Complicação e agravamento da intriga, que leva a ação dramática a uma catástrofe ou a consequência grave e decisiva.
- Situação grave em que os acontecimentos da vida social, rompendo padrões tradicionais, perturbam a organização de alguns ou de todos os grupos integrados na sociedade.

Crise também pode ser definida como um evento que provoque um prejuízo a uma organização e seus colaboradores, afetando seus produtos e serviços, além de suas condições financeiras e sua reputação. Com base nessas definições, podemos identificar alguns tipos de crises, a saber:

- ❑ Crise emocional
- ❑ Crise de raiva
- ❑ Crise moral
- ❑ Crise familiar
- ❑ Crise política
- ❑ Crise diplomática
- ❑ Crise internacional
- ❑ Crise social
- ❑ Crise financeira
- ❑ Crise de mão de obra
- ❑ Crise de mercado

Considerando todas as definições e todos os tipos de crises apresentados, é possível claramente associar diversos deles ao ambiente empresarial ou corporativo. Sabemos também que, embora algumas vezes as crises pareçam ser eventos anunciados, normalmente elas são imprevisíveis e na maioria das situações causam prejuízos ou danos às organizações, sempre impactando em seus colaboradores, na própria estrutura da organização e até mesmo em sua reputação. Isso implica em dizer que todas as organizações estão vulneráveis às crises.

As crises podem ser originadas de diversas formas. Podemos descrever alguns exemplos de eventos que podem gerar crises:

- ❑ **Desastres industriais** – Explosões, incêndios, contaminações.
- ❑ **Desastres naturais** – Tempestades, desmoronamentos.
- ❑ **Falhas de equipamentos** – Colapso na rede de computadores.
- ❑ **Falhas de construção** – Queda de um edifício.
- ❑ **Origem criminosa** – Sabotagem, sequestro, fraudes.
- ❑ **Natureza econômica** – Boicotes, desvalorização de ações, greves.
- ❑ **Natureza legal** – Ações judiciais, pedidos de indenização.
- ❑ **Informação** – Boatos, intrigas, acusações de concorrentes.
- ❑ **Reputação** – Denúncias de corrupção, vazamento de informações.
- ❑ **Regulatórias** – Criação de obstáculos fiscais, legislação.
- ❑ **Riscos de vida** – Acidentes de trabalho, grandes contaminações.
- ❑ **Relações humanas** – Sucessões de comando, demissão de altos executivos, denúncias de funcionários.

Setores em Crise

Em 2016, os setores elencados a seguir obtiveram o maior número de crises de negócios, de acordo com o "Relatório Anual de Tendências de Crises de Negócios" feito pelo **Instituto de Administração de Crises**:

- ❑ Empresas aéreas
- ❑ Fabricantes de software
- ❑ Empresas farmacêuticas
- ❑ Fabricantes de computadores
- ❑ Empresas de gás natural
- ❑ Refinarias de petróleo
- ❑ Serviços de saúde pública
- ❑ Bancos
- ❑ Corretoras de seguro/revendedoras
- ❑ Empresas de telecomunicações

Com exceção dos fabricantes de computadores, todos os demais setores também fizeram parte de uma relação dos dez principais setores da economia no ano anterior.

Crise ou Emergência

Contudo, é importante ressaltar que crise é diferente de emergência. A emergência é uma situação que exige uma atenção imediata, enquanto a crise ocorre quando uma emergência ou qualquer outra situação foge ao controle das pessoas e começa a afetar a organização de uma forma ampla e adversa. Algumas forças do ambiente externo (muitas vezes incentivadas pela insistência da mídia em obter informações) inibem a capacidade dos gestores em gerar uma solução para os problemas que surgem. Por muitas vezes um incidente técnico ou algum evento relacionado às pessoas pode evoluir para uma crise se não for tratado da forma correta e no tempo adequado.

A Informação na Crise

Cabe ressaltar que a informação é o principal elemento de uma crise. Para exemplificar essa afirmação, podemos considerar uma situação de ocorrência de um grave problema. Se essa informação não for divulgada não haverá crise.

A informação realmente pode desempenhar um papel destruidor, pois as notícias negativas têm a tendência de ser divulgadas rapidamente, e normalmente esses fatos são ampliados ou distorcidos com muita facilidade. Além disso, a opinião pública tende a acreditar nesse tipo de assunto, além de sempre desconfiar de desmentidos.

Uma organização cautelosa deverá sempre identificar os ativos de informação que possui, bem como as ameaças e vulnerabilidades que poderão afetá-los e, assim como em qualquer planejamento de riscos, determinar a sua probabilidade de ocorrência e estimar o impacto que poderá ser gerado, caso essa situação gere uma crise.

PLANO DE GERENCIAMENTO DE CRISES

O sucesso de pessoas, entidades, órgãos públicos e empresas depende muito da reputação que elas têm no mercado. É por essa razão que muitas pessoas ou organizações contratam profissionais de relações públicas para retratá-las como úteis, confiáveis e preocupadas com a comunidade.

Todo esse trabalho cuidadoso para criar uma boa imagem pode, contudo, ser destruído por um problema que, se mal resolvido, pode se transformar em uma crise.

Uma crise, em termos de relações públicas, é qualquer evento que atrai cobertura intensa e negativa da mídia e interfere na atividade habitual do negócio. Uma organização pode gastar milhões para se recuperar de uma crise, ou a crise pode até levá-la definitivamente à falência.

Outros exemplos de situações que podem gerar crises são:

- Um incêndio em uma fábrica de produtos químicos.
- Uma contaminação em um restaurante.
- Um diretor acusado de realizar uma transação ilegal interna.
- Um tiroteio em uma escola.
- Acusações de práticas ilegais de contabilidade.
- Um político que usa uma expressão racista ou preconceituosa.
- A descoberta de efeitos colaterais adversos de um remédio.
- Um acidente de avião.

A comunicação de crises faz parte de um **plano de gerenciamento de crises**, desenvolvido por profissionais de relações públicas e de administração de alto escalão para reduzir os potenciais danos causados por uma crise. Especificamente, a comunicação de crises se refere ao fluxo de informações entre uma empresa, seus funcionários, a mídia, o governo, os oficiais da lei e o público em geral durante uma crise.

Para se preparar para uma crise, uma empresa precisa criar um **plano de gerenciamento de crises** detalhado com uma **equipe de crises** designada para executá-lo. Com um plano desenvolvido, é mais provável que uma empresa reaja a uma crise rapidamente, tome medidas imediatas para controlar a notícia e reconquiste com sucesso a confiança do público.

Um bom **plano de gerenciamento de crises** deve abordar ações que envolvam o trinômio básico da administração: planejamento, execução e controle.

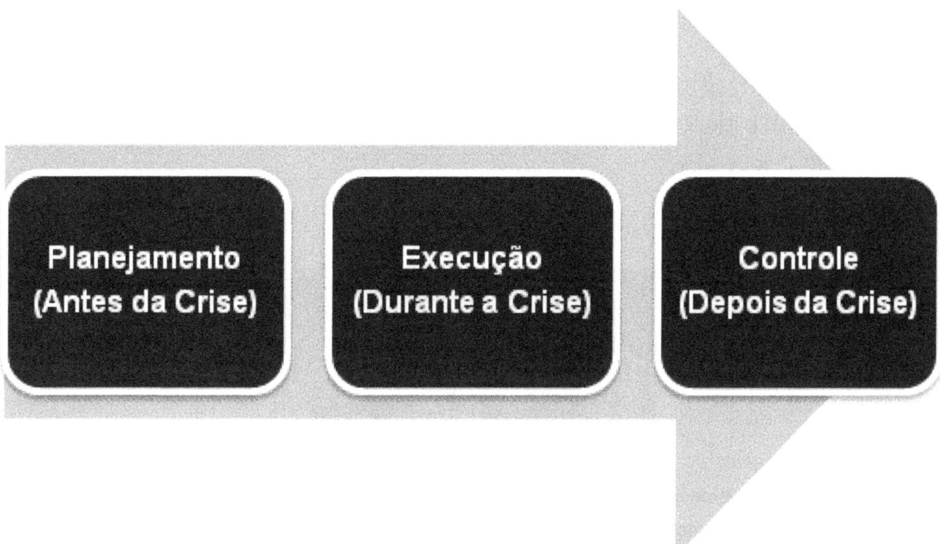

Como um plano de emergência, um **plano de gerenciamento de crises** é um tipo de apólice de seguro para o bem-estar da organização em longo prazo. A falha em lidar com uma crise e em contê-la pode ter consequências permanentes para uma organização.

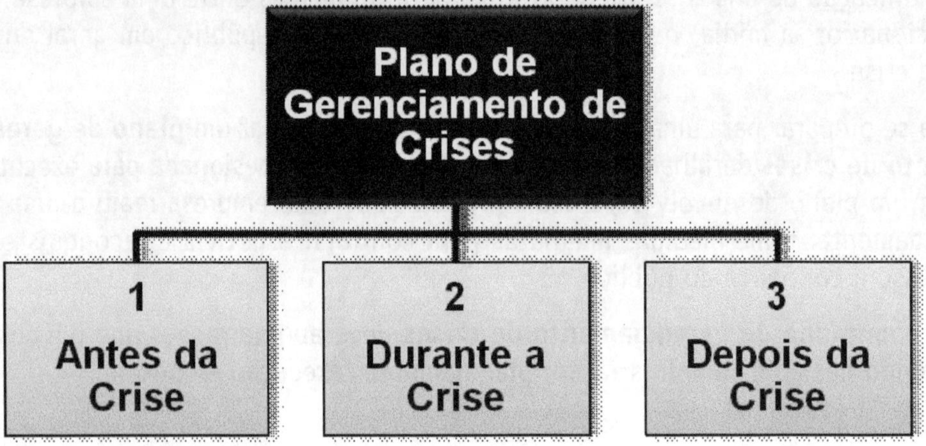

A seguir, vamos detalhar as ações a serem implementadas, por fases, em um **plano de gerenciamento de crises**.

Antes da Crise

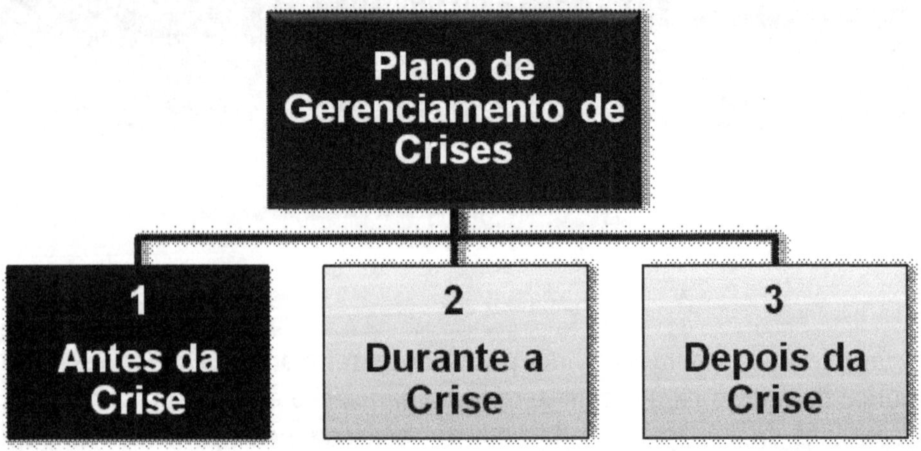

As crises têm o potencial de provocar a atenção da mídia ou, ainda pior, de espalhar o pânico entre o público em geral. O meio de uma crise não é o melhor momento para se começar a montar uma **equipe de administração de crises** ou para iniciar o contato com a mídia. Com o desenvolvimento antecipado de um **plano de comunicação de crises** claro e executável e com sua revisão frequente, uma organização pode sair de um potencial desastre com sua imagem intacta ou até mesmo aprimorada.

Inicialmente, vamos listar os principais componentes de um bom **PLANO DE COMUNICAÇÃO DE CRISES**. São eles:

1. Equipe de Comunicação de Crises
2. Plano de Comunicação Interna
3. Estratégia de Mídia
4. Lista de Potenciais Fraquezas
5. Informações Atualizadas da Organização

Agora trataremos de cada um deles em particular.

1 Equipe de Comunicação de Crises

O trabalho da **equipe de comunicação de crises** é criar e executar um **plano de comunicação de crises.** Os membros dessa equipe possuem funções específicas, como a de reunir informações de contato de todos os funcionários e colaboradores, além de estabelecer relacionamentos com membros da mídia local.

Dependendo do tamanho da organização, uma equipe de comunicação de crises pode incluir os seguintes componentes:

- Diretor-geral
- Relações públicas
- Vice-presidentes e os diretores de departamentos
- Oficial de segurança ou de proteção
- Advogados da organização
- Assessor de imprensa

O primeiro trabalho de uma **equipe de comunicação de crises** é selecionar um **porta-voz** oficial. O **porta-voz** será o contato inicial para todos os questionamentos da mídia. Ele será o responsável por realizar e conceder a maioria das entrevistas durante uma crise. Esses profissionais devem ter muita experiência em trabalhos com a mídia impressa e televisiva.

O **porta-voz** deve ter um vasto conhecimento sobre a organização, sentir-se à vontade em frente a uma câmera de televisão ou microfone e deve ter a habilidade de inspirar calma e confiança. Ele também deve saber como concentrar argumentos complicados em pontos principais, para enfatizar essas questões em uma entrevista sem parecer que está evitando perguntas difíceis.

2 Plano de Comunicação Interna

Outro trabalho importante de uma **equipe de comunicação de crises** é selecionar um **responsável por comunicações internas**. O trabalho desse profissional é cuidar da segurança de todas as partes envolvidas, como funcionários, colaboradores, clientes, vendedores, vizinhos, líderes da comunidade, etc. Caso uma crise ocorra, como um incêndio ou um tiroteio em uma escola, o responsável por comunicações internas trabalha com a polícia e com oficiais de emergência para passar as informações essenciais a todos os envolvidos, como funcionários, equipes, professores, alunos e pais.

Durante o estágio de planejamento da comunicação de crise, o **responsável por comunicações internas** reúne informações de contato de todos os funcionários e colaboradores. Essas informações de contato devem estar completas (número do telefone residencial e do celular, número do rádio, endereço de e-mail, mensagem instantânea e números de fax) e sempre atualizadas.

Para facilitar seu trabalho, o **responsável por comunicações internas** pode considerar a implementação de um **sistema de notificação de emergência** para entrar em contato com milhares de colaboradores instantaneamente. Muitos serviços por assinatura permitem que uma pessoa envie uma mensagem de emergência para todas as plataformas de comunicação simultaneamente (telefone, e-mail, mensagem instantânea e fax).

Por meio desses serviços, uma notificação pode ser emitida pela internet, por e-mail ou, até mesmo, pelo telefone. Uma grande vantagem dos **sistemas de notificação de emergência** por assinatura é que os funcionários e os colaboradores podem atualizar suas próprias informações de contato diretamente no sistema e colocar as preferências pela melhor maneira de serem encontrados em uma emergência.

3 Estratégia de Mídia

Um membro da equipe de comunicação de crises precisa estabelecer e manter um relacionamento com a mídia local muito antes que uma crise aconteça. As relações com a mídia são uma das principais responsabilidades das **relações públicas** ou da **assessoria de imprensa**; então, esse trabalho ficaria com o membro da equipe que possui mais experiência nesse setor.

É importante cultivar um relacionamento aberto e de confiança entre a organização e a imprensa. Isso é feito por meio do envio de informações, ideias e comentários de especialistas para os repórteres em todos os momentos, não apenas durante as crises. O especialista em relações com a mídia deve manter uma lista atualizada de todos os repórteres locais e nacionais que fazem a cobertura do setor da organização, contendo todas as suas informações de contato.

4 Lista de Potenciais Fraquezas

Na prática geral de **administração de crises**, recomenda-se que uma empresa ou organização se submeta a uma autoavaliação honesta para que possa ser previsto onde as potenciais crises podem aparecer. Algumas vezes pode ser necessária a contratação de uma empresa de consultoria para examinar a organização por inteiro em busca de falhas no julgamento ético ou legal.

Em um bom planejamento estratégico, a análise do **ambiente interno** (onde são identificadas e listadas as forças e fraquezas de uma organização), em conjunto com a análise do **ambiente externo** (onde se identificam e se listam as oportunidades e ameaças), determina os esforços que devem ser empreendidos no sentido de se estabelecer um conjunto de objetivos e metas que possam alavancar a organização, além de definir ações para atenuar as possíveis forças prejudiciais a ela.

A elaboração desse diagnóstico estratégico da organização deverá gerar uma lista de potenciais crises. A equipe de comunicação de crises deverá estudar essa lista de crises em potencial e criar temas para discussão e para o estabelecimento de quais ações serão importantes para evitar os efeitos negativos dessas eventuais ameaças.

5 Informações Atualizadas da Organização

Como parte de um **plano de comunicação de crises**, é necessário que alguém se responsabilize por manter fichas informativas atualizadas sobre a organização, além de seus projetos e programas. Caso ocorra alguma crise, essas informações poderão ser distribuídas aos órgãos de comunicação através de entrevistas coletivas ou particulares. A criação e manutenção de um **site** institucional da organização na internet é uma forma bem eficaz de divulgar essas informações.

Para considerarmos um **plano de comunicação de crises** satisfatório, é necessário que este seja ensaiado, atualizado e mantido com todo o cuidado. Informações antigas de contatos serão inúteis durante uma crise, assim como um relacionamento fraco com a mídia. Membros da **equipe de comunicação de crises** precisam se reunir regularmente para conferir as possibilidades e garantir que todos estejam bem treinados em suas funções.

Durante a Crise

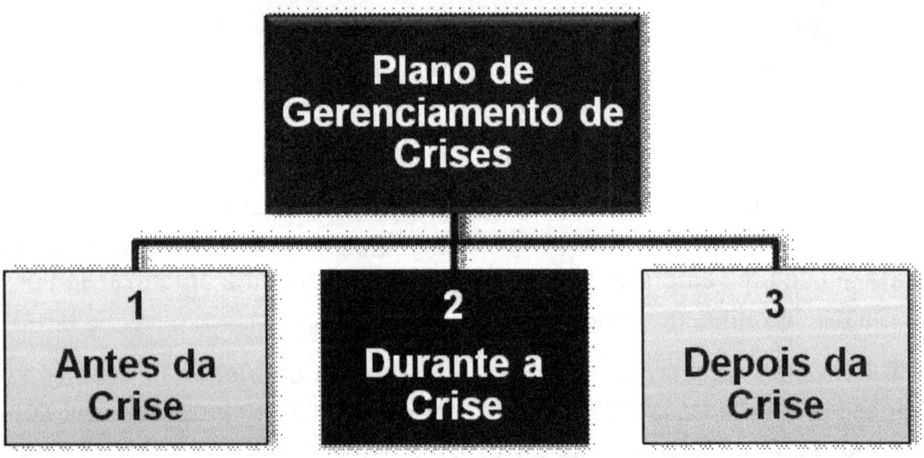

No primeiro sinal de uma crise em desenvolvimento, o **plano de comunicação de crises** precisa ser colocado em ação. O primeiro passo deve ser garantir a segurança e a proteção de todos os funcionários e colaboradores. O responsável pelas comunicações internas deve ativar o sistema de notificação de emergência para enviar informações aos funcionários e colaboradores sobre a crise, dizendo o que está sendo feito para resolvê-la e o que eles devem fazer durante esse intervalo. Os colaboradores bem informados tendem a:

- Apoiar a posição da organização.
- Evitar espalhar boatos sobre a situação.
- Acreditar que os dirigentes estão administrando a situação da melhor forma possível.
- Manter-se concentrados em suas responsabilidades diárias.
- Manter uma atitude positiva em relação à situação.

Dependendo da natureza da crise, também pode ser necessário notificar as autoridades de emergência apropriadas: polícia, corpo de bombeiros e pessoal de emergência local.

A comunicação interna de crises é crucial para a segurança e para a administração das informações. Se os funcionários forem informados através de noticiários e jornais, principalmente aqueles com notícias negativas, sua motivação pode diminuir. Os funcionários devem ser incentivados a se sentir participantes ativos, ou então irão agir apenas como observadores externos. Se os funcionários não se sentirem como membros da equipe, podem se tornar fontes de informações particulares para a imprensa.

Para impedir que funcionários bem intencionados ofereçam informações ou dados imprecisos para a imprensa, recomenda-se que a equipe de comunicação de crises distribua declarações internas que os funcionários possam ler, se forem contatados pela mídia. A declaração pode informar aos repórteres sobre uma entrevista coletiva que acontecerá ou sugerir que eles entrem em contato com o **porta-voz** oficial.

Quando Falar com a Imprensa?

O lema da comunicação de crise é "conte tudo e faça isso rápido". É melhor que a informação negativa venha diretamente da organização na forma de um pedido de desculpas honesto em vez de vir de seus críticos, como uma acusação prejudicial.

Existe, no entanto, um limite estreito entre reagir com rapidez e agir com pressa. Falar com a imprensa sobre uma crise é uma atitude irresponsável se você não tiver informações suficientes e, o mais importante, respostas satisfatórias em relação ao que está sendo feito para resolver a situação.

Uma primeira atitude inteligente é enviar um comunicado à imprensa falando sobre todos os aspectos básicos da crise (quem fez o quê, quando e onde). A organização também deve demonstrar preocupação por qualquer vítima envolvida ou danos causados. A ideia é sempre ser aquele que fornece a maioria das informações o mais rápido possível. É fundamental reconhecer a importância da imprensa e, para isso, seguem algumas sugestões:

- Tente ser realista. Uma notícia negativa tem sempre um grande apelo por parte da imprensa.
- Estar em estado de alerta é fundamental para evitar mais surpresas.
- A melhor atitude a se tomar em uma situação de crise é a proatividade.
- Evite falar sem antes ter o conhecimento de todos os fatos. Caso seja necessário, declare que você irá se informar e voltará a falar sobre o assunto. Caso você não fale sobre essa situação, certamente alguém o fará, só que, possivelmente, de uma forma inadequada.
- Evite as seguintes expressões, pois normalmente agravam a situação:
  - Sem comentários.
  - Nada a declarar.
  - Isso é uma injustiça.
  - Não é problema meu.
  - Me respeite.
- Evite mentir. Caso você o faça e for descoberto, nada mais importará: você será o culpado.
- Nunca negligencie o público, principalmente a imprensa. Sendo respeitados e bem informados, eles podem se tornar seus aliados.
- Assegure-se de estar sendo compreendido ao falar com a imprensa. Evite sempre utilizar termos técnicos ou evasivos.
- Não especule, não brinque e não subestime a situação. Trate de ser identificado como uma pessoa séria e honesta.

Entrevistas Coletivas

O próximo passo é realizar uma entrevista coletiva. Mais uma vez, essa é uma oportunidade para controlar a mensagem. O trabalho da mídia é comunicar as últimas informações disponíveis. Se os repórteres não conseguirem essas informações diretamente com a organização em crise, eles irão procurar em outros lugares, sendo mais provável que comuniquem fatos incorretos e até mesmo rumores. Esse é um bom momento para distribuir fichas informativas sobre a organização e quaisquer comunicados recentes sobre a crise à imprensa.

O **porta-voz** deverá realizar a entrevista coletiva. Recomenda-se que apenas o **porta-voz** ou pessoas bem treinadas em relações públicas falem durante essa entrevista. Todos que planejam falar e responder às perguntas deverão ensaiar suas declarações e respostas várias vezes antes do encontro com a imprensa. Eles devem estar preparados, com temas de discussão determinados, para responder às perguntas difíceis que provavelmente aparecerão durante a entrevista.

Quando estiver se preparando para fazer declarações, recomenda-se que o **porta-voz** se coloque no lugar das vítimas e responda de maneira que esteja de acordo com as necessidades delas.

Além disso, todas as declarações devem se concentrar em duas ou três mensagens simples que possam ser facilmente assimiladas por todos no evento.

Nunca é uma boa ideia comentar sobre qualquer assunto além do âmbito da questão ou especular sobre uma situação em que todos os fatos ainda não estejam claros. É melhor dizer "**eu não sei**" ou "**ainda estamos investigando isso**" no lugar de improvisar teorias.

Acima de tudo, nunca minta. A honestidade e a integridade são as melhores maneiras de preservar a imagem e a reputação de uma organização. A verdade aparecerá com o tempo e, quando isso acontecer, os resultados serão bem mais graves.

Blogs

Se a empresa já possui um blog, ele pode ser uma ferramenta eficaz para a comunicação durante uma crise. Os blogs têm várias vantagens sobre a mídia tradicional e os comunicados à imprensa.

- ❑ Escrever no blog é imediato. Isso permite que a empresa responda com rapidez às preocupações públicas crescentes e corrija as deturpações na mídia.
- ❑ A capacidade dos blogs para a postagem de vídeos e fotos permite uma cobertura quase em tempo real de como a empresa está trabalhando para resolver a crise.
- ❑ Graças à natureza do blog (aberto e sincero), ele pode dar um ar mais humano à empresa em crise.
- ❑ O público pode fazer comentários e perguntas diretamente no blog, criando um excelente fórum para dissipar os rumores e esclarecer a mensagem de uma empresa.

Mesmo que uma organização ainda não tenha um blog, alguns especialistas recomendam a criação de um "blog de reserva", que pode ser lançado rapidamente na ocorrência de uma crise. Como parte do estágio de planejamento de comunicação de crises, os membros da equipe podem usar a lista de fraquezas e vulnerabilidades para construir "blogs de depósitos seguros", com mensagens feitas para lidar com todas as potenciais crises.

Como parte da estratégia de mídia pré-crise, é bom estabelecer relacionamentos com indústrias importantes e *bloggers* locais e não apenas com repórteres de jornais e televisão. Essas "alianças" podem ser fontes poderosas de movimentos populares e de imprensa boca a boca para combater notícias negativas na grande mídia.

Depois da Crise

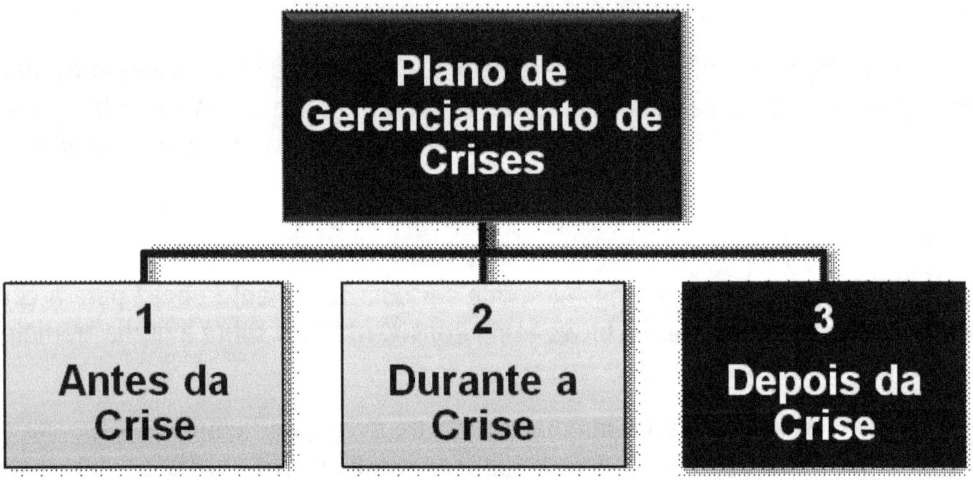

Logo depois de uma crise, a organização precisa compensar as pessoas atingidas. Os especialistas recomendam que a organização aja com rapidez para oferecer, quando for o caso, as indenizações. Se as partes atingidas receberem a compensação imediatamente, é menos provável que a crise permaneça em evidência. O custo de resolver a questão com rapidez também será bem menor do que se a organização esperar por um processo judicial.

A organização precisa fazer um ousado comprometimento de garantir que os erros que causaram a crise não aconteçam novamente. Medidas proativas visando a precaução devem ir bem além das expectativas do público.

Depois que a crise tiver passado, a organização deve criar um grupo de avaliação para determinar quais partes do **plano de comunicação de crises** funcionaram e quais partes ainda precisam ser revisadas. Um grupo de avaliação, de preferência diferente da equipe que elaborou o plano, deve examinar as origens do problema e decidir que medidas devem ser tomadas para evitar ocorrências futuras.

Como um fechamento para a comunicação de crises, é recomendado que a organização publique essa autoavaliação. Isso oferece mais provas para a comunidade de que a organização levou a crise a sério e de que tem meios de segurança prontos para evitar até mesmo a ameaça de uma nova crise do gênero.

18 Princípio de Pareto

Quem nunca ouviu falar da lei do menor esforço, deturpada pela cultura popular como sinônimo de preguiça e má vontade para o trabalho? A lei baseia-se, na verdade, no **Princípio 80/20**, descoberto em 1897 pelo economista italiano Vilfredo Pareto (1848-1923), segundo o qual 80% do que uma pessoa realiza no trabalho vem de 20% do tempo gasto nessa realização. Logo, 80% do esforço consumido para todas as finalidades práticas é irrelevante. Uma constatação surpreendente!

No século XIX, Pareto comprovou que a maioria da renda e das riquezas ia para uma minoria de pessoas. Havia, portanto, uma forte relação matemática entre a proporção de pessoas e a renda recebida por esse grupo. Se 20% recebiam 80% da riqueza, podia-se prever que 10% teriam 65% da riqueza e 5% ficariam com 50%.

Mais tarde, em 1949, o professor de filologia de Harvard George K. Zipf descobriu o popular **princípio do menor esforço**, segundo o qual as pessoas tendiam a minimizar seus trabalhos de modo que 20% ou 30% de quaisquer recursos responderiam por 70% ou 80% do resultado. Zipf usou estatísticas populacionais, livros de filologia e comportamentos industriais para mostrar a recorrência constante desse padrão de desequilíbrio. Na verdade, Zipf reelaborou o princípio descoberto por Pareto.

É este caminho das sucessivas reinterpretações do princípio de Pareto que o autor Richard Koch percorre em *O princípio 80/20*. Ele relaciona todos os pesquisadores que reafirmaram ao longo do século XX a sua importância e critica a expectativa existente na vida cotidiana e na economia de equilíbrio entre causas e resultados.

Koch ensina como o princípio 80/20 pode ser muito mais produtivo. Por exemplo, se o empresário constata que apenas 20% dos clientes garantem 80% do lucro de sua empresa, para que manter os outros 80% de clientes pouco lucrativos? Para o autor, compreender o princípio 80/20 é conquistar um amplo poder de discernimento do que ocorre a sua volta. O princípio 80/20 pode ainda melhorar a vida cotidiana de todas as pessoas e de cada governo, que aumentaria os benefícios para seus cidadãos, enquanto as organizações sem fins lucrativos poderiam se tornar ainda mais úteis. Tudo isso com idêntico esforço. Os recursos com efeitos escassos simplesmente não devem ser mais usados ou reduzidos, e é por isso que o princípio 80/20 é a base do programa **Total Quality Control**, utilizado em empresas de todo o mundo.

Visão Geral

O princípio de Pareto pode ser utilizado quando você encontra vários problemas relacionados ou um problema comum com múltiplas causas. Com essa técnica, você coleta métricas sobre quantas vezes ocorre cada problema ou causa. O objetivo da análise de Pareto é observar os problemas e determinar sua frequência de ocorrência. Isso, por sua vez, proporcionará a você as informações necessárias para priorizar o seu esforço para garantir que você está utilizando o seu tempo onde obterá o impacto mais positivo.

O princípio de Pareto se baseia na clássica regra 80/20. Em outras palavras, 20% das ocorrências causam 80% do problema. Por exemplo, digamos que você tenha um problema relacionado com a falha de um produto baseado em um número de causas. Através da observação e da coleta de métricas, você determina que haja oito causas. Em vez de tratar as causas de forma aleatória, uma análise de Pareto poderá lhe mostrar que 80% dos problemas são provocados pelas três maiores causas. Isso lhe dá informações para saber quais causas deverão ser resolvidas primeiro.

Análise de Pareto

Para exemplificar essa técnica de solução de problemas, vamos criar uma matriz baseada em informações obtidas sobre problemas hipotéticos e a frequência com que ocorre cada problema. A matriz é criada dessa forma:

1. Crie uma tabela listando todos os problemas (ou causas) observados.

PROBLEMA
Problema 1
Problema 2
Problema 3
Problema 4
Problema 5
Problema 6

2. Para cada problema, identifique o número de ocorrências.

PROBLEMA	OCORRÊNCIAS
	SIMPLES
Problema 1	115
Problema 2	25
Problema 3	50
Problema 4	5
Problema 5	5
Problema 6	15

3. Ordene os problemas por número de ocorrências, do mais alto ao mais baixo.

PROBLEMA	OCORRÊNCIAS
	SIMPLES
Problema 1	115
Problema 3	50
Problema 2	25
Problema 6	15
Problema 4	5
Problema 5	5

4. Acrescente uma coluna para os subtotais.

PROBLEMA	OCORRÊNCIAS	
	SIMPLES	ACUMULADO
Problema 1	115	115
Problema 3	50	165
Problema 2	25	190
Problema 6	15	205
Problema 4	5	210
Problema 5	5	215

5. Calcule o percentual acumulado de cada linha (problema) em relação ao número total de problemas.

PROBLEMA	OCORRÊNCIAS		EM RELAÇÃO AO TOTAL
	SIMPLES	ACUMULADO	
Problema 1	115	115	53%
Problema 3	50	165	77%
Problema 2	25	190	88%
Problema 6	15	205	95%
Problema 4	5	210	98%
Problema 5	5	215	100%

6. Evidencie as linhas (problemas) até um valor percentual acumulado aproximado de 80%.

PROBLEMA	OCORRÊNCIAS		EM RELAÇÃO AO TOTAL
	SIMPLES	ACUMULADO	
Problema 1	**115**	**115**	**53%**
Problema 3	**50**	**165**	**77%**
Problema 2	25	190	88%
Problema 6	15	205	95%
Problema 4	5	210	98%
Problema 5	5	215	100%

Note que isso nos traz informações importantes. Embora haja seis problemas identificados no total, você precisa resolver primeiro os problemas nº 1 e nº 3. É aí que você terá o maior impacto. Se, em vez disso, você decidisse trabalhar nos problemas nº 4 e nº 5, o resultado do seu esforço seria quase desprezível. Isso não significa que você não queira resolver os demais problemas. No entanto, essa análise de Pareto lhe traz informações sobre a ordem em que eles devem ser enfrentados. Ela também lhe dá uma ideia do valor relativo que você obtém em resolver cada problema. Definitivamente você não quer exercer o mesmo esforço resolvendo o problema nº 5 como faria no problema nº 1. O retorno não é o mesmo.

Muitas vezes, poderemos observar os resultados de um Diagrama de Pareto mostrados como um **histograma** ou **diagrama de barras**. Isso dá mais ênfase visual aos dados que você observou.

A seguir, um exemplo de um Diagrama de Pareto construído com base nos dados históricos do número de problemas ocorridos em um determinado modelo de automóvel:

PROBLEMAS DE UM CARRO			
PROBLEMA	**OCORRÊNCIAS**		**EM RELAÇÃO AO TOTAL**
	SIMPL	**ACUM**	
Rotação Imprópria	**15**	**15**	**37 %**
Barulho	**9**	**24**	**60 %**
Oscilação	**6**	**30**	**75 %**
Pressão	4	34	85 %
Eixo	3	37	92 %
Oscilação de Caixa	2	39	97 %
Outros	1	40	100 %
TOTAL	**40**		

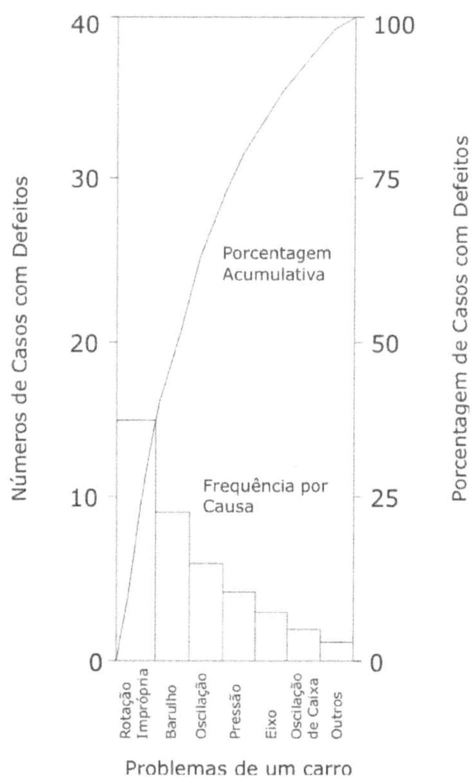

Aplicar o princípio de Pareto para a questão de **priorização** significa dizer que 20% de suas **prioridades** lhe darão 80% de sua **produção**. Sendo assim, procure aplicar seu tempo, energia, dinheiro e pessoal nos 20% de suas prioridades mais importantes.

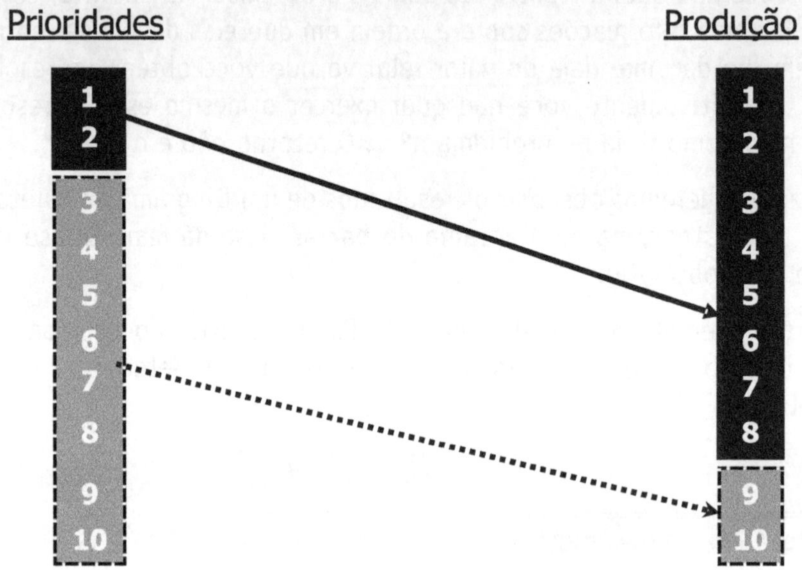

Observações:

- As linhas cheias representam uma pessoa ou organização que investe tempo, dinheiro, energia e pessoal em atividades prioritárias. O resultado é quatro vezes maior em produtividade e efetividade.
- As linhas pontilhadas representam uma organização que gasta tempo, dinheiro, energia e pessoal em atividades de baixa prioridade. O resultado é um retorno muito pequeno.

EXEMPLOS DO PRINCÍPIO DE PARETO	
TEMPO	20% do nosso tempo produz 80% dos resultados.
CONSELHOS	20% das pessoas tomam 80% do nosso tempo.
PRODUTOS	20% dos nossos produtos produzem 80% do nosso lucro.
LEITURA	20% do livro contém 80% do conteúdo.
TRABALHO	20% do nosso trabalho nos proporciona 80% de satisfação.
ORATÓRIA	20% de um discurso causa 80% do impacto.
DONATIVOS	20% das pessoas doarão 80% do dinheiro.
PIQUENIQUE	20% das pessoas comerão 80% da comida.
LIDERANÇA	20% das pessoas tomam 80% das decisões.

Todo líder/gerente precisa compreender o princípio de Pareto na área de supervisão e gerenciamento de pessoas. Por exemplo, 20% das **pessoas** serão responsáveis por 80% do **sucesso** de uma organização. A estratégia a seguir permitirá a um líder/gerente aumentar a eficiência de sua organização:

- ❑ Determine quais pessoas constituem 20% dos melhores produtores.
- ❑ Destine 80% do seu "tempo reservado ao pessoal" aos 20% mais qualificados.
- ❑ Destine 80% de sua verba de desenvolvimento aos 20% mais produtivos.
- ❑ Determine os 20% de trabalho que produz 80% de retorno e treine um assistente para cuidar do trabalho menos rentável.
- ❑ Incumba 20% do primeiro time de treinar os outros 80% trabalhando.

19

Canvas

O **Modelo de Negócios Canvas** é uma ferramenta de gerenciamento estratégico que permite desenvolver e esboçar modelos de negócio novos ou existentes. É um mapa visual pré-formatado contendo nove blocos do modelo de negócios. O Modelo de Negócios Canvas foi inicialmente proposto por Alexander Osterwalder, que, através de seu trabalho e tese, propõe um modelo único de referência baseado nas semelhanças de um vasto número de conceitualizações de modelo de negócios. As descrições formais do negócio se tornam os blocos para construir suas atividades. Com seu padrão de design de modelagem, uma empresa pode facilmente descrever seu modelo de negócios.

Características do Plano de Negócios Tradicional

Vantagens

- Modelo testado e validado.
- Oferece "respostas".
- Textual.
- Tradicional.
- Permite múltiplas visões.
- Aprofunda-se em dados de mercados.
- Pouca diversificação.
- Ferramenta detalhada sobre a empresa.
- Serve para definir as hipóteses do negócio.
- Ponto de partida para operações, marketing e planos financeiros.
- Possibilidade de projeção financeira detalhada e bem próxima da realidade.

- Facilita a percepção sobre quando é necessário investimento de capital de risco.

Desvantagens

- É demorado e requer dedicação e pesquisas.
- Empresas novas não conhecem muitas variáveis e acabam fazendo um plano irreal ou fantasioso.
- Durante o processo podem surgir variáveis inesperadas e incontroláveis.
- É difícil para fazer a atualização.

Características do Modelo de Negócios Canvas

Vantagens

- Oferece boas perguntas.
- Visual e moderno.
- Levanta hipóteses a serem validadas.
- Pode ser usado para diversificar um negócio consolidado.
- Fase inicial de ideia ou protótipo.
- Extrai de forma rápida propostas de valor que atendem e potencializam os principais objetivos desejados, antes de partir de fato para a formatação do produto ou serviço.
- Identifica de imediato o modelo de negócio.
- Ajuda a identificar e eliminar o que não é tão importante no primeiro momento.
- O painel é mutável e o objetivo é que ele reflita exatamente o que a empresa é naquele momento.
- Propicia inovação.
- Possibilita a discussão de opiniões, acaba criando um entendimento comum entre os envolvidos e gera indicadores fortes para a inovação estratégica.
- Fornece uma visão sistêmica e holística do negócio.
- Dá a direção, mas, como o negócio é vivo, as mudanças fazem parte do contexto.

Desvantagens

- Modelo com muitas incertezas.
- Pode ser superficial, pois o modelo Canvas não se propõe a tratar de cada bloco em detalhe.
- Não se baseia em estudos e pesquisas, logo pode ter dados não tão reais. O conhecimento é apenas empírico.

Aplicação Prática

O Modelo de Negócios Canvas é um painel dividido em nove blocos que representam os elementos fundamentais que compõem um modelo de negócio. Essa divisão em blocos melhora a percepção e a compreensão de cada um desses módulos por meio da utilização de imagens. Por isso, é recomendado imprimir em uma grande superfície ou desenhar o modelo em um quadro branco, para que um grupo de pessoas comece a esboçar e discutir elementos do modelo de negócios e preencher os blocos com *post-its* ou marcadores para quadro. É uma ferramenta que fomenta o entendimento, a discussão, a criatividade e a análise.

Modelo de Negócios Canvas – Esquemático

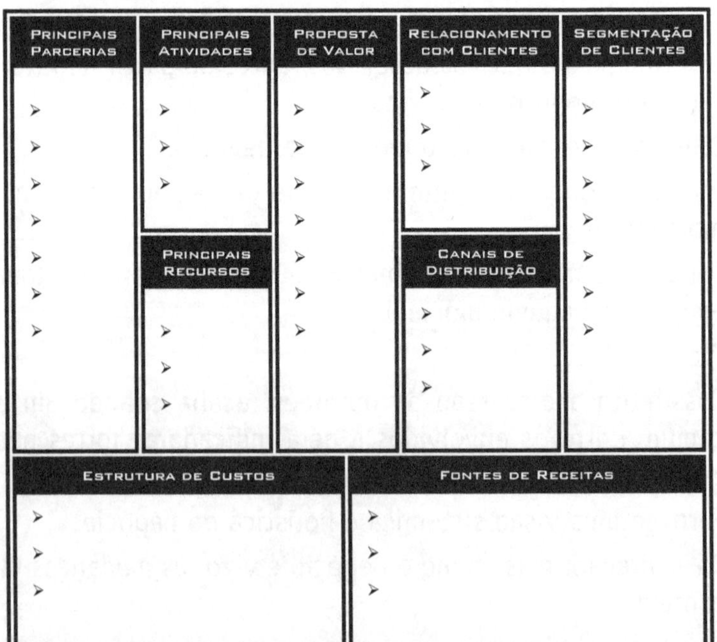

Modelo de Negócios Canvas – Dinâmico

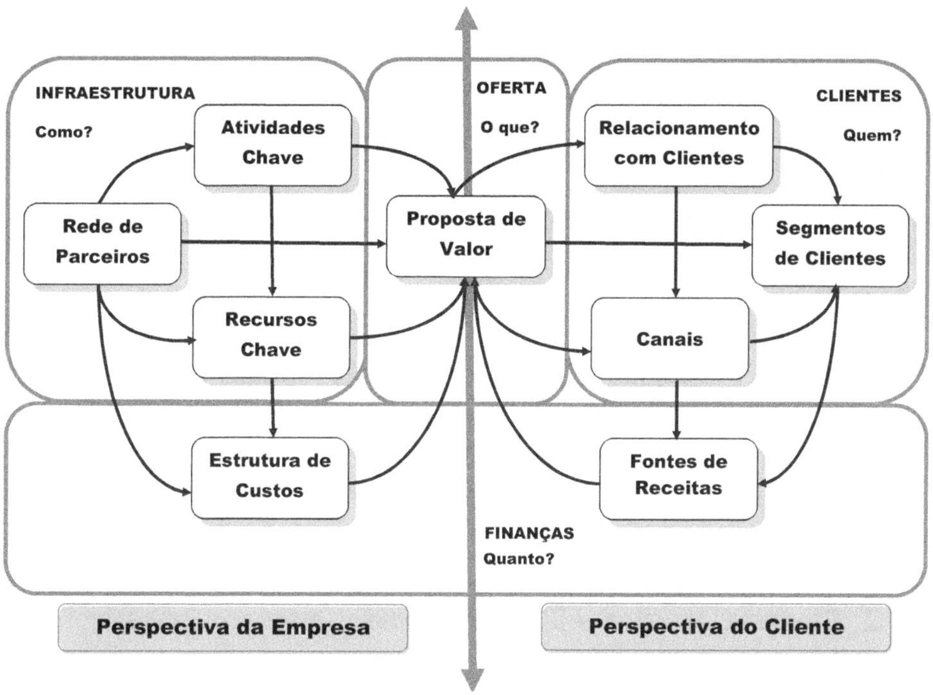

Os Nove Blocos que Compõem o Canvas

O Modelo de Negócios Canvas é um mapa dos principais itens que constituem uma empresa. Pode ser também uma receita de estratégia que deve estar sempre sendo revisada em cada quadrante ao longo do tempo para saber se cada um está sendo bem atendido ou se é necessário fazer alterações em algum deles para conseguir um melhor resultado. O mapa é um resumo dos pontos-chave de um plano de negócio, mas não deixa de excluir um plano de negócio em si. É uma ferramenta menos formal que pode ser utilizada com mais frequência no dia a dia.

Canvas é uma ferramenta estratégica e empresarial, desenvolvida com o intuito de auxiliar empreendedores a elaborar seus modelos de negócios. Essa ferramenta adota um quadro com nove áreas estratégicas distintas que servem como um ponto de partida para que empresários possam descrever seus negócios.

Através de uma metodologia simples, um empreendedor poderá construir seu modelo de negócios usando *post-its* em cada uma das nove áreas estratégicas propostas. Nelas, deverão ser incluídas informações relacionadas a parceiros-chave, atividades-chave, fluxo de receitas e despesas, relacionamento com clientes, entre outros insumos essenciais para o planejamento e a criação do modelo de negócios.

As nove áreas estratégicas propostas são caracterizadas através de blocos que podem ser agrupados em quatro diferentes dimensões, conforme descrito a seguir:

1. **Infraestrutura**

   - **Atividades-chave – Bloco 7:** as atividades mais importantes para executar a proposta de valor da empresa.
   - **Recursos-chave – Bloco 6:** os recursos necessários para criar valor para o cliente. São considerados ativos da empresa e são necessários para manter e dar suporte ao negócio. Esses recursos podem ser humanos, financeiros, físicos ou intelectuais.
   - **Rede de parceiros – Bloco 8:** as alianças de negócios que complementam os outros aspectos do modelo de negócio.

2. **Oferta**

   - **Proposta de valor – Bloco 2:** produtos e serviços oferecidos pelo negócio. Segundo Osterwalder, uma proposição de valor "é uma visão geral (...) dos produtos e serviços que, juntos, representam valor para um segmento de clientes específico. Descreve a forma como a empresa se diferencia dos seus concorrentes e é a razão pela qual os clientes compram de uma certa empresa e não de outra".

3. **Clientes**

   - **Segmentação de clientes – Bloco 1:** o público-alvo para os produtos e serviços de uma empresa.
   - **Canais de distribuição – Bloco 3:** o meio pelo qual uma empresa fornece produtos e serviços aos clientes. Isso inclui a estratégia de marketing e de distribuição de uma empresa.
   - **Relacionamento com clientes – Bloco 4:** a empresa estabelece ligações entre si e os seus diferentes segmentos de clientes. O processo de gestão de relacionamento com o cliente é chamado de *Customer Relationship Management* (CRM).

4. **Finanças**

- **Estrutura de custos – Bloco 9:** as consequências monetárias dos meios utilizados no modelo de negócios.
- **Fontes de receita – Bloco 5:** A forma como a empresa ganha dinheiro através de uma variedade de fluxos de receitas. Os rendimentos de uma empresa.

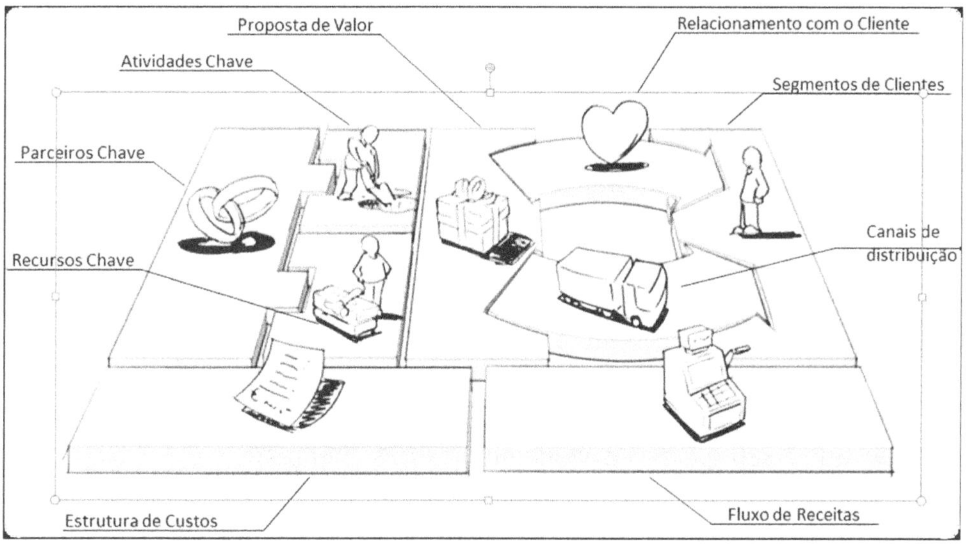

Bloco 1 – Segmentação de Clientes

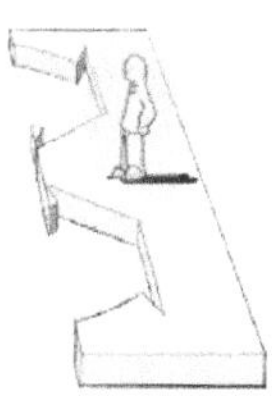

Este bloco visa agrupar os clientes em segmentos com necessidades, costumes ou outros atributos em comum. Cada segmento tem uma proposta de valor, canal e relacionamento diferente.

Definição

As empresas agrupam os clientes em segmentos com necessidades, costumes ou outro atributo em comum, de forma que possam melhor entender, alcançar e servir esses clientes.

Tipos de Mercados

- ❑ Massa
- ❑ Nicho
- ❑ Segmentado
- ❑ Diversificado

Diferenças entre Segmentos de Clientes

- ❑ Suas necessidades precisam e justificam uma oferta distinta.
- ❑ São alcançados por diferentes canais de distribuição.
- ❑ Necessitam de diferentes tipos de relacionamento.
- ❑ Possuem uma grande diferença de lucratividade.
- ❑ Possuem disposição de pagar a diferentes aspectos da oferta.

Perguntas-chave

- ❑ Para quem se está criando valor?
- ❑ Quem são os nossos mais importantes clientes?
- ❑ Esses clientes possuem necessidades em comum?
- ❑ Esses clientes são atingidos da mesma maneira?

Exemplos

Pessoas das classes C, D e E que precisam de crédito para comprar ou pessoas buscando preços baixos e facilidade de pagamento.

Homens ricos e apaixonados por carros esportivos.

Bloco 2 – Proposta de Valor

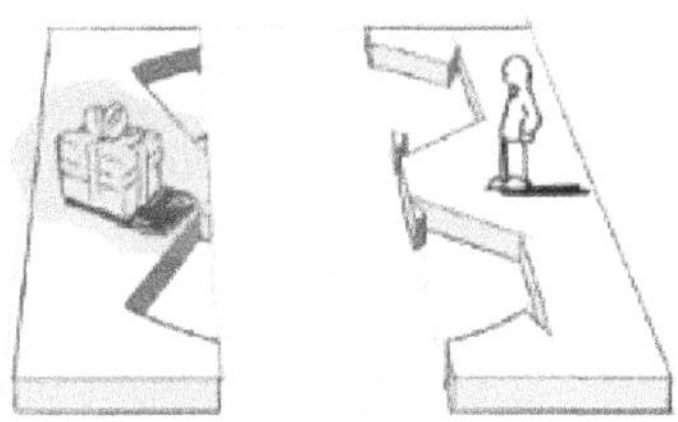

Este bloco visa descrever quais são os valores que os produtos e serviços da empresa oferecem para cada segmento de cliente específico.

Definição

A proposta de valor consiste de uma cesta de produtos e/ou serviços que a empresa oferece de forma a criar valor para um segmento de clientes.

Elementos que Agregam Valor

- ❑ Novidade
- ❑ Performance
- ❑ Customização
- ❑ Design
- ❑ Preço
- ❑ Marca/*Status*
- ❑ Redução de custo
- ❑ Redução de risco
- ❑ Acessibilidade
- ❑ Conveniência
- ❑ Usabilidade

Perguntas-chave

- ❑ Que valor é entregue ao cliente?
- ❑ Que problemas dos clientes estamos ajudando a solucionar?
- ❑ Que necessidades dos clientes estamos satisfazendo?
- ❑ Que cesta de produtos e serviços estamos oferecendo para cada cliente?

Exemplos

Produtos inovadores com qualidade e design diferenciado e simples de serem utilizados.

Lanches rápidos, saudáveis e personalizados.

Bloco 3 – Canais de Distribuição

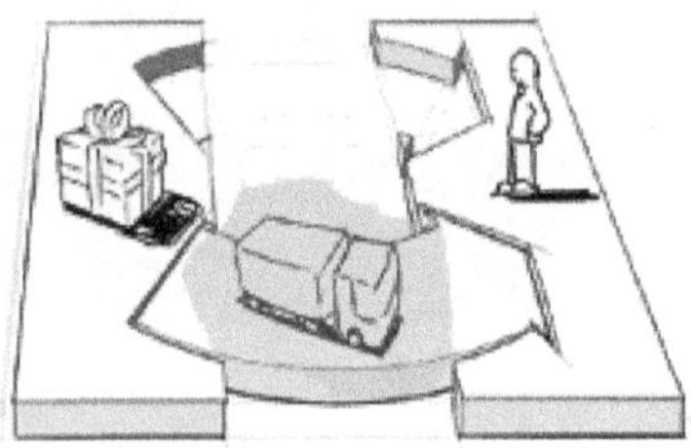

Este bloco visa descrever como a empresa comunica e entrega a seus segmentos de clientes a sua proposta de valor.

Definição

Os canais podem ser de comunicação, distribuição e venda. Eles são a interface com os clientes e possuem diversas funções e tipos.

Tipos de Canais

- Força de vendas
- Vendas na internet
- Lojas próprias
- Lojas de parceiros
- Atacado

Fases de Canais

1. Divulgação
2. Avaliação
3. Compra
4. Entrega
5. Pós-venda

Funções dos Canais

- ❑ Dar visibilidade aos produtos e serviços da empresa.
- ❑ Ajudar os clientes a analisar a proposta de valor da empresa.
- ❑ Permitir aos clientes comprar produtos e serviços específicos.
- ❑ Entregar a proposta de valor aos consumidores.

Perguntas-chave

- ❑ Por quais canais seus segmentos de clientes querem ser atingidos?
- ❑ Como esses clientes são atingidos no momento?
- ❑ Como nossos canais se integram?
- ❑ Quais canais possuem melhor relação custo-benefício?
- ❑ Como esses canais são integrados à rotina dos clientes?

Exemplos

Logística

Submarino

Correios e operadores logísticos privados.

Marketing

Submarino

Site, link patrocinado e publicidade *on-line*.

Bloco 4 – Relacionamento com Clientes

Este bloco visa descrever o tipo de relacionamento que a empresa estabelece com cada segmento de clientes para entregar sua proposta de valor.

Definição

O relacionamento com o cliente é como a empresa interage com um segmento de cliente. É preciso definir o tipo de relacionamento a ser estabelecido.

Motivações

- Captura e retenção de clientes.
- Incremento de vendas.
- Fortalecimento da marca.

Categorias de Relacionamento

- Assistência pessoal/dedicada
- Autosserviço/Automatizado
- Comunidades
- Cocriação/Coparticipação

Perguntas-chave

- Que tipo de relacionamento cada segmento de clientes espera ser estabelecido e mantido com eles?
- Quais tipos de relacionamentos têm sido estabelecidos?
- Quais os custos desses relacionamentos?
- Como eles estão integrados com o modelo de negócios?

Exemplos

Santander

Agências Santander e Van Gogh, caixas eletrônicos, atendimento por telefone, SAC, ouvidoria, redes sociais e *internet banking*.

Bloco 5 – Fontes de Receitas

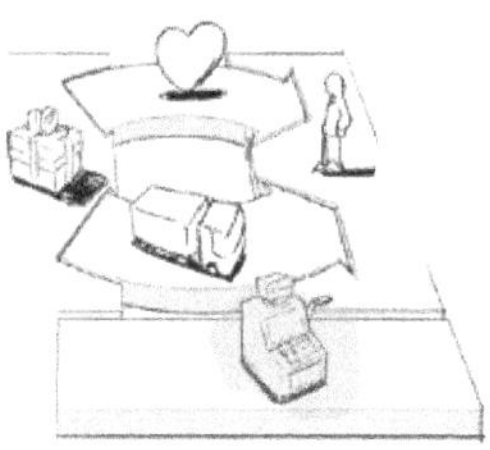

Este bloco mostra as formas que a empresa gera receitas e o dinheiro gerado por cada segmento de clientes, permitindo assim entender melhor cada segmento e o valor que ele representa para a empresa.

Definição

O fluxo de receitas representa as formas pelas quais a empresa gera receita de cada segmento de clientes e seus valores.

Tipos de Receitas

- ❑ Única
- ❑ Recorrente

Formas de Receitas

- ❑ Vendas de ativo
- ❑ Taxa de utilização
- ❑ Taxa de assinatura
- ❑ Aluguel/Licença
- ❑ Taxa de intermediação
- ❑ Publicidade

Perguntas-chave

- ❑ Que valor os clientes estão realmente dispostos a pagar pelo que atualmente pagam?
- ❑ Como eles estão pagando atualmente?
- ❑ Quanto cada fonte de receita contribui para a receita total?

Exemplos

Venda de passagens aéreas, transporte de cargas e reservas de carros e hotéis.

Venda de revistas, licenciamento de produtos e venda de animações.

Bloco 6 – Principais Recursos

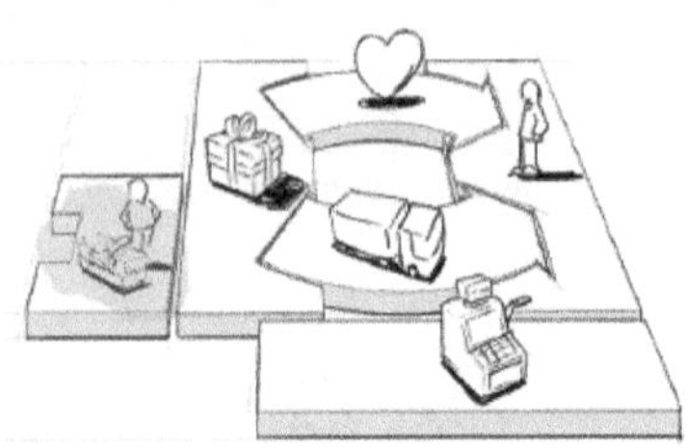

Este bloco visa descrever os ativos mais importantes para fazer o modelo de negócios funcionar. Caso a empresa não tenha tais recursos, ela precisará de parceiros-chave.

Definição

Os recursos-chave permitem criar e oferecer a proposta de valor, manter o relacionamento com segmentos de clientes e obter receitas. São os recursos importantes para o funcionamento do modelo de negócio.

Tipos de Recursos

- ❑ Físicos
- ❑ Humanos
- ❑ Financeiros
- ❑ Intelectuais

Perguntas-chave

- ❑ De quais recursos-chave a proposta de valor precisa?
- ❑ E para o canal de distribuição?
- ❑ E para o relacionamento com o cliente?
- ❑ E para a fonte de receitas?

Exemplos

facebook Base de usuários, equipe, servidores e plataforma.

VALE Minas, equipamentos e *know-how* técnico.

Bloco 7 – Principais Atividades

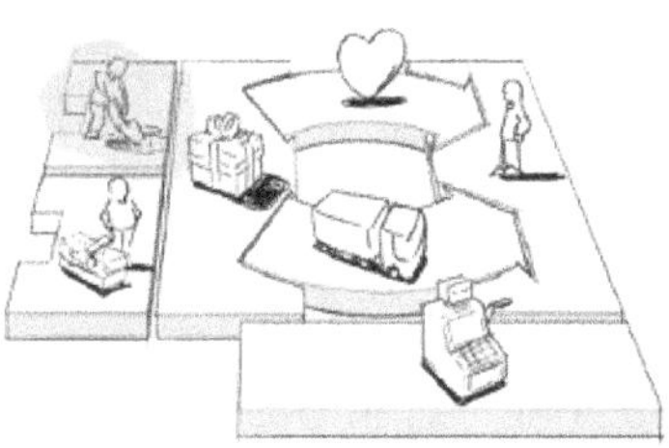

Este bloco visa descrever as atividades principais a serem executadas para que o modelo de negócios da empresa funcione. É importante que a empresa consiga executar essas tarefas internamente ou por intermédio de parceiros, podendo terceirizar as demais.

Definição

As atividades-chave são essenciais para que o modelo de negócios da empresa funcione corretamente.

Categorias de Atividades

- ❑ Produção
- ❑ Solução de problemas
- ❑ Plataforma/Rede

Perguntas-chave

- ❑ De quais atividades-chave a proposta de valor precisa?
- ❑ E os canais de distribuição?
- ❑ E o relacionamento com o cliente?
- ❑ E as fontes de receitas?

Exemplos

Elaborar programas, produzir programas, vender propaganda e buscar novos talentos.

Desenvolver novos chocolates, produzir chocolates, gestão de franquias, distribuição e venda.

Bloco 8 – Principais Parcerias

Este bloco visa descrever a rede de fornecedores e parceiros que fazem o modelo de negócios funcionar. É desaconselhável deixar todos os recursos e atividades principais com os parceiros, evitando assim possíveis dependências ou redundâncias.

Definição

Os parceiros-chave são extremamente importantes para as empresas, pois podem otimizar o seu modelo de negócios, reduzir riscos ou adquirir recursos.

Tipos de Parcerias

- ❑ Alianças estratégicas
- ❑ *Joint venture*
- ❑ Comprador-fornecedor

Perguntas-chave

- ❑ Quem são os parceiros-chave?
- ❑ Quem são os nossos fornecedores-chave?
- ❑ Quais recursos-chave são adquiridos dos parceiros?
- ❑ Quais atividades-chave são executadas por nossos parceiros?

Exemplos

McDonald's: Fornecedores e franqueados.

zynga: Facebook, *app stores*, comunidade dos jogos e lojas que vendem cartão pré-pago Zynga.

Bloco 9 – Estrutura de Custos

Este bloco visa descrever todos os custos envolvidos na operação do modelo de negócios. Sempre que possível, devemos inserir valores para a verificação da viabilidade ou melhora do modelo de negócios.

Definição

A estrutura de custos envolve os principais custos operacionais do modelo de negócios. Criar e entregar valor, manter relacionamento com os clientes e gerar receitas – tudo isso acarreta custos.

Características dos Custos

- Custos fixos
- Custos variáveis
- Economia de escala
- Economia de escopo

Modelos de Negócios

- Baseado em custos
- Baseado em valor

Perguntas-chave

- Quais são os principais custos inerentes ao modelo de negócios?
- Quais recursos-chave são mais caros?
- Quais atividades-chave são mais caras?

Exemplos

Claro – Infraestrutura da rede, lojas, funcionários, marketing e *call center*.

TAM Airlines – Aviões, manutenção dos aviões, combustível, marketing, funcionários, *call center* e sistemas de TI.

Casos Reais da Modelagem Canvas

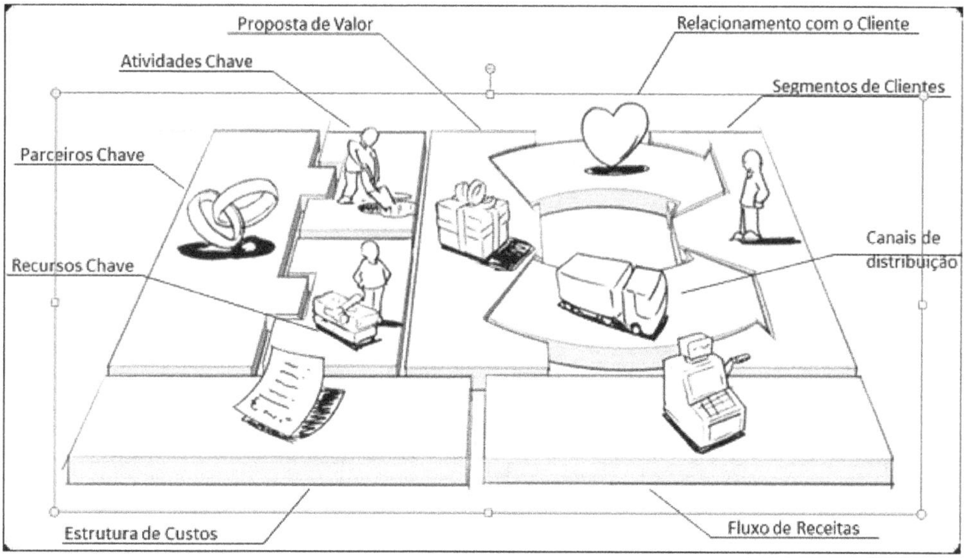

1. Modelo de Negócios Canvas – Facebook

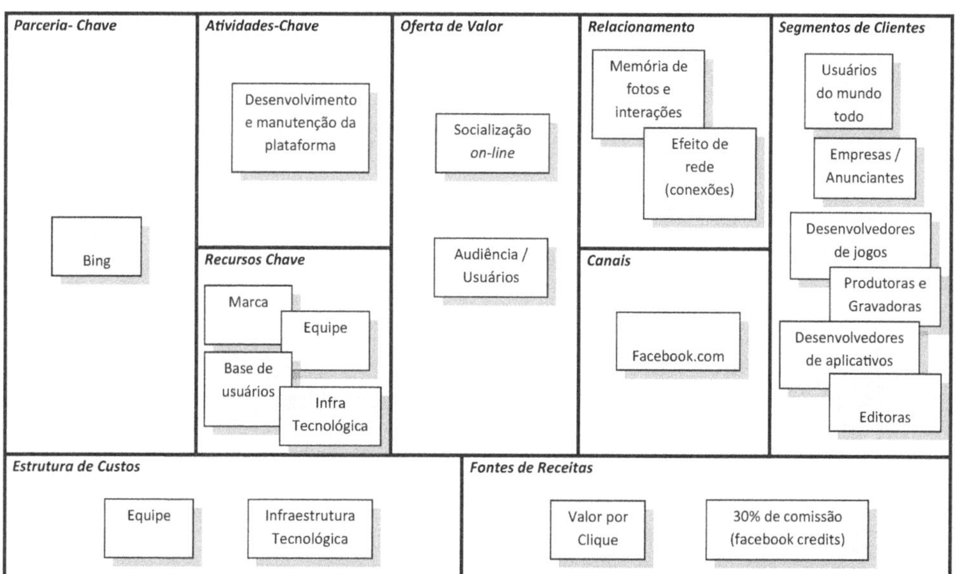

2. Modelo de Negócios Canvas – GroupOn

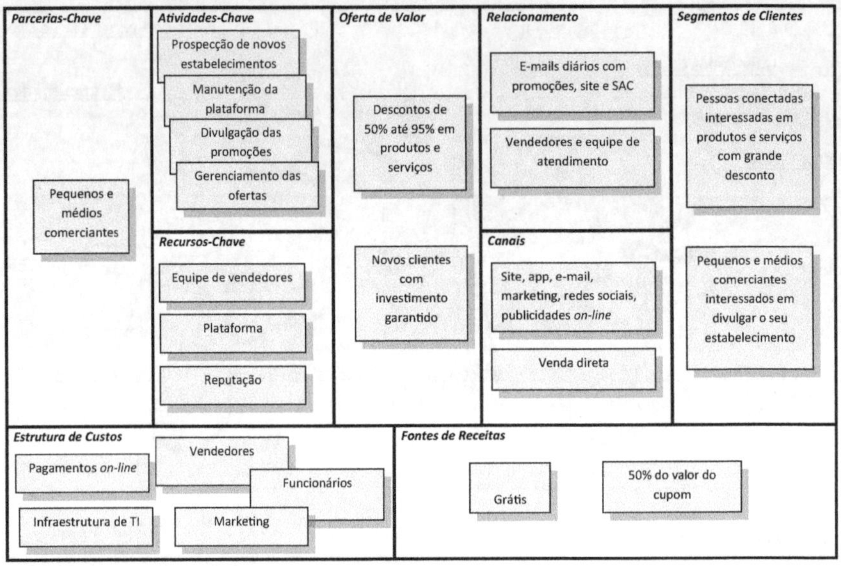

3. Modelo de Negócios Canvas – Nespresso

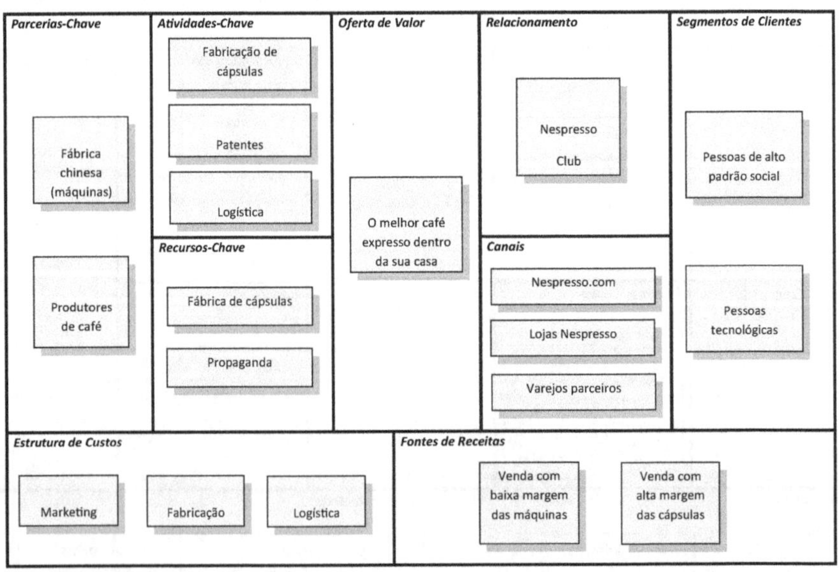

Fonte de Consulta
Sebrae – Coordenação Regional FSA – (75) 3321.2153
alex.leal@ba.sebrae.com.br

20

Kanban

Kanban é um termo de origem japonesa e significa literalmente **cartão** ou sinalização. Trata-se de um conceito relacionado à **utilização de cartões** (*post-its*, entre outros) para indicar o andamento dos fluxos de produção em empresas de fabricação em série. Nesses cartões são colocadas indicações sobre uma determinada tarefa, por exemplo, **a executar**, **em execução** ou **executado**.

Trata-se de um sistema de controle desenvolvido na Toyota no final da década de 1940 por Taiichi Ohno para minimizar os custos com o material em processamento e reduzir os estoques entre os processos. Essa empresa japonesa de automóveis foi a responsável pela introdução do método devido à necessidade de manter um eficaz funcionamento no seu sistema de produção em série.

Assim, essa ferramenta fundamental no sistema ***Just in Time*** (sistema de administração da produção que determina que nada deve ser produzido, transportado ou comprado antes da hora exata; pode ser aplicado em qualquer organização, para reduzir estoques e os custos decorrentes) substitui a tradicional programação diária da produção, assim como as atividades de controle e acompanhamento do status da produção. Os supervisores deixam de perder tempo fiscalizando os colaboradores e passam a realizar atividades que agregam valor, lidando com as exceções ocorridas e melhorando o processo continuamente. Um fator bastante citado para a eficácia da implementação dessa técnica é que a demanda seja estável até certo nível e que a flexibilidade de faixa da variedade de produtos oferecidos ao mercado seja pequena.

O Kanban também pode ser definido como uma ferramenta de controle do fluxo de materiais no chão de fábrica. Ele é um sinal visual que informa ao colaborador o que, quanto e quando produzir. Sempre de trás para frente, puxando a produção. Além disso, esse sistema também evita que sejam feitos produtos não requisitados, eliminando perdas por estoque e por superprodução. Os sinais visuais podem variar desde a sua forma mais clássica, que é um cartão, até algo mais abstrato como o Kanban eletrônico. O fundamental é que o Kanban transmita a informação de maneira simples e visual e que suas regras sejam sempre respeitadas.

De acordo com seu idealizador, as principais funções do Kanban são:

- Fornecer informação sobre apanhar ou transportar.
- Fornecer informação sobre a produção.
- Impedir a superprodução e o transporte excessivo.
- Servir como uma ordem de fabricação afixada às mercadorias.
- Impedir produtos defeituosos pela identificação do processo que os produz.
- Revelar os problemas existentes e manter o controle dos estoques.

O Kanban possui certas regras que devem ser respeitadas para seu eficaz funcionamento. São elas:

- O processo subsequente deve retirar, no processo precedente, os produtos necessários nas quantidades certas e no tempo correto.
- O processo precedente deve desenvolver seus produtos nas quantidades requisitadas pelo processo subsequente.
- Nenhum item pode ser produzido ou transportado sem um Kanban.
- Produtos com defeito não devem ser enviados ao processo seguinte.
- O número de Kanbans deve ser minimizado continuamente.

O **Kanban** é muitas vezes utilizado em conjunto com o **Scrum** (ferramenta 22), porque são duas metodologias usadas no desenvolvimento ágil de software. Outro conceito que por vezes é relacionado com **Kanban**, ***Just in Time*** e **Scrum** é o **Kaizen** (ferramenta 32), que também tem como objetivo aumentar a produtividade.

Tipos de Kanban

O Kanban permite agilizar a entrega e a produção de peças. Pode ser empregado em indústrias de maneira geral, desde que o nível de produção não oscile em demasia. Os Kanbans físicos (cartões ou caixas) podem ser divididos basicamente em Kanbans de produção e Kanbans de transporte e transitam entre os locais de armazenagem e produção substituindo formulários e outras formas de solicitar peças, permitindo enfim que a produção se realize *just in time*.

Kanbans de Produção

São usados para determinar a fabricação de um item. Devem visivelmente conter em seus campos:

- O processo que o produz.
- O nome do produto a ser fabricado para identificação por parte do funcionário.
- O código do item a ser feito para evitar ambiguidades.
- A quantidade de itens que são colocados em um único contêiner.
- O processo subsequente para o qual o produto deve ser levado.

Entretanto, caso haja um estoque intermediário, pode-se colocar o endereço de armazenamento.

Essas informações são as mínimas necessárias para desenvolver os produtos certos, nos locais corretos e na quantidade requerida. Contudo, nada impede que o Kanban tenha mais campos, indicando, por exemplo, em qual produto final a peça é usada. Pode-se também colocar um código de barras para informar ao sistema integrado de gestão quantas peças daquele tipo já foram produzidas. Ou, ainda, existir um campo que informe o tipo de caixa a ser usado para empacotar os produtos. Enfim, há várias possibilidades de se fazer um Kanban de produção, variando de organização para organização.

Kanbans de Transporte

Também conhecidos como Kanbans de movimentação ou Kanbans de requisição, são utilizados na movimentação de material entre células de produção distantes entre si, entre os locais de produção e armazenagem ou qualquer outro caminho pelo qual o produto deverá ser transportado somente por uma pessoa designada para esse fim.

Dessa maneira, os colaboradores mais especializados dedicam mais tempo em atividades de produção e montagem que agregam valor ao produto. De modo análogo ao modelo anterior, o Kanban de transporte deve ter a informação necessária para que o produto requerido seja entregue no local certo e na quantidade certa. Geralmente, tais campos são:

- O local de onde o produto deve ser retirado. Pode ser um processo precedente ou um armazém.

- A descrição do produto a ser retirado para identificação por parte do funcionário.
- O código do item a ser feito para evitar ambiguidades.
- A quantidade de itens que são colocados em um único contêiner.
- O processo subsequente ou armazém para o qual o produto deve ser levado.

Geralmente, nesses Kanbans, existe um campo que identifica o meio de transporte a ser utilizado na atividade. Por exemplo, uma paleteira manual, um carrinho de transporte específico ou nenhum. Já um telefone para contato caso o cartão seja perdido no meio do caminho também pode ser útil em despachos entre diferentes fábricas. Adicionalmente, pode-se ter um campo que numera o cartão e indica quantos Kanbans daquele tipo existem para ajudar na sua recontagem.

Exemplos de um Kanban de Produção e de um Kanban de Transporte

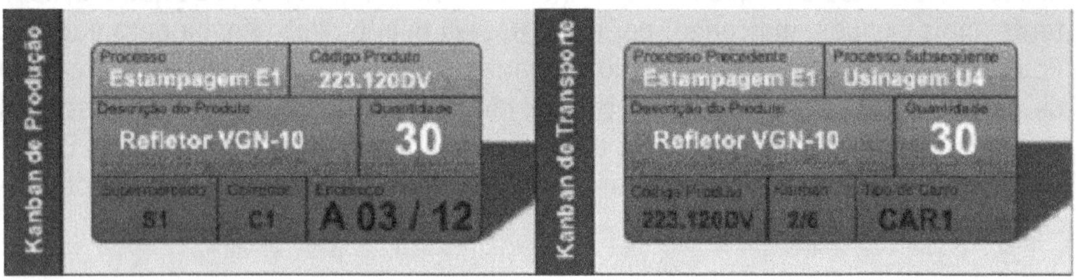

Funcionamento do Kanban

Empresas diferentes possuem necessidades diferentes e produzem, de modo diferente, produtos diferentes. Então, é de se esperar que os Kanbans estejam adaptados às realidades locais de onde estão sendo usados e variem a sua forma, cor e método de uso.

Não só o gestor como todos os funcionários podem sugerir como os cartões devem ser implementados, qual o melhor material para confeccioná-los ou quais campos precisam existir.

Coloca-se um Kanban em peças ou partes específicas de uma linha de produção para indicar a entrega de uma determinada quantidade. Quando se esgotarem todas as peças, o mesmo aviso é levado ao seu ponto de partida, onde se converte num novo pedido para mais peças. Quando for recebido o cartão ou quando não há nenhuma peça na caixa ou no local definido, então deve-se movimentar, produzir ou solicitar a produção da peça.

Passo 1: na medida em que vai consumindo os produtos, o operário do processo seguinte retira os Kanbans de movimentação fixados na embalagem do produto e os coloca no quadro, gerando um aviso para o transportador de materiais. Ao visualizar tal sinal, o transportador retira os Kanbans de transporte do quadro, verifica qual produto está sendo requerido e vai para o local especificado de onde deve retirá-lo.

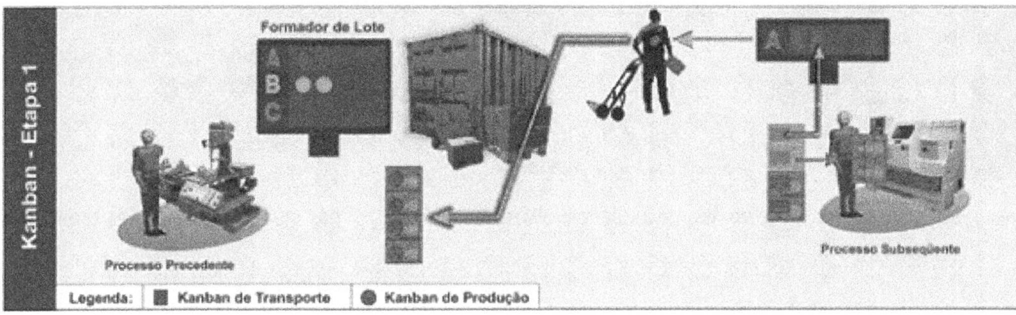

Passo 1. "O processo subsequente deve retirar, no processo precedente, os produtos necessários nas quantidades certas e no tempo correto".

Passo 2: no processo precedente ou no armazém indicado, o transportador retira um e somente um contêiner do produto discriminado para cada Kanban que possui. Esse contêiner possui um Kanban de produção, o qual é fixado no quadro formador de lote logo em seguida.

Observe que o produto em movimentação está sempre com um cartão, quer seja o de produção, durante seu período de armazenagem, quer seja o de requisição, a partir do momento em que foi retirado até a sua consumação.

Passo 2. "Nenhum item pode ser produzido ou transportado sem um Kanban".

Passo 3: com a colocação de mais dois Kanbans de produção no quadro, o lote que é de quatro unidades fica completo e o processo precedente começa a produzir os itens solicitados. Caso esteja fabricando outro produto, este é colocado em uma fila para aguardar o processamento. Enquanto isso, o operador do processo seguinte continua realizando suas atividades.

Passo 3. "O processo precedente deve desenvolver seus produtos nas quantidades requisitadas pelo processo subsequente".

Passo 4: o operário do processo precedente repõe o estoque intermediário com os itens que manufaturou, colocando dentro de cada contêiner seus respectivos Kanbans de produção. O ciclo é terminado com o transportador de materiais entregando as peças solicitadas no processo de onde retirou os Kanbans de transporte.

Passo 4. Término do ciclo.

Kanban Eletrônico

Embora o sistema de Kanban físico seja mais conhecido, muitas empresas têm implementado sistemas de Kanban eletrônico (e-Kanban) em substituição ao sistema tradicional. Diversos sistemas ERP (*Enterprise Resource Planning*) e alguns sistemas especializados oferecem a possibilidade de utilização integrada do Kanban eletrônico, permitindo sinalização imediata da demanda real do cliente em toda a cadeia de fornecimento. O sistema eletrônico tem como um de seus principais objetivos eliminar problemas comuns à utilização do sistema físico de Kanban, como a perda de cartões, além de proporcionar mais rapidez na atualização do quadro de tarefas.

Modelo Esquemático

A EXECUTAR	EM EXECUÇÃO	EXECUTADO
Tarefa 7 Tarefa 8	Tarefa 4 Tarefa 5 Tarefa 6	Tarefa 1 Tarefa 2 Tarefa 3

Outros Modelos

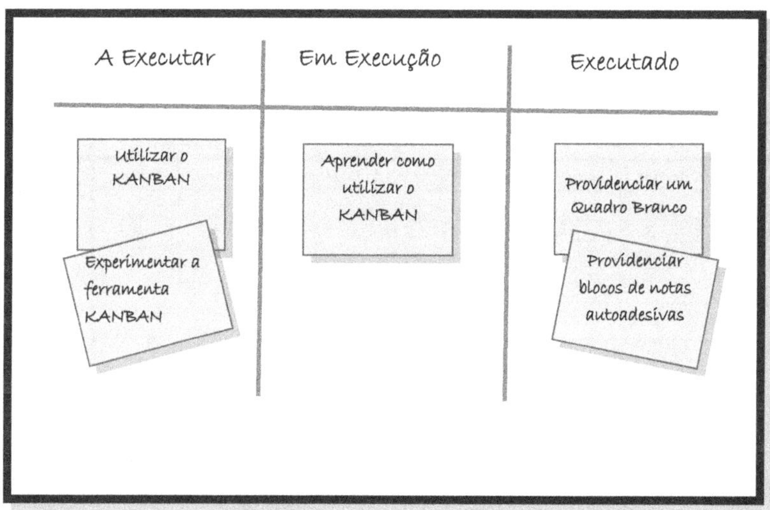

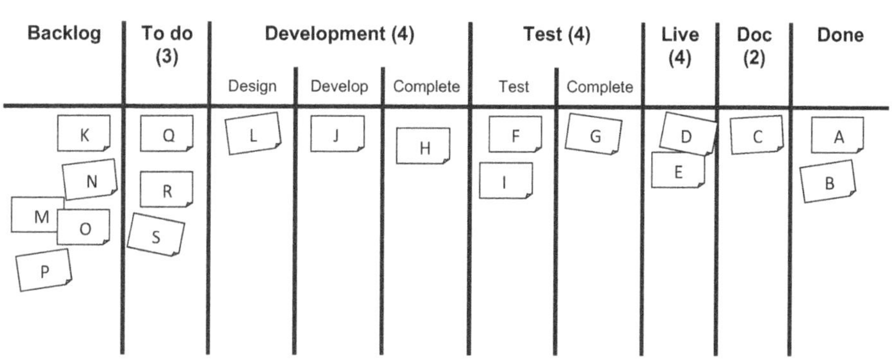

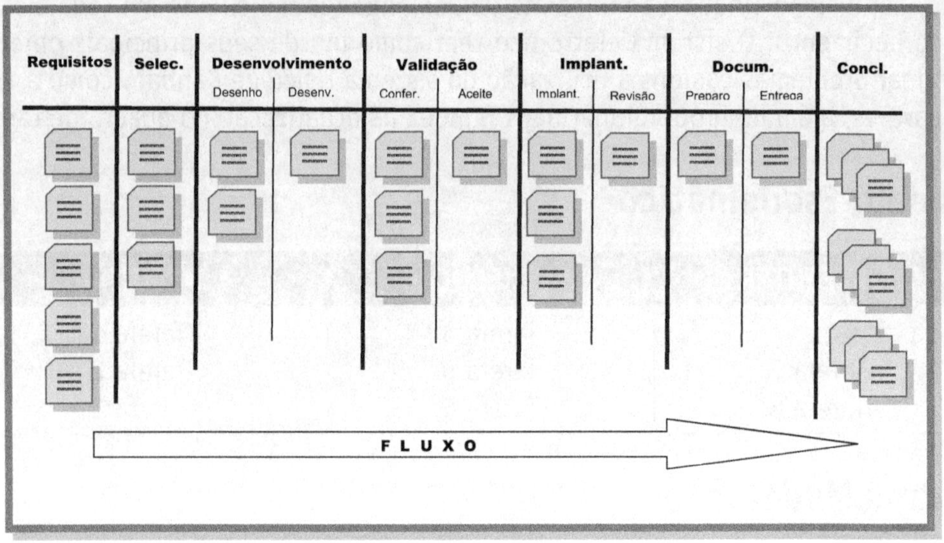
Requisitos
Selec.
Desenvolvimento
Desenho
Desenv.
Validação
Confer.
Aceite
Implant.
Implant.
Revisão
Docum.
Preparo
Entrega
Concl.
FLUXO

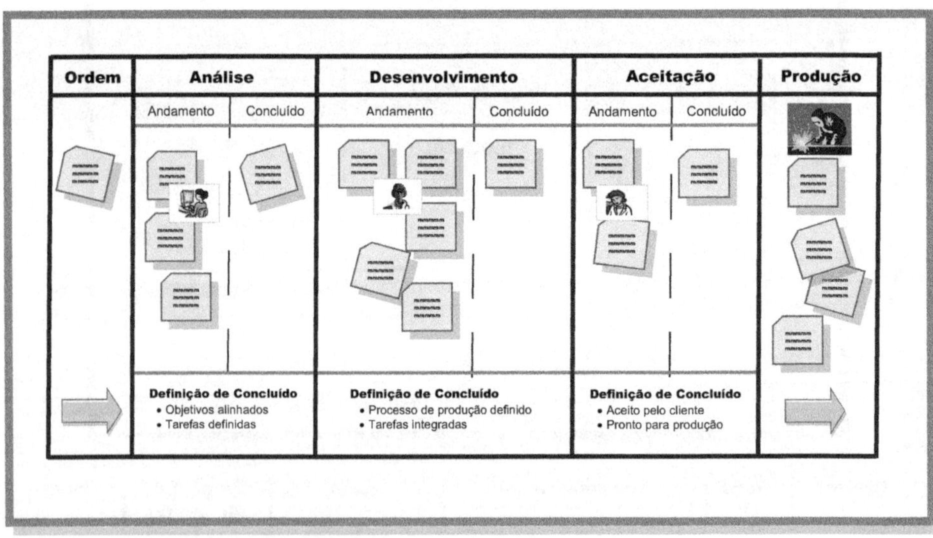
Ordem
Análise
Andamento
Concluído
Desenvolvimento
Andamento
Concluído
Aceitação
Andamento
Concluído
Produção
Definição de Concluído
• Objetivos alinhados
• Tarefas definidas
Definição de Concluído
• Processo de produção definido
• Tarefas integradas
Definição de Concluído
• Aceito pelo cliente
• Pronto para produção

21

Scrum

O Scrum é um processo de desenvolvimento iterativo e incremental para o gerenciamento de projetos. No Scrum, os projetos são divididos em ciclos (tipicamente mensais) chamados de *Sprints*. O *Sprint* representa um período dentro do qual um conjunto de atividades deverá ser executado.

As funcionalidades a serem implementadas em um projeto são mantidas em uma lista que é conhecida como *Product Backlog*. No início de cada *Sprint* (ciclo), faz-se um *Sprint Planning Meeting*, ou seja, uma reunião de planejamento na qual o *Product Owner* (proprietário) prioriza os itens do *Product Backlog* (lista de funcionalidades) e a equipe seleciona as atividades que ela será capaz de implementar durante o *Sprint* que se inicia. As tarefas alocadas em um *Sprint* são transferidas do *Product Backlog* para o *Sprint Backlog* (lista de tarefas).

A cada dia de um *Sprint*, a equipe faz uma breve reunião (normalmente de manhã), chamada *Daily Scrum*. O objetivo é disseminar conhecimento sobre o que foi feito no dia anterior, identificar impedimentos e priorizar o trabalho do dia que se inicia.

Ao final de um *Sprint*, a equipe apresenta as funcionalidades implementadas em uma *Sprint Review Meeting*. Finalmente, faz-se uma *Sprint Retrospective* (reflexão sobre o *Sprint* passado) e a equipe parte para o planejamento do próximo *Sprint*. Assim reinicia-se o ciclo.

Scrum possui seu foco no gerenciamento de projetos da organização na qual é difícil planejar à frente. É uma forma de planejar e gerenciar projetos trazendo a autoridade da tomada de decisão para o nível da equipe de trabalho.

O Scrum não descreve o que fazer em cada situação. Ele é usado para trabalhos complexos nos quais é impossível predizer tudo o que irá ocorrer.

Além disso, o Scrum é um conjunto de valores, princípios e práticas que fornecem a base para que a sua organização adicione suas práticas particulares de engenharia e gestão e que sejam relevantes para a realidade da sua empresa. O resultado será uma versão de Scrum que é exclusivamente sua.

Apesar de o Scrum ter sido destinado para gerenciamento de projetos de software, ele pode ser utilizado em equipes de manutenção de software ou como uma abordagem geral de gerenciamento de projetos e programas.

História do Scrum

Inicialmente, o Scrum foi concebido como um estilo de gerenciamento de projetos em empresas de fabricação de automóveis e produtos de consumo, por Takeuchi e Nonaka, no artigo "The New Product Development Game" (Harvard Business Review, janeiro-fevereiro de 1986). Eles notaram que projetos usando equipes pequenas e multidisciplinares produziram os melhores resultados, e associaram essas equipes altamente eficazes à formação Scrum do rúgbi (utilizada para reinício do jogo em certos casos). Jeff Sutherland, John Scumniotales e Jeff McKenna conceberam, documentaram e implementaram o Scrum na empresa Easel Corporation em 1993, incorporando os estilos de gerenciamento observados por Takeuchi e Nonaka. Em 1995, Ken Schwaber formalizou a definição de Scrum e ajudou a implantá-lo no desenvolvimento de software em todo o mundo.

A função primária do Scrum é ser utilizado para o gerenciamento de projetos de desenvolvimento de software. Ele tem sido usado com sucesso para isso. Porém, teoricamente pode ser aplicado em qualquer contexto no qual um grupo de pessoas necessite trabalhar em conjunto para atingir um objetivo comum, como iniciar um empreendimento, projetos de pesquisa científica, gerência de equipes de manutenção ou até mesmo o planejamento de um casamento.

Vantagens do Scrum

As principais vantagens dessa metodologia são as seguintes:

- Os clientes se tornam parte da equipe de desenvolvimento (os clientes devem estar genuinamente interessados no resultado).
- Possibilita entregas frequentes e intermediárias de funcionalidades 100% desenvolvidas.
- Incentiva a elaboração de planos frequentes de mitigação de riscos desenvolvidos pela equipe.

- Promove discussões diárias de status com a equipe.
- Oferece uma transparência no planejamento e no desenvolvimento.
- Gera reuniões frequentes com os *stakeholders* (todos os envolvidos no processo) para monitoramento do progresso do trabalho.
- Durante as reuniões os problemas não são ignorados e ninguém é penalizado por reconhecer ou descrever qualquer problema não visto.

Gerenciamento de Projetos com Scrum

Scrum não só reforçou o interesse em gerenciamento de projetos de software, como também desafiou as ideias convencionais sobre essa gestão. Essa metodologia representa uma abordagem radicalmente nova para o planejamento e gerenciamento de projetos, trazendo poder de decisão para a equipe do projeto. O Scrum também pode reduzir defeitos e tornar o processo de desenvolvimento mais eficiente, além de diminuir os custos de manutenção a longo prazo.

Sprint

Um *Sprint* é a unidade básica de desenvolvimento em Scrum. *Sprints* tendem a durar entre uma semana e um mês, e são um esforço dentro de uma faixa de tempo (ou seja, restrito a uma duração específica) de comprimento constante.

Cada *Sprint* é precedido por uma reunião de planejamento (*Sprint Planning*), onde as tarefas para o *Sprint* são identificadas e um compromisso estimado para o objetivo do *Sprint* é definido e seguido por uma reunião de revisão ou de retrospectiva, onde o progresso é revisto e as lições para os próximos *Sprints* são identificadas.

Durante cada *Sprint*, a equipe cria um incremento de produto potencialmente entregável (por exemplo, software funcional e testado). O conjunto de funcionalidades que entra em um *Sprint* vem do *Product Backlog*, que é composto de prioridades de requisitos de alto nível definidos pelo *Product Owner*.

Quais itens do *Backlog* entram para o *Sprint* são determinados durante a reunião de planejamento do *Sprint (Sprint Planning)*. Durante essa reunião, o *Product Owner* informa a equipe quais itens no *Backlog* do produto que ele ou ela quer concluídos.

A equipe então determina quantos ela pode se comprometer a concluir durante o próximo *Sprint* e registra isso no *Backlog* do *Sprint*. Durante um *Sprint* ninguém está autorizado a alterar o *Backlog* do *Sprint*, o que significa que os requisitos são congelados para esse *Sprint*.

O desenvolvimento de cada *Sprint* deve terminar na "caixa de tempo" prevista. Se os requisitos não são completados por qualquer motivo, eles são deixados de fora e voltam para o *Backlog* do produto. Depois que um *Sprint* é completado, a equipe demonstra como usar o produto.

Características do Scrum

O Scrum permite a criação de equipes auto-organizadas, encorajando a localização de todos os membros da equipe e a comunicação verbal entre todos os membros e disciplinas da equipe no projeto.

Um princípio-chave do Scrum é o reconhecimento de que, durante um projeto, os clientes podem mudar de ideia sobre o que eles querem e precisam, e que os desafios imprevisíveis não podem ser facilmente tratados de maneira preditiva ou planejada tradicional. Como tal, o Scrum adota uma abordagem empírica, aceitando que o problema não pode ser totalmente entendido ou definido, focando na maximização da habilidade da equipe para entregar rapidamente e responder às necessidades emergentes.

Como outras metodologias de desenvolvimento ágil, o Scrum pode ser implementado através de uma ampla gama de ferramentas. Muitas empresas utilizam ferramentas de softwares universais, como planilhas, para construir e manter artefatos como o *Backlog* do *Sprint*. Outras organizações implementam o Scrum sem o uso de quaisquer ferramentas de software e mantêm seus artefatos na forma de cópias impressas, como papel, quadros e notas.

Conceitos Básicos do Scrum

O Scrum possui alguns conceitos básicos. São eles:

- Cada *Sprint* é uma iteração que segue um ciclo (PDCA) e entrega um incremento de um produto pronto.
- *Backlog* é um conjunto de requisitos priorizado pelo *Product Owner* (responsável pelo ROI – *Return On Investment* – e por conhecer as necessidades do cliente).
- Há a entrega de um conjunto fixo de itens do *Backlog* em série de iterações curtas ou *Sprints*.
- Ocorrem breves reuniões diárias, ou *Daily Scrum*, onde cada participante fala sobre o progresso conseguido, o trabalho a ser realizado e/ou o que

o impede de seguir avançando (também chamadas de *Stand Up Meeting* ou *Daily Meeting*, já que os membros da equipe geralmente ficam em pé para não prolongar a reunião).

- São realizadas breves sessões de planejamento, nas quais os itens do *Backlog* para um *Sprint* (iteração) são definidos.
- São organizadas reuniões de retrospectiva, nas quais todos os membros da equipe refletem sobre o *Sprint* passado.

O Scrum é facilitado por um *Scrum Master*, que tem como função primária remover qualquer impedimento à habilidade de uma equipe de entregar o objetivo do *Sprint*. O *Scrum Master* não é o líder da equipe (já que as equipes são auto-organizadas), mas atua como um mediador entre a equipe e qualquer influência desestabilizadora. Outra função extremamente importante de um *Scrum Master* é assegurar que a equipe esteja utilizando corretamente as práticas do Scrum, motivando as pessoas e mantendo o foco na meta do *Sprint*.

Equipes do Scrum

A Galinha e o Porco

Uma galinha e um porco estão juntos quando a galinha diz:
— Vamos abrir um restaurante?

O porco reflete e então diz:
— Como seria o nome desse restaurante?

A galinha responde:
— Presunto com ovos. A nossa especialidade seria omelete de presunto.

O porco diz:
— Não, obrigado. Eu estaria realmente comprometido, mas você estaria apenas envolvida!

Equipes Scrum consistem de três papéis principais e uma série de papéis auxiliares - papéis principais são frequentemente referidos como porcos e papéis auxiliares como galinhas.

Papéis Principais (Porcos)

Os papéis principais em equipes Scrum são aqueles comprometidos com o projeto no processo do Scrum - são os que desenvolvem o produto (objetivo do projeto).

Scrum Master - Elemento que mantém os processos (normalmente equivale a um gerente de projeto). Ele é responsável pela remoção de impedimentos à capacidade da equipe para entregar o objetivo do *Sprint* - as entregas. O *Scrum Master* não é o líder da equipe, mas age como um tampão entre a equipe e qualquer influência ou distração. Ele irá garantir que o Scrum seja desempenhado como pretendido, sendo também o responsável pela aplicação das regras. Uma parte fundamental do papel do *Scrum Master* é proteger a equipe e mantê-la focada nas tarefas. O papel também tem sido referido como um líder servidor para reforçar essa dupla perspectiva.

Product Owner ou **proprietário do produto** - O *Product Owner* representa a voz do cliente e é responsável por garantir que a equipe agregue valor ao negócio. O *Product Owner* trabalha centrado nos itens do cliente, os prioriza e os adiciona no *Product Backlog* (lista de funcionalidades do produto). Equipes de Scrum devem ter um *Product Owner*, e, embora esse possa também ser um membro da equipe de desenvolvimento, recomenda-se que este papel não seja combinado com o de *Scrum Master*, que é o indivíduo que representa os *stakeholders* e o negócio.

Team ou **Equipe** - Grupo responsável pela entrega do produto com habilidades multifuncionais, tipicamente composto por uma equipe que pode variar entre cinco e nove pessoas que fazem a análise, o planejamento, o desenvolvimento, a implementação, os testes, etc. Recomenda-se que a equipe seja auto-organizada e autoconduzida, mas que trabalhem de alguma forma com projetos ou gestão de equipe.

Papéis Auxiliares (Galinhas)

Os auxiliares em equipes Scrum são aqueles com nenhum papel formal e envolvimento frequente no processo de Scrum, mas que, ainda assim, devem ser levados em consideração.

Stakeholders ou **partes interessadas** (clientes, fornecedores) - Estas são as pessoas que viabilizam o projeto e são para quem o projeto vai produzir o acordado benefício, o que justifica a sua produção. Eles só estarão diretamente envolvidos no processo durante as revisões de *Sprint*.

Gerentes (incluindo os gerentes de projetos) - São as pessoas que irão configurar o ambiente para desenvolvimento de produtos.

Artefatos do Scrum

Os artefatos do Scrum incluem o *Backlog* do Produto, o *Burndown* da versão para entrega, o *Backlog* do *Sprint* e o *Burndown* do *Sprint*.

Product Backlog

Um *Backlog* é uma lista de itens priorizados a serem desenvolvidos para um produto. Esses requisitos vêm tipicamente do cliente. Este artefato é a principal fonte de informação para o planejamento de *Sprint* (*Sprint Planning*). No decorrer do *Sprint*, o *Product Owner*, o *Scrum Master* e a equipe decidem no que a equipe irá trabalhar. O *Product Owner* mantém uma lista priorizada de itens de *Backlog*, o *Backlog* do produto, que pode ser atualizada durante o planejamento do *Sprint*. A equipe seleciona itens do topo do *Backlog* do produto. São selecionados somente o quanto de trabalho eles podem executar para terminar. A equipe então planeja a arquitetura e o design de como o *Backlog* do produto pode ser implementado. Os itens do *Backlog* do produto são então decompostos em tarefas que se tornam o *Backlog* do *Sprint*. O *Product Backlog* pode ser alterado a qualquer momento pelo *Product Owner* ou por decisão deste.

Sprint Backlog

O *Sprint Backlog* é uma lista de itens selecionados do *Product Backlog* com tarefas concretas que serão realizadas durante o próximo *Sprint* para implementar tais itens selecionados. O *Sprint Backlog* é uma representação em tempo real do trabalho que a equipe de desenvolvimento (*Development Team*) planeja concluir no *Sprint* corrente e ele pertence unicamente ao *Development Team*.

Burndown Chart

O *Burndown* é um simples gráfico com dois eixos, X e Y, baseado nas atividades que não ultrapassem um dia de trabalho. O eixo Y indica o número de tarefas existentes no *Sprint* e o eixo X, os dias que representam o tamanho do *Sprint*.

Daily Scrum Meeting

A cada dia durante o *Sprint*, uma reunião de status do projeto deverá ocorrer. Essa reunião tem diretrizes específicas:

- ❑ Começa precisamente no horário marcado.
- ❑ Todos são bem-vindos, mas apenas "poucos" podem falar.
- ❑ O encontro tem duração determinada, de no máximo 15 minutos.
- ❑ Deve acontecer no mesmo local e na mesma hora todos os dias.
- ❑ Durante a reunião, cada membro da equipe responderá a três perguntas:
  1. O que você tem feito desde ontem?
  2. O que você está planejando fazer hoje?
  3. Existe algum problema impedindo você de realizar seu objetivo?

É papel do *Scrum Master* facilitar a resolução desses impedimentos.

Normalmente, isso deverá ocorrer fora do contexto do *Daily Scrum*, para que essa reunião possa durar menos de 15 minutos.

Um momento bom para as discussões diárias é depois do almoço. Durante a manhã pode ser complicado. Essas discussões de status não demoram e uma forma eficiente de fazer essas reuniões seria ficar em pé e em frente a um quadro. Como as pessoas tendem a ficar cansadas depois do almoço, ter uma viva reunião em pé nessa hora permite que a equipe mantenha a sua energia alta. Como todos estiveram trabalhando durante a manhã, suas mentes estão focadas no trabalho e não em questões pessoais. Grandes usuários do processo são enfáticos na necessidade de os membros da equipe estarem em pé durante a reunião, para permitir maior agilidade e evitar perdas no foco. Recomenda-se inclusive evitar lugares onde as pessoas possam se apoiar.

Sprint Planning Meeting

É a reunião de planejamento do *Sprint*. Deverá ser realizada no início do ciclo de *Sprint* (a cada 7-30 dias). O roteiro básico dessa reunião é o seguinte:

- ❑ Selecione o trabalho que precisa ser feito.
- ❑ Prepare o *Sprint Backlog*, que detalha o tempo que levará para fazer esse trabalho, com toda a equipe.
- ❑ Identifique e comunique a quantidade de trabalho suscetível de ser realizada durante o *Sprint* atual.

Essa reunião deverá ser dividida em duas partes:

1ª Parte – Primeiras quatro horas – Realizada entre a equipe e o *Product Owner*.

⇨ Este diálogo deverá priorizar o *Product Backlog*.

2ª Parte – Próximas quatro horas – Realizada somente com a equipe.

⇨ O objetivo é apenas esboçar um plano para o *Sprint*, resultando no *Sprint Backlog*.

Ao final de um ciclo de *Sprint*, são realizadas duas reuniões:

- *Sprint Review*
- *Sprint Retrospective*

Sprint Review

É a reunião de revisão do *Sprint*. Os principais objetivos são:

- Rever o trabalho que foi concluído e o não concluído.
- Apresentar o trabalho realizado para os *stakeholders* (ou a demonstração). Um trabalho incompleto não pode ser demonstrado.

Sprint Retrospective

É a retrospectiva do *Sprint*, onde todos os membros da equipe:

- Refletem sobre o *Sprint* passado.
- Programam melhorias contínuas dos processos.

Duas questões principais são feitas na retrospectiva do *Sprint*:

1. O que correu bem durante o período?
2. O que poderia ser melhorado no próximo *Sprint*?

Scrum Simplificado

Muitas organizações têm sido resistentes às metodologias introduzidas em baixos níveis da organização. Porém, a adaptabilidade do Scrum permite que ele seja introduzido de forma invisível usando-se três passos:

1º Passo – Agende uma demonstração do seu produto – um software, por exemplo – com seu cliente em uma data definida a partir de agora.

2º Passo – Como equipe, tome esse período para deixar o produto pronto para uma demonstração, com funcionalidades prontas, não simplesmente uma apresentação.

3º Passo – Nessa demonstração, obtenha *feedback* com seu cliente e o utilize para guiar o seu próximo período de trabalho de desenvolvimento.

Scrum Solo

O Scrum é baseado em pequenas equipes. Ele permite a comunicação entre os membros da equipe. Entretanto, há uma grande quantidade de produtos desenvolvidos por gestores individuais. Um software, por exemplo, pode ser desenvolvido por um só programador, que pode ainda se beneficiar de alguns princípios do Scrum, como: um *Backlog* de produto, um *Backlog* de *Sprint*, um *Sprint* e uma retrospectiva de *Sprint*. O Scrum Solo é uma versão adaptada para uso por desenvolvedores individuais.

Ciclo da Metodologia Scrum

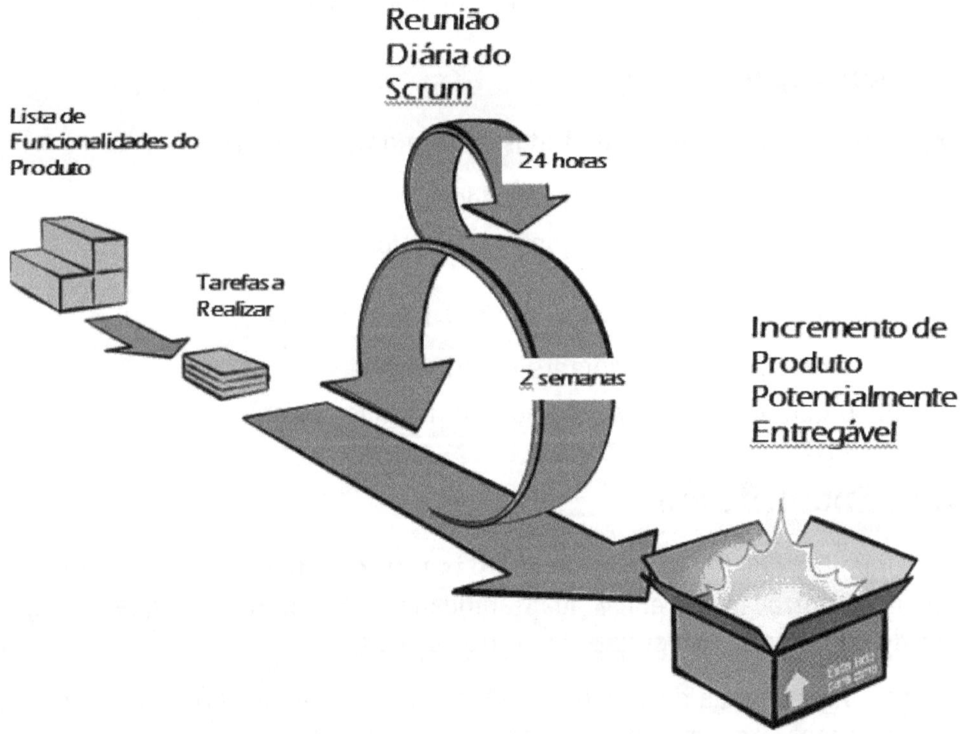

GLOSSÁRIO	
TERMO ORIGINAL	**TERMO UTILIZADO**
Burndown Chart	Gráfico com dois eixos X e Y, baseado nas atividades que não ultrapassem um dia de trabalho
Daily Scrum Meeting	Reunião diária do Scrum
Development Team	Equipe responsável pela entrega do produto
Potentially Shippable Product Increment	Incremento de Produto Potencialmente Entregável
Product Backlog	Lista de itens priorizados a serem desenvolvidos para um produto
Product Owner	Proprietário do Produto
Scrum Master	Elemento que mantém os processos
Sprint	Ciclos iterativos tipicamente mensais
Sprint Backlog	Tarefas a realizar em um período determinado
Sprint Planning Meeting	Reunião de planejamento na qual o proprietário prioriza os itens da lista de funcionalidades do produto e a equipe seleciona as atividades que ela será capaz de implementar durante o ciclo que se inicia
Sprint Review Meeting	Reunião para apresentação das funcionalidades implementadas
Sprint Retrospective	Retrospectiva na qual todos os membros da equipe refletem sobre o *sprint* passado

Ferramentas de Negociação

22 Modelo Myers-Briggs

Grandes cientistas ao longo da história, sendo o principal o mestre Carl Jung, identificaram quatro tipos de comportamento humano. Através das ideias de Jung, foi desenvolvido o modelo de classificação **Myers-Briggs** de comportamento. O domínio desses perfis comportamentais é extremamente útil e eficaz aos propósitos da negociação e às relações humanas em geral.

Obviamente, não é possível "saber" com precisão o comportamento de outra pessoa ou conhecê-la a fundo, ainda que seja um grande amigo. Porém, é bem viável encaixar esta pessoa em um dos quatro perfis de comportamento identificados: **pragmático**, **analítico**, **expressivo** ou **afável**.

Cabe ressaltar dois pressupostos básicos:

1. Um perfil não é melhor e nem pior que os demais. As pessoas são diferentes e se comportam de maneira diferente.
2. Ninguém apresenta o tempo todo apenas um perfil. Navegamos pelos quatro perfis na mesma medida em que são diversas as situações de nosso dia a dia e na vida como um todo. Um determinado perfil reúne pessoas de características semelhantes, nunca iguais.

A **matriz dos perfis de comportamento** será desenvolvida a partir de informações que você possua da outra pessoa. Essas informações são obtidas através das respostas às duas perguntas a seguir:

- ❑ No ambiente de trabalho a pessoa geralmente age mais com a **razão** ou com a **emoção**?
- ❑ No ambiente de trabalho a pessoa geralmente é mais **lenta** ou mais **rápida** para tomar decisões e/ou realizar tarefas?

Dessa maneira, obtemos quatro combinações possíveis e, consequentemente, quatro perfis distintos:

- ❑ Mais Razão / Mais Rápido → **PRAGMÁTICO**
- ❑ Mais Razão / Mais Lento → **ANALÍTICO**
- ❑ Mais Emoção / Mais Rápido → **EXPRESSIVO**
- ❑ Mais Emoção / Mais Lento → **AFÁVEL**

Pragmático (Mais Razão e Mais Rápido)

Você geralmente reconhece um pragmático nos primeiros instantes: ele recebe você com formalidade e o seu aperto de mão é firme. Seus gestos são assertivos, sua mesa tem poucos objetos e quase nenhum papel. Por ser muito prático e ter aversão ao risco de "perder tempo", prefere quase sempre ir direto ao assunto e, por vezes, se mostra obstinado.

As pessoas do tipo pragmáticas costumam ser organizadas, mas não excessivamente metódicas, até porque isso lhes tomaria tempo em demasia e um esforço intelectual sem propósito claro. Diante de uma situação de problema, possivelmente buscará uma avaliação bastante precisa e concisa, a fim de orientar sua decisão. E, se essa solução demandar um processo longo, tenderá a vê-lo como "um passo de cada vez".

Assim, podemos resumir algumas das principais características das pessoas que se encaixam no perfil PRAGMÁTICO:

- ❑ Tem tom de voz firme e gestos impositivos.
- ❑ É prático, "pé no chão", realista. Por isso mesmo costuma se ater aos fatos e ao "aqui e agora".
- ❑ Gosta de ir "direto ao ponto" e decidir rápido.
- ❑ Busca o poder e pode ser insensível.

Analítico (Mais Razão e Mais Lento)

Também situado no campo da razão, porém mais lento e gradual no seu processo de tomada de decisão, o Analítico vai lhe mostrar uma de suas principais características ao demandar uma grande quantidade de informações.

É bem provável que você o encontre rodeado de papéis – são relatórios, catálogos, recortes de jornais para seu arquivo pessoal etc., mas tudo muito bem organizado.

Quando ele começar a falar, repare em seu tom de voz constante, com pouca variação. E, no momento em que você responder a suas perguntas, tenha certeza: ele estará prestando atenção a cada palavra e demonstrará isso com gestos pensativos.

Ao mesmo tempo, não espere ver traços de emoção: é o cérebro que está no comando. Diante de uma proposta, procura sempre descobrir e entender quais as vantagens e as desvantagens, assim como todas as possíveis consequências. Tem a preocupação de ser justo e agir com base em princípios às vezes rígidos.

Eis, portanto, algumas das principais características do perfil ANALÍTICO:

- Tem tom de voz constante e gestos pensativos.
- Gosta de aprender e pesquisar, assim como de estudar o passado para projetar o futuro.
- É metódico.
- Busca a perfeição e tende a ser idealista.

Afável (Mais Emoção e Mais Lento)

Os gestos suaves e o tom de voz de baixa inflexão do afável ao lhe atender mostram que é hora de deixar o corre-corre do lado de fora da porta. Concentradas em desenvolver relacionamentos que resistam ao tempo e às intempéries, as pessoas que se encaixam neste perfil são tranquilas e gentis, mas consomem algum tempo em seu processo de decisão.

Frequentemente, elas subordinam o pensamento ao sentimento, mas isso não significa que sejam profissionais menos preparados para o difícil mundo dos negócios. São eles, por exemplo, que saberão apontar as possíveis consequências de quaisquer decisões empresariais sobre os funcionários, um dos mais valiosos ativos de uma organização. Na era da inteligência emocional e do trabalho em equipe, eles são excepcionais jogadores de time e, portanto, peças-chave de organizações.

Por suas características dominantes, os afáveis têm facilidade em compreender as pessoas e em se comunicar com elas; são empáticos e um excelente "ombro amigo". A contrapartida é o fato de buscarem a participação de outros quando vão tomar uma decisão.

Quando você conhecer melhor um afável, será comum que ele partilhe com você algumas de suas ideias e projetos, buscando, mesmo que inconscientemente, algum grau de aprovação ou até mesmo bons conselhos. O afável gosta de uma relação de cumplicidade.

Resumindo o perfil AFÁVEL:

- ❑ É suave nos gestos e na voz.
- ❑ Preocupa-se com a harmonia das relações e com os valores sociais.
- ❑ Faz avaliações subjetivas.
- ❑ Busca a paz e tem apego à tradição.

Expressivo (Mais Emoção e Mais Rápido)

Não espere ir direto ao assunto quando estiver lidando com uma pessoa do perfil expressivo. Seus gestos largos e seu tom de voz de alta inflexão são como um aviso de que a conversa apenas começou. É possível que ele logo aproveite para lhe mostrar fotos que decoram a sua mesa ou a sua parede; que comente algum caso que lhe veio à mente quando você, ao telefone, antecipou o assunto de que queria tratar; que apresente sua empresa dando ênfase a missão, compromissos, história e projetos futuros, sem temer falar pelos cotovelos.

Mas não pense que ele o está "enrolando". Isso tudo é a forma que ele encontra para estabelecer com você um relacionamento que, ele próprio espera, seja o mais duradouro possível.

Algumas vezes, a pessoa do perfil expressivo pode parecer um pouco dispersiva, saltando de um assunto a outro. Na verdade, ao expressivo raras atividades dão mais prazer do que explorar novos mundos e, como poucos, ele é capaz de antecipar tendências e perceber os inúmeros ângulos e soluções para uma situação.

Algumas das principais características do tipo EXPRESSIVO:

- ❑ Eloquente, tem gestos largos e alta inflexão de voz.
- ❑ É movido muitas vezes pela intuição.
- ❑ Transita por interesses diversos, além dos negócios.
- ❑ Busca a popularidade e pode ser centrado em si mesmo.

Matriz dos Perfis de Comportamento

EMOÇÃO

RÁPIDO

LENTO

EXPRESSIVO

CARACTERÍSTICAS	PROBLEMAS
Alta inflexão de voz	Eventual falta de objetividade.
Gestos largos	Pode ser narcisista e exibicionista.
Eloquente	
Movido pela intuição	
Interesses diversos	
Busca popularidade	
Centrado em si mesmo	

AFÁVEL

CARACTERÍSTICAS	PROBLEMAS
Voz suave	Pode parecer indeciso.
Gestos suaves	Amor pode virar ódio se sentir-se traído.
Harmonia nas relações	Contrariedades comuns podem soar como “traição”.
Valores sociais	
Avaliações subjetivas	Pode ser um tipo depressivo.
Busca a paz	
Apego à tradição	

PRAGMÁTICO

CARACTERÍSTICAS	PROBLEMAS
Tom de voz firme	Não vê importância em nada.
Gestos impositivos	Demonstra total falta de paixão.
Prático, realista	Se deixa levar pelo absoluto imediatismo.
Aqui e agora	Não dá atenção ao interlocutor.
Vai direto ao ponto	Fechado a novas ideias e propostas.
Decide rápido	
Busca o poder	
Pode ser insensível	

ANALÍTICO

CARACTERÍSTICAS	PROBLEMAS
Tom de voz constante	Solicita informações demasiadas.
Gestos pensativos	Às vezes parece não “sair do lugar”.
Gosta de aprender	Mostra-se crítico e teimoso demais.
Projeta o futuro	
Metódico	
Busca a perfeição	
Tende a ser idealista	

RAZÃO

Matriz Resumida dos Perfis de Comportamento

RAZÃO

LENTO — RÁPIDO

ANALÍTICO		PRAGMÁTICO	
Tom de voz	**Quer...**	**Tom de voz**	**Quer...**
Constante	Interação	Forte	Respostas
Gestos	**Contrariado...**	**Gestos**	**Contrariado...**
Pensativo	Vou te cansar!	Impositivo	Te pego na volta!
AFÁVEL		**EXPRESSIVO**	
Tom de voz	**Quer...**	**Tom de voz**	**Quer...**
Baixa Inflexão	Conselhos	Alta Inflexão	Relacionamento
Gestos	**Contrariado...**	**Gestos**	**Contrariado...**
Suave	Nunca mais...	Largos	Como resolvo?

EMOÇÃO

Padrão Geral dos Perfis de Comportamento

PADRÕES	AFÁVEL	ANALÍTICO	PRAGMÁTICO	EXPRESSIVO
Aparência	Convencional	Conservadora	Formal	Estilo
Ambiente de trabalho	Amistoso	Organizado	Eficiente	Personalizado
Temores	Confronto	Embaraços	Perda de controle	Perda de prestígio
Busca	Atenção	Perfeição	Produtividade	Reconhecimento
Decisões	Ponderadas	Deliberadas	Resolutas	Espontâneas
Odeia	Impaciência	Surpresas	Ineficiência	Rotina
Quer ser	Amado	Correto	Controlador	Admirado

Fontes: JÚLIO, C.A. – A Magia dos Grandes Negociadores.

Abordagens Por Tipo de Comportamento

A seguir serão apresentados modelos estratégicos para a abordagem da negociação com cada um dos quatro estilos de comportamentos identificados através do Modelo Myers-Briggs.

PRAGMÁTICO	
Planejamento	• Concentre-se na meta da outra parte de controle pessoal e minimize o receio de que tirem proveito dele.
Contato	• Vá direto ao ponto em questão, sem perda de tempo.
Proposta	• Seja profissional no relacionamento, atenha-se aos resultados pretendidos por ele, enfatize aspectos relacionados à eficiência, rentabilidade, produtividade e economia de recursos.
Compromisso	• Apresente à outra parte uma diversidade de opções e alternativas, deixando sempre claro que a escolha é dela, e a ela cabe tomar a decisão.
Ajuste	• Adapte ou reposicione a sua estratégia ao estilo da outra parte, lembrando-a sempre dos resultados em relação a seus objetivos principais (ou de sua organização).
Manutenção	• O cumprimento pontual e eficaz dos acordos estabelecidos é a melhor maneira de assegurar o relacionamento com esse tipo de negociador, mas sempre é bom apresentar lembretes e registros formais dos pontos a seu favor, segundo a visão dele.

ANALÍTICO

Planejamento	•Prepare-se para fornecer dados, relatórios, pesquisas e registros precisos de tudo que diga respeito a sua solução – seu produto, serviço, bem ou qualquer que seja o objeto da negociação. A outra parte vai querer conferir tudo minuciosamente.
Contato	•Permita que a outra parte faça o papel de especialista – apresentar suas perguntas e inspeções – e procure conhecê-la através delas, mais do que das próprias perguntas que você fará. Tenha atenção para não invadir sua privacidade e confidencialidade.
Proposta	•Enfatize as características de sua solução, com destaque para a lógica e a racionalidade da opção oferecida e das alternativas. Testemunhos rigorosos (atenção, pois ele irá conferir!) também são muito bem-vindos.
Compromisso	•Ofereça alternativas e esclareça as prioridades da outra parte. Seja minucioso mas seletivo, pois ela aprecia detalhes, desde que sejam importantes e tenham peso na decisão a ser tomada, acionado para que as coisas comecem a acontecer.
Ajuste	•Apresente provas e evidências incontestáveis, testemunhos de outras pessoas ou organizações. Atente para responder a todas as suas dúvidas e preocupações.
Manutenção	•Padrões e controles especificados de acompanhamento, manutenção e garantia de cumprimento do acordo, tudo por escrito e cronometrado, é o que ele espera para manter um relacionamento duradouro.

EXPRESSIVO

Planejamento

- Sua solução deve ser apresentada como a melhor para a outra parte, do ponto de vista do prestígio, da repercussão e do aumento da influência dela, além da melhora de sua imagem pública.

Contato

- Seja amigável e demonstre interesse por sua pessoa e suas conquistas. Mostre a ligação entre a solução apresentada e as aspirações e metas de longo alcance dele.

Proposta

- Deixe que a outra parte fale e se expanda sobre suas preocupações. Compartilhe genuinamente de seu entusiasmo e de sua agitação contagiante.

Compromisso

- Solicite ação urgente e ágil da outra parte e apresente o compromisso como um botão a ser acionado para que as coisas comecem a acontecer.

Ajuste

- Concorde com as preocupações e dúvidas da outra parte e mostre que ela não está sozinha nessa questão. Após isso, apresente a sua solução como a que resolve o problema de ambos os lados.

Manutenção

- Seu acompanhamento deve ser no sentido de evitar complicações e transtornos para a outra parte. Cultive a informalidade e o trato amigável ao longo do tempo.

AFÁVEL

Planejamento	• Sua solução deve ser apresentada como a melhor para o grupo ou a organização da outra parte, ressaltando as características de estabilidade, tranquilidade e melhor relacionamento entre as pessoas e os setores.
Contato	• Relacione-se informalmente preocupando-se sempre com o grupo de pessoas em que a outra parte está inserida – seu departamento, sua unidade, a organização como um todo – mais do que com ela mesma.
Proposta	• A harmonia e a estabilidade devem ser as ênfases, principalmente no que facilita o trânsito de pessoas, a circulação e o bom relacionamento.
Compromisso	• Indique detalhadamente como a outra parte deverá agir na prática para poderem firmar o acordo. Ampare-a em suas indecisões. Seja atento para que ela não disperse ou, até mesmo, adie.
Ajuste	• Concorde com as preocupações e dúvidas da outra parte e mostre que ela não está sozinha nessa questão. Após isso, apresente a sua solução como a que resolve o problema de ambos os lados.
Manutenção	• Sua presença e seu acompanhamento devem ser constantes, mostrando que a outra parte não precisa se sentir insegura por falta de apoio e manutenção. A cordialidade deve ser preservada.

Fonte: MIRANDA, MÁRCIO – Negociando para Ganhar.

23

Janela de Johari

A Janela de Johari é um modelo conceitual criado por Joseph Luft e Harrington Ingham em 1955 com o objetivo de analisar como um indivíduo ou um grupo processa as informações e, também, auxiliar no entendimento da comunicação interpessoal e nos relacionamentos com um grupo. Segundo esses autores, tanto a eficácia individual como a grupal podem ser avaliadas de acordo com as tendências de processamento das informações e de suas consequências sobre o desempenho.

Esse conceito pode ser aplicado ao estudo da interação e das relações interpessoais em várias situações, notadamente entre indivíduos, grupos ou organizações. A palavra Johari tem origem na composição dos prenomes dos seus criadores: Jo (Joseph) e Hari (Harrington).

O conceito tem um modelo de representação que permite revelar o grau de lucidez nas relações interpessoais, relativamente a um dado ego, classificando os elementos que as dominam num gráfico de duas entradas (janelas): busca de *feedback* *versus* autoexposição, subdividido em quatro áreas (quadrantes):

- Área livre ou "eu" aberto.
- Área secreta ou "eu" oculto.
- Área cega ou "eu" cego.
- Área inconsciente ou "eu" desconhecido.

Trata-se de um modelo cuja configuração gráfica é um retângulo dividido em quatro partes (ou quadrantes), que procura retratar a interação de duas fontes de informação: a da própria pessoa e a dos outros, assim como os processos comportamentais requeridos para a utilização das informações.

As informações tanto podem referir-se ao estabelecimento das relações interpessoais como às grupais, ou seja, este modelo tanto pode ser aplicado a pessoas quanto a grupos.

Na **Janela de Johari**, as duas fontes de informação – a da própria pessoa (retroação) e a dos outros (exposição) – estão divididas em duas categorias de conhecimento:

- Um conteúdo de informações que pertence ao indivíduo e que é por ele conhecido e outro conteúdo de informações que, embora desconhecido do indivíduo, também lhe pertence e influencia ativamente em seu relacionamento com os outros.
- Um conteúdo de informações que pertence aos outros e é conhecido por eles e um conteúdo de informações relevantes, também pertencente aos outros, porém desconhecido por eles.

Para compreender o modelo de representação, imagine uma janela com quatro "vidros" em que cada "vidro" corresponda a uma área anteriormente descrita. As combinações PRÓPRIO X OUTROS estabelecidas entre as informações CONHECIDA e DESCONHECIDA constituem os quatro quadrantes ("vidros") situados no espaço interpessoal, tal como mostra a figura a seguir:

A Janela de Johari – O indivíduo e suas partes

		EXPOSIÇÃO (Outros)	
		Desconhecido dos Outros	Conhecido dos Outros
RETROAÇÃO (Próprio)	Conhecido do Próprio	2 "Eu" Oculto	1 "Eu" Aberto
	Desconhecido do Próprio	4 "Eu" Desconhecido	3 "Eu" Cego

- Quadrante 1 – **O "eu" aberto**, que representa as facetas da personalidade conhecidas pela própria pessoa, que está disposta a participá-las aos outros. É a área aberta da personalidade da qual tanto a pessoa quanto os outros têm percepções mutuamente participadas, ou seja, os outros veem a pessoa exatamente como ela se vê.

- Quadrante 2 – **O "eu" oculto**, que representa os aspectos da personalidade que a pessoa conhece, mas que está consciente e deliberadamente tentando esconder dos outros. É a área secreta ou evitada que a pessoa tenta ocultar para se proteger. Por exemplo, a pessoa sente-se insegura, mas tenta mostrar uma aparência de muita segurança pessoal.
- Quadrante 3 – **O "eu" cego**, que representa a área cega da personalidade da pessoa que inconscientemente esconde de si mesma, mas que faz parte do comportamento que comunica aos outros. São os aspectos que a pessoa não consegue perceber em si mesma, embora sejam percebidos pelos outros. Por exemplo, apesar de a pessoa não admitir o fato, os outros a veem como ansiosa e notam que esse aspecto reduz sua eficiência.
- Quadrante 4 – **O "eu" desconhecido**, que representa as facetas da personalidade da pessoa que nem ela e nem os outros conhecem ou percebem, como, por exemplo, certos sentimentos ou impulsos reprimidos e inconscientes, talentos ou habilidades inexplorados, potencialidades, etc.

Cada quadrante apresenta um tamanho e uma forma de acordo com sua presença no espaço interpessoal, assumindo uma dimensão na eficácia interpessoal e grupal. São inúmeras as aplicações da Janela de Johari. Nosso interesse imediato reside em sua aplicação em dois níveis do relacionamento: o interpessoal e o grupal.

Relacionamento Interpessoal

A interação entre duas pessoas pode, em função das alternativas que acabamos de ver, ocorrer em vários estágios da comunicação, tal como se encontra na figura a seguir.

INTERAÇÃO	1 "Eu" Aberto	2 "Eu" Oculto	3 "Eu" Cego	4 "Eu" Desconhecido
1 "Eu" Aberto	A COMUNICAÇÃO ABERTA	C CONFIDÊNCIAS "NIVELAMENTO"	B REVELAÇÕES INCONSCIENTES	
2 "Eu" Oculto	C CONFIDÊNCIAS "NIVELAMENTO"			
3 "Eu" Cego	B REVELAÇÕES INCONSCIENTES		D CONTÁGIO EMOCIONAL	
4 "Eu" Desconhecido				

- **Relação A – Comunicação aberta:** a interação aberta entre pessoas constitui o tipo de relacionamento interpessoal mais comum. É um estágio de relacionamento superficial.
- **Relação B – Revelações inconscientes:** é um segundo estágio de relacionamento, onde já se pode perceber ou captar sinais ou significados do "eu" cego de uma pessoa, cuja comunicação ela própria não percebe.
- **Relação C – Confidências ou nivelamento:** é o terceiro grau de comunicação, quando a pessoa deliberadamente revela algo que geralmente esconde. A pessoa confidencia a alguém ou "nivela" quando compartilha reações ou sentimentos gerados por acontecimentos imediatos.
- **Relação D – Contágio emocional:** quando uma pessoa pode influenciar os sentimentos de outra, sem que nenhum dos "eus" de ambas tenha consciência da origem do sentimento ou da comunicação. Por exemplo, a tensão de quem comunica se reflete na pessoa que recebe a comunicação, embora o emissor da mensagem negue seu estado de tensão.

Relacionamento Grupal

No nível de relacionamento grupal, quando um grupo se encontra no seu estágio inicial de desenvolvimento, a área aberta (quadrante 1) é geralmente menor, enquanto as áreas ocultas (quadrante 2) e desconhecida (quadrante 3) são bem maiores.

Nos grupos novos existe menor liberdade de comportamento e muita precaução no relacionamento entre as pessoas.

À medida que o grupo se desenvolve e amadurece, a área aberta tende a aumentar, havendo maior liberdade e confiabilidade no relacionamento entre as pessoas, que passam a se comunicar mais de acordo com o seu próprio "eu" e visualizam os outros tal qual eles são realmente.

Quanto maior o grau de maturidade de um grupo, tanto maior a área aberta e provavelmente maior a confiança e a segurança de seus membros.

Assim, também é maior a eficiência do grupo, em função da área aberta que apresentar.

Um grupo com predomínio da área secreta ou da área cega tem possibilidades de maior tensão e maior dificuldade nos relacionamentos interpessoais de seus membros e, consequentemente, necessidade de maiores recursos para garantir sua eficiência.

Para entender melhor o funcionamento da janela, vejamos o seguinte exemplo:

- *Numa relação recente, quando dois interlocutores (duas janelas) iniciam o seu primeiro contato, a interação apresenta áreas livres (eu aberto) muito reduzidas, áreas cegas (eu cego) relativamente grandes, áreas secretas (eu oculto) igualmente extensas e, obviamente, áreas inconscientes (eu desconhecido) intactas.*

Fontes: CHIAVENATO, I. *Administração de Recursos Humanos – Fundamentos Básicos*.
LUFT, J. The Johari Window. *Human Relations Training News e Of Human Interaction*.
SCHEIN, Edgard H. *Consultoria de Procedimentos*.

24

MAPUANA

Mesmo aplicando todas as melhores técnicas de negociação, por melhor que seja o negociador, existem situações em que o acordo é improvável ou mesmo impossível. Devido a isso, nunca devemos nos conduzir a uma negociação sem termos desenvolvido uma opção alternativa (plano B) para o caso de não atingirmos o objetivo esperado.

Essa alternativa deve ser previamente elaborada, pois ela é fundamental para evitar que tomemos decisões precipitadas, como, por exemplo, fecharmos um acordo desfavorável ou, até mesmo, não fecharmos um possível acordo devido à pressão de não termos outra opção que não seja a de realizar essa negociação. Esse ponto de recuo é uma abordagem desenvolvida por William Ury, do Grupo de Negociação de Harvard, da Harvard Law School, chamado originalmente de **BATNA** (**B**est **A**lternative **T**o a **N**egotiated **A**greement), que o negociador e professor Eugenio do Carvalhal traduziu livremente a ideia em seu livro *NEGOCIAÇÃO – Fortalecendo o Processo* como **MAPUANA** (**M**elhor **A**lternativa **P**ara **U**m **A**cordo **N**ão **A**ceitável). Ele ainda menciona como podemos desenvolver uma MAPUANA:

1. Criando uma lista de ações alternativas a serem adotadas, caso o acordo não seja alcançado.
2. Aperfeiçoando algumas ideias mais promissoras, convertendo-as em alternativas práticas.
3. Refletindo sobre valores e/ou argumentos muito fortes de que poderemos dispor ou recorrer durante a negociação.
4. Utilizando o poder das conexões de que dispomos.
5. Recordando os créditos oriundos de concessões dadas em negociações anteriores (outras ocasiões) com a outra parte.

6. Interpretando as implicações e as consequências para si e sobre a outra parte da sua utilização.
7. Escolhendo provisoriamente a alternativa mais adequada.

A sua MAPUANA determina o ponto em que você pode dizer não para uma proposta desfavorável. Assim, é fator crítico conhecer sua MAPUANA antes de entrar em qualquer negociação. Caso você não conheça a sua MAPUANA, você não irá saber se um acordo é sensato ou ter conhecimento de quando abrir mão desse acordo. Você poderá rejeitar uma boa oferta, melhor que a sua alternativa, ou poderá aceitar uma oferta menos favorável do que você poderia conseguir se não houvesse acordo.

Preço de Reserva

Outro conceito fundamental que devemos conhecer para um bom desenvolvimento de uma negociação é o **preço de reserva**. Seu preço de reserva, também referido como a sua saída da negociação, é o ponto menos favorável pelo qual você poderia aceitar um acordo. Numa negociação simples, de compra e venda, o preço de reserva tem referências opostas para o comprador e para o vendedor. No caso do comprador o preço de reserva é o **máximo** que esta parte estará disposta a pagar pelo produto. Em uma posição oposta, o preço de reserva do vendedor é o valor **mínimo** ao qual esta parte concordará em receber para efetivar a negociação.

Seu preço de reserva poderia ser derivado da sua MAPUANA, mas não é necessariamente a mesma coisa. Seu preço de reserva e sua MAPUANA serão similares se o acordo for apenas sobre dinheiro e se a oferta monetária for sua MAPUANA.

Seu preço de reserva é tão importante quanto a sua MAPUANA. Então dê à elaboração de ambos igual atenção. Juntos, um preço de reserva sólido e uma MAPUANA darão a você a confiança necessária para negociar um acordo.

Aspecto Estruturado da Negociação

Negociações estão presentes em nossas vidas essencialmente em todas as situações onde a decisão não depende exclusivamente de nós. Podemos considerar basicamente duas situações que não dependam da nossa vontade onde não ocorrerá uma negociação:

- ❑ Quando houver uma concordância imediata entre as partes sem a necessidade de argumentação ou contrapartidas.
- ❑ Quando não há espaço ou possibilidade para se conversar.

A negociação é o processo de buscar um acordo satisfatório para todas as partes envolvidas.

O conhecimento do processo de negociação é um fator-chave para uma adequada preparação.

1. **Planejamento** → Trata-se da preparação da negociação. Proporciona ao negociador uma visão mais clara do cenário que irá encontrar.
2. **Execução** → Quando segmentada em estágios, permite ao negociador canalizar energias de intensidade e natureza adequadas em cada momento.
3. **Controle** → Quando feito de forma sistemática, ajuda a construir alicerces de credibilidade por meio da implementação de acordos.

Planejamento da Negociação

As pessoas negociam eventualmente de maneira formal, porém quase sempre as negociações são realizadas informalmente. Algumas pessoas podem ter nascido para negociar, mas há uma série de detalhes que influenciam no resultado final de uma negociação.

Muito do sucesso de uma negociação está em se preparar bem antes de negociar. Essa preparação vai desde uma pesquisa de mercado até a definição da estratégia a ser adotada.

A seguir serão dadas algumas recomendações para uma boa preparação para uma negociação.

Conhecimento

Uma afirmação mal feita pode ser constrangedora e colocar o negociador em uma situação desfavorável durante a negociação. Por isso, preliminarmente é necessário buscar o maior número de informação possível de ambos os lados. Dados sobre o tema que vai ser negociado, os valores e as condições de mercado, a situação do mercado, dados do concorrente e outras informações pertinentes.

Expectativa

Deve-se sempre que possível evitar a criação de uma expectativa antes de uma negociação. Dependendo de uma expectativa irreal, um bom resultado obtido poderá não ser visto dessa forma. Criar uma expectativa é diferente de se ter uma margem possível de negociação.

Local

O local onde se realiza a negociação pode influenciar o resultado de muitas maneiras. Quando a negociação ocorre em seu território você tem algumas vantagens, como a obtenção de algum dado necessário e que não esteja disponível, ou, no caso de o local estar preparado, você poderá fazer um controle de interrupções. Porém, o recomendável é que as negociações ocorram em um território neutro.

Vencedor

O ser humano é naturalmente competitivo e luta por vitórias, o que significa dizer que em uma negociação ambos os lados esperam obter sucesso. Devido a isso a máxima "**Um negócio tem que ser bom para os dois lados**" não é utópica. Essa é a razão pela qual não se deve entrar em uma negociação com o espírito competitivo. Numa negociação não deve haver vencedores e perdedores. Uma negociação implica em dar e receber, em conquistar e ceder. Uma negociação implica em uma solução conjunta e não em uma vitória ou uma derrota.

O Que a Outra Parte Ganha

É importante sempre fazer uma análise para avaliar se a proposta que está sendo planejada leva também vantagens para o outro lado. Caso não consiga encontrar também vantagens para a outra parte, existe uma grande possibilidade de o acordo não ser alcançado.

A vantagem em se fazer esta análise é que, quando se sabe que a outra parte também está ganhando, esse ganho pode ser valorizado nas argumentações. Procure sempre identificar os benefícios da outra parte e use isso a seu favor, mesmo que o peso do ganho não seja o mesmo para os dois lados. Caso os dois lados identifiquem ganhos, o acordo pode acontecer. O que é subjetivo é o conceito de ganho, por isso o negociador deve estar sempre preparado para valorizar o ganho da outra parte.

- Considere o que seria um bom resultado, do seu ponto de vista e do de seus interlocutores.
- Identifique possíveis oportunidades de criação de valor.
- Identifique sua MAPUANA e o seu preço de reserva e faça um esforço para calcular este preço para o outro lado.
- Reforce sua MAPUANA, se ela não for forte.
- Descubra se a pessoa do outro lado tem autoridade para fechar um acordo.
- Descubra tudo o que puder sobre o outro lado.
- Prepare-se para ser flexível no processo. Esteja preparado para os tropeços.
- Reúna parâmetros e critérios externos para avaliar a equidade do acordo e demonstrar que sua proposta é justa e razoável.
- Modifique a pauta e as jogadas do processo a seu favor.

A seguir serão apresentados modelos para a elaboração de uma MAPUANA e para o estabelecimento do preço de reserva. Esses modelos orientam na determinação dessas importantes informações que são imprescindíveis para a realização de um acordo razoável.

Modelo Para a Sua MAPUANA

Identificando a sua MAPUANA
A. Quais são suas alternativas para o caso de não haver um acordo? Identifique as melhores.
1.
2.
3.
4.
Reveja a listagem. Qual das alternativas é a melhor?
B. O que poderia melhorar a sua MAPUANA?
Existe alguma melhor composição que você possa fazer com seus fornecedores, parceiros ou clientes?
Existe alguma forma de eliminar ou alterar alguma restrição que esteja prejudicando a sua MAPUANA? Qual? Como?
Existe alguma forma de mudar os termos que você trouxe para a mesa de negociação que poderia melhorar a sua MAPUANA? Qual? Como?
C. Escreva qual poderá ser a sua nova MAPUANA, caso tenha conseguido melhorá-la.

Fonte: HMM Negotiating.

Estabelecendo o Seu Preço de Reserva

Estabelecendo o seu Preço de Reserva
A. Explore as variáveis que afetam a sua posição de reserva ou fuga.
Para você qual é o valor real do negócio que está na mesa de negociações?
Qual é a relação deste valor com a sua MAPUANA?
Que outros valores ou partes interessadas necessitam ser consideradas?
Se existe algum valor monetário envolvido na negociação, qual seria a menor quantia que você pode considerar?
Que outros valores ***não monetários*** mínimos você poderia considerar?
B. O que poderia melhorar a sua MAPUANA?
Que resultados ou termos na negociação valem mais para você?
Alguns desses resultados ou termos estão ligados? (ou seja, o aumento ou a redução em algum resultado que você deseja aumenta ou reduz a sua flexibilidade em outro?)
Quanto do que você quer de um resultado ou termo você poderia abrir mão por outro?
Existe alguma outra forma de distribuição que seria equivalente em valor para você?
C. Enunciar os parâmetros do seu preço de reserva. (Os termos ou preços resultantes criam o contexto para você avaliar propostas alternativas)

Fonte: HMM Negotiating.

25

ZOPA

A **ZOPA** ou Zona do Possível Acordo é a faixa onde um acordo que satisfaça ambas as partes pode acontecer. Pode ser também considerada a zona onde existem potencialidades para acordos que satisfaçam ambos os lados de uma negociação.

Para um melhor entendimento da aplicação da ZOPA em uma negociação devemos relembrar o conceito fundamental do preço de reserva. Seu preço de reserva, também referido como a sua saída da negociação, é o ponto menos favorável pelo qual você poderia aceitar um acordo. Numa negociação simples, de compra e venda, o preço de reserva tem referências opostas para o comprador e para o vendedor. No caso do comprador o preço reserva é o **máximo** que esta parte está disposta a pagar pelo produto. Em uma posição oposta, o preço de reserva do vendedor é o valor **mínimo** ao qual esta parte concordará em receber para efetivar a negociação.

Os preços de reserva de cada parte determinam cada limite da ZOPA. A ZOPA existirá se houver sobreposição entre os limites máximos e mínimos oriundos dos preços de reserva das partes.

Quando Existe a ZOPA

A seguir será apresentado um exemplo simples da identificação da Zona de Possível Acordo (ZOPA). Consideremos a situação em que uma pessoa está disposta a pagar, no máximo, o valor de **R$ 160.000,00** por um determinado bem que deseja adquirir. Neste exemplo, o vendedor está propenso a aceitar o valor mínimo de **R$ 140.000,00** pela venda deste bem de sua propriedade.

A representação gráfica dos preços de reserva do comprador e do vendedor ficaria da seguinte forma:

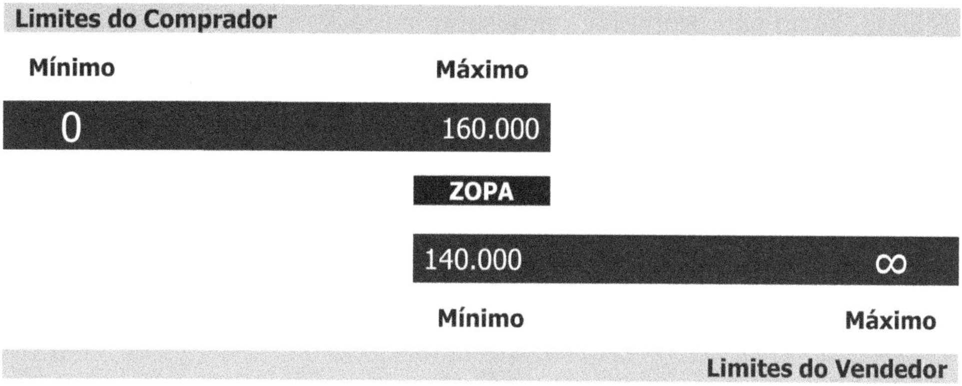

Neste exemplo, caso o acordo aconteça, ele se dará na faixa compreendida entre os valores R$ 140.000,00 e R$ 160.000,00. Essa faixa monetária é denominada de ZOPA (Zona de Possível Acordo).

Quando Não Existe a ZOPA

Vejamos agora a seguinte situação: você está procurando uma casa para comprar e está disposto a pagar por este imóvel o valor máximo de **R$ 300.000,00** – seu preço de reserva. O vendedor de uma casa que interessou a você só aceitará receber por este imóvel, no mínimo, o valor de **R$ 325.000,00** – o preço de reserva dele. Neste caso qual seria a ZOPA (Zona de Possível Acordo)?

Apresentando graficamente este exemplo, teremos a seguinte configuração, que representa os preços de reserva do comprador e do vendedor:

Neste caso, como não ocorre uma interseção entre as faixas de preço das partes, não existe ZOPA. Isso significa dizer que, embora possa haver boa intenção de ambas as partes - compradora e vendedora -, ou até mesmo a presença de negociadores experientes, é bastante improvável que possa ocorrer um acordo, pela falta da interseção entre os valores limitados pelos preços de reserva das partes envolvidas na negociação.

Para que um acordo possa ser obtido em uma negociação é fundamental que as faixas de preço das partes - compradora e vendedora - se intercedam. Sem essa interseção muito provavelmente o acordo não ocorrerá.

Procure sempre antes de uma negociação identificar o seu preço de reserva e faça um esforço para calcular o mesmo para o outro lado.

No capítulo da **Ferramenta 25 - MAPUANA** é apresentado um modelo para o estabelecimento do preço de reserva. Esse modelo orienta na determinação dessa importante informação, que é imprescindível para a realização de um acordo razoável.

Ferramentas de Gerenciamento do Prazo

26

Gestão Eficaz do Tempo

O Que é a Gestão do Tempo?

Gestão do tempo, ou gerenciamento do tempo, é o processo de organizar e planejar como o tempo deve ser dividido entre as diversas atividades de uma rotina. Diz respeito à quantidade de tempo despendido para executar cada tarefa do seu dia.

Normalmente temos tempo suficiente para cumprir nossa rotina; o que pode estar faltando é o controle que devemos ter do nosso tempo, ou melhor, a maneira como o administramos.

Em relação ao ambiente corporativo, sabemos que atualmente precisamos dar conta das nossas atividades de rotina em conjunto com aquelas que vão surgindo continuamente. De acordo com a gestão do tempo, é possível organizar e planejar sua rotina, inclusive levando em consideração o não planejado.

Um bom gerenciamento do tempo requer uma mudança do foco que se dá tanto para as atividades quanto para os resultados. Muitas pessoas associam o "estar ocupado" com produtividade. Na verdade, estar ocupado não é o mesmo que ser eficaz.

Muitas vezes iniciamos diversas tarefas e não concluímos nenhuma ou até mesmo finalizamos alguma, mas ficamos com uma sensação de ter podido produzir mais.

Isso acontece justamente porque, de maneira geral, estamos acostumados a ter que dividir nossas atenções com o variado número de tarefas que surgem durante nossa rotina. Sabemos que isso é igual para todos e que no atual mundo corporativo temos que pensar e agir rapidamente. Mas se temos que "apagar incêndios" ou se precisamos resolver tudo para "ontem", devemos tentar usar o tempo a nosso favor.

Regras Básicas da Gestão do Tempo

- Gestão do tempo diz respeito ao tempo que é gasto nos lugares certos para fazer as tarefas certas.
- Gestão do tempo está relacionada ao conhecimento de prioridades, obrigações e sua agenda.
- Gerenciar o tempo gasto na vida profissional é beneficiar também todas as outras áreas da sua vida.

Fazer a gestão do tempo, portanto, não significa encontrar maneiras de trabalhar mais, mas, sim, de fazer o uso correto do tempo que se tem disponível. E a eficácia está exatamente no fato de produzir mais utilizando menos recursos, sendo os recursos neste caso o número de horas.

Vantagens da Gestão do Tempo

Algumas vantagens são facilmente percebidas quando adotamos uma Gestão Eficaz do Tempo. Algumas delas são:

- **Menos estresse.** Gerenciar seu tempo reduz diretamente os níveis de estresse.
- **Menos surpresas.** Com a gestão do tempo adequada podemos gerar folgas de tempo necessárias para a realização de novas tarefas surgidas fora do planejamento inicial.
- **Mais tarefas executadas.** Claro que aumentar a produtividade é um dos principais objetivos do gerenciamento do tempo. Quando se está ciente do que precisa ser feito é muito mais fácil gerenciar suas tarefas a realizar. Assim será possível que cada tarefa seja executada em seu tempo certo.
- **Menos retrabalho.** Ser organizado está diretamente ligado à redução de retrabalho. Quando estamos com a pressão da falta de tempo, aumenta a possibilidade do esquecimento dos detalhes discutidos ou das instruções dadas. Isso com certeza irá levá-lo a um trabalho extra.
- **Mais tempo livre.** Na impossibilidade da criação de mais tempo, todos devemos utilizar melhor as horas de que dispomos no ambiente de trabalho fazendo o uso correto desse tempo.
- **Menos tempo perdido.** Quando você sabe exatamente o que deve ser feito, menos tempo ocioso é gasto. Em vez de ficarmos imaginando o que deveria ser feito em seguida, podemos adiantar e já iniciar a próxima tarefa.
- **Mais oportunidades.** Fazendo bom uso do tempo você estará apto e mais bem preparado para novas oportunidades.
- **Melhora na reputação.** Tanto na vida profissional quanto na pessoal você será sempre aquela pessoa na qual todos podem confiar. Ninguém irá questionar se, por exemplo, você aparecerá em uma reunião, se fará o que prometeu ou se respeitará o prazo.
- **Menos esforço.** Existe um entendimento errado de que aprender a gerenciar o tempo requer um esforço extra. Ao contrário, a gestão do tempo permite que sua vida se torne mais fácil, tanto em relação às tarefas corporativas como às tarefas pessoais.
- **Mais tempo no que realmente importa.** Gerenciar o tempo é alocá-lo nas tarefas de mais impacto. Com a correta gestão do tempo você passará mais horas naquilo que for realmente importante para o seu dia.
- **Menos problemas.** Quer seja em uma reunião que foi esquecida, ou em um prazo não cumprido, deixar de gerenciar o tempo pode resultar em

atritos nas variadas esferas da vida. Planejar e se preparar para o dia que virá evita que criemos nossos próprios problemas.

Como Fazer a Gestão do Tempo?

Inicialmente é necessário compreender que tudo começa com organização, portanto o segredo é organizar suas tarefas e usar o seu tempo de maneira eficiente a fim de cumprir com as atividades que forem surgindo, além daquelas que já fazem parte da sua rotina.

Sabemos que é muito difícil planejar a gestão do tempo do dia para a noite, até porque não existe um plano pronto a ser seguido. O que funciona para um indivíduo poderá ter o efeito contrário em outro. É uma questão de encontrar o que será bom para você e o que se adequará à sua rotina.

Estratégias Para a Gestão do Tempo Eficaz

1. Faça e utilize listas

Não há uma única disciplina ou sistema de gerenciamento de tempo no mundo que não gire em torno de fazer ou utilizar listas. Você não pode carregar tudo na sua cabeça.

Tente operar com algumas listas básicas:

- ❑ **Agenda:** um planejamento para o ano todo, dia a dia.
- ❑ **Lista de coisas a fazer:** esta é uma lista de coisas a fazer básica, organizada por mês, semana e dia, priorizada com itens.

- **Lista de pessoas para contatar:** é uma lista de contatos a serem feitos, também priorizada em ordem de importância.
- **Lista de pessoas:** uma lista de pessoas que interagem com você, onde podemos anotar as coisas que precisamos falar com elas sobre ideias entre reuniões e conversas.

É fundamental que tenhamos algum tipo de rotina, usando regularmente listas para que possamos tomar as melhores decisões.

2. Use arquivos de *follow up* (acompanhamentos)

A ideia é simples: tenha três pastas de arquivos numerados de 1 a 30 representando o mês atual e os dois próximos meses.

Vamos supor que você precise fazer *follow up* em um cliente no dia 10 do próximo mês. Basta registrar no dia 10 do próximo mês no seu arquivo. Certamente você poderá esquecer, mas no dia 10 do mês que vem a sua tarefa vai aparecer. Isso vai ajudar você a diminuir a desordem e lembrar-se de seus compromissos, além de organizar as atividades diárias.

Você poderá fazer isso manualmente, com pastas e papel, com *softwares* de gerenciamento ou com aplicativos do seu *smartphone*.

Seja manual, fisicamente ou um misto das duas maneiras, um sistema de arquivos de *follow up* pode ser um ótimo companheiro de produtividade.

3. Fuja da procrastinação

A procrastinação é um dos itens que mais afetam negativamente a produtividade e pode resultar em um gasto desnecessário de tempo e energia. De maneira geral, procrastinamos as tarefas mais complicadas ou as menos prazerosas.

Uma dica aqui é pensar sempre por que aquela determinada tarefa é importante e qual será seu resultado em curto, médio e longo prazos. Além disso, claro, peça ajuda sempre que achar necessário ou divida a tarefa em atividades menores, delegando-as.

4. Delegue as tarefas

É muito comum para a maioria das pessoas executar mais tarefas do que poderia (ou deveria). Isso pode acabar gerando estresse no final. Aprenda a delegar e entenda que ao fazer isso você não está fugindo das suas responsabilidades. Delegar, aliás, é uma função importante de quem tem cargos de gerência ou liderança. Aproveite e dê mais responsabilidades aos seus subordinados ou a outras pessoas da sua equipe, sempre respeitando suas habilidades e seus conhecimentos.

5. Priorize o trabalho

Antes do dia começar faça uma lista das tarefas que precisam da sua atenção imediata. Lembre-se de que as tarefas não tão importantes podem consumir até mais tempo do que aquelas que exigem uma execução/finalização rápida. Isso sem contar que algumas das tarefas têm que ser terminadas naquele mesmo dia, enquanto outras podem esperar um pouco mais. Em resumo: priorize suas tarefas e foque naquelas que são mais importantes. Lembre-se: "quando tudo é prioridade, nada é prioridade".

6. Diminua as reuniões

Para muitas pessoas as reuniões são um lugar para se esconder. Elas não são o lugar para realmente fazer o trabalho ou agir, mas são necessárias para o alinhamento das metas e a revisão no planejamento. Se você conduz reuniões é necessário desenvolver uma estratégia para abreviá-las.

7. Agende as tarefas

Seja com um aplicativo para gerenciar tarefas, uma planilha ou um caderno de anotações, faça uma lista de todas as tarefas que vêm em sua mente.

Faça uma simples lista de tarefas antes do dia começar, priorizando-as (conforme mencionado anteriormente), e certifique-se de que elas são tangíveis e exequíveis dentro do prazo estabelecido.

8. Evite o estresse

O estresse ocorre normalmente quando aceitamos mais do que somos capazes de realizar. O resultado disso é que nos sentimos cansados e nossa mente parece não querer funcionar. Nesse caso o que é recomendado é que busquemos ajuda para a realização dessa tarefa ou, até mesmo, a sua delegação.

9. Defina *deadlines* (prazos finais)

O termo *deadline* é geralmente usado no ambiente de projetos, negócios e marketing para especificar que o prazo para entrega de determinada tarefa está chegando ao fim. Assim que você assumir uma tarefa, defina um *deadline* realístico e mantenha-se nele.

10. Evite fazer muitas coisas ao mesmo tempo

A maioria das pessoas sente que fazer muitas coisas ao mesmo tempo a conduzirá a cumprir o maior número possível de tarefas, mas a verdade é que o ser humano, de maneira geral, faz melhor suas atividades quando foca e se concentra em uma só de cada vez. Ser multitarefa pode estar sabotando a sua produtividade.

11. Comece cedo

De maneira geral, a maioria dos homens e mulheres de sucesso começa seus dias cedo. Assim, essas pessoas têm mais tempo para sentar, pensar e planejar. Acordar cedo pode deixá-lo mais calmo, criativo e com uma mente mais livre para pensar no dia que está por vir. Estudos mostram que conforme o dia vai passando o nível de energia diminui, o que afeta a produtividade e, por consequência, seu desempenho.

12. Faça pausas

Quando você achar que está sem saída, ou quando olhar para as diversas tarefas a serem realizadas e não saber mais o que fazer, permita-se uma pausa. Vá pegar um café, um copo de água, troque ideias com um colega ou escute uma música.

13. Bloqueie o seu tempo

A maioria das pessoas tem seus horários bloqueados com outras pessoas. Para cada ano, perdemos grande parte do nosso tempo reservando espaço para ligações e outros encontros. Ao programar sua agenda de compromissos você deverá bloquear tanto tempo quanto for possível, com a maior antecedência. Fazendo isso você poderá reduzir a quantidade de tempo disponível, o que impedirá que demandas de outras pessoas possam atrapalhar a sua rotina.

14. Ganhe tempo

Atualmente temos a possibilidade de fazer várias coisas ao mesmo tempo, otimizando nosso tempo livre. Uma palestra, um livro, um vídeo, tudo isso pode ser acessado através de mídias eletrônicas.

Algumas pessoas gastam seu tempo retornando telefonemas, respondendo e-mails e produzindo, tudo isso ao mesmo tempo. Esse é um erro por três razões:

- ❑ Você faz isso às pressas e sem a preparação adequada.
- ❑ É um mau precedente para definir a maneira com que você se comunica com as pessoas.
- ❑ Você rouba o seu tempo, não se concentrando no que realmente precisa.

O uso disciplinado de todos os recursos e tempo que temos irá nos favorecer.

15. Aprenda a dizer não

Caso você já esteja sobrecarregado, saiba dizer um "não" de maneira educada, justificando seus motivos. Antes de aceitar todas as tarefas ou projetos que passarem por você, verifique a sua lista de tarefas. De nada adianta assumir mais responsabilidades se você tiver que deixar algo de lado.

As Atividades Que Fogem da Rotina

Falamos sobre a importância do planejamento diário antes de começar um dia de trabalho. Planejar as atividades que se seguirão naquele dia é tarefa fácil. No entanto, sabemos que em muitos casos surgem problemas inesperados que colocam todo o planejamento por água abaixo.

Nesse caso, o ideal é procurar planejar sua semana priorizando o que deve ser feito a cada dia, mas sempre deixando um espaço de duas a três horas para aquelas tarefas que venham a surgir.

Fazendo isso será possível realizar as atividades importantes e "apagar os incêndios" que forem surgindo no decorrer do dia sem a necessidade de acumular trabalho extra. Recomendo de duas a três horas, mas é importante esclarecer que não existe uma regra estabelecida para o gerenciamento do tempo. O ideal é fazer uma análise da sua rotina e verificar a média de tempo que é gasto no tratamento de atividades não planejadas.

Conclusão

Em relação ao conceito ficou estabelecido que o processo de organizar e planejar como o tempo deve ser dividido entre as diversas atividades de nossa rotina é chamado de gestão do tempo ou gerenciamento do tempo.

Aprender a gerir o tempo não é sinônimo de encontrar maneiras de trabalhar mais, e sim de fazer o uso correto do tempo que se tem. Não existem regras únicas para lidar com a gestão do tempo. O que existem são algumas boas práticas que podem ajudar a melhor controlar a maneira como as horas do dia são administradas.

Neste capítulo foram apresentadas algumas estratégias, mas é importante destacar que cada indivíduo tem que encontrar a melhor maneira para fazer o seu gerenciamento do tempo. É certo afirmar que, independentemente do número de horas que se tenha disponível, sem foco não há como administrar o tempo.

27 Cronograma Físico

Henry Laurence Gantt (1861-1919) foi um engenheiro mecânico americano e um consultor de gerenciamento que ficou famoso por desenvolver, no ano de 1910, o **Gráfico de Gantt.** Desde então esse gráfico já foi empregado nos maiores projetos de infraestrutura em todo o mundo e ainda hoje é uma das principais ferramentas do gerenciamento de projetos. O **gráfico de Gantt** é comumente chamado de **cronograma físico.**

Definição

O **Gráfico de Gantt** é um diagrama que, através de barras horizontais, representa as atividades de um projeto e mostra o período em que elas acontecem. É basicamente representado por dois eixos: vertical e horizontal ou por meio de uma matriz onde cada coluna corresponde a uma unidade de tempo e cada linha representa uma atividade.

O comprimento de cada barra nos informa o tempo de execução (duração) da respectiva atividade e o posicionamento das linhas nos mostra a relação de precedência de cada atividade, ou seja, a interdependência entre essas atividades.

Podemos observar no cronograma físico (gráfico de Gantt):

- Como as atividades/eventos estão relacionadas.
- A duração das atividades e do projeto como um todo.
- A sequência das atividades.

Sua exibição pode ser de forma resumida, quando apenas são mostrados os níveis mais elevados (atividades sumarizadoras), ou de uma forma mais detalhada, mostrando as atividades do projeto propriamente ditas. Trata-se de uma ferramenta efetiva em um relatório de progressos do projeto.

As figuras a seguir representam o **diagrama de Gantt** de um projeto genérico, onde as tarefas estão representadas no eixo vertical e no eixo horizontal, podendo ser observada a "linha do tempo".

Diagrama de Gantt – Esquemático

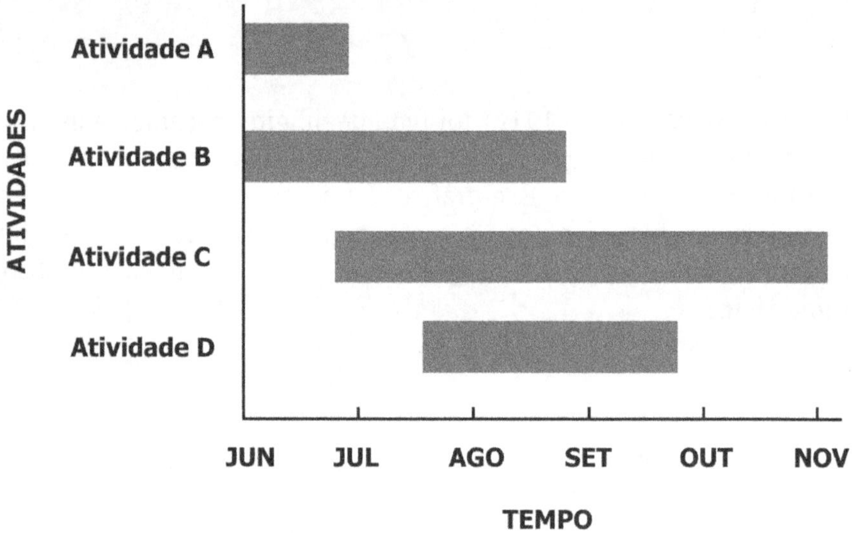

Diagrama de Gantt – Microsoft Visio®

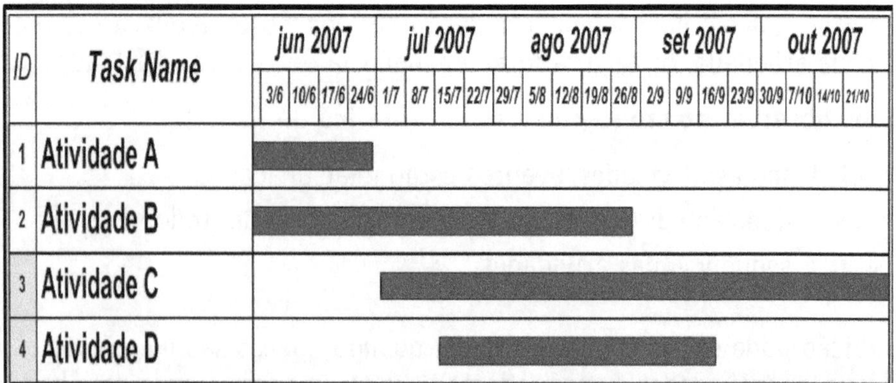

Visualizando os diagramas de Gantt anteriores, podemos tirar as seguintes conclusões:

- O projeto representado possui quatro atividades: **Atividade A**, **Atividade B**, **Atividade C** e **Atividade D**.
- O projeto tem cinco meses de duração.
- A **Atividade A** tem uma duração aproximada de um mês, se inicia na "data zero" (início de junho) e é precedente da **Atividade C**, ou seja, a **Atividade C** só pode ser iniciada após a conclusão da **Atividade A**.
- A **Atividade B** tem uma duração aproximada de três meses, se inicia na "data zero" (início de junho) e será concluída no final de agosto.
- A **Atividade C** é sucessora da **Atividade A**, tem uma duração aproximada de quatro meses e será concluída no início de novembro (data de encerramento do projeto).
- **Atividade D** tem uma duração aproximada de dois meses, se inicia em meados de julho e será concluída em meados de setembro.

Numa análise mais detalhada do Gráfico de Gantt, podemos identificar as atividades com **folga**, ou seja, as atividades que podem ter seu início ou fim retardado, ou até mesmo a sua duração prolongada, sem que afete a data final do projeto.

As atividades que não têm **folga**, ou seja, aquelas atividades que, se tiverem sua duração alterada afetarão diretamente o prazo do projeto como um todo, são chamadas atividades do **caminho crítico**.

Para reduzirmos a duração de um projeto, temos que atuar ao nível da duração das atividades que fazem parte desse **caminho crítico**, uma vez que são essas atividades que determinam a duração global do projeto.

Uma vez identificadas as atividades que fazem parte do **caminho crítico**, será necessário verificar aquelas em que será possível reduzir o tempo de execução ou que poderão ter seu início antecipado.

Exemplo de um Cronograma Físico

A seguir será apresentado o cronograma físico da reforma de uma residência. Exemplo utilizado na **Aplicação Prática**, capítulo final deste livro, onde esta ferramenta é utilizada, entre outras, em conjunto com a **WBS – *Work Breakdown Structure*** e a **Curva "S"**, formando as três principais **linhas de base do projeto**.

Identificação	Item	Nome da Tarefa	Início	Término	Duração
1	1111	EXECUÇÃO DO EMBOÇO	17/10/2011	28/10/2011	10d
2	1112	ASSENTAMENTO DO AZULEJO	24/10/2011	11/11/2011	15d
3	1121	ASSENTAMENTO DE PISO CERÂMICO	07/11/2011	18/11/2011	10d
4	1122	COLOCAÇÃO DO ASSOALHO	31/10/2011	18/11/2011	15d
5	1211	EXECUÇÃO DA DISTRIBUIÇÃO ELÉTRICA	03/10/2011	14/10/2011	10d
6	1212	COLOCAÇÃO DE INTERRUPTORES, TOMADAS E LUMINÁRIAS	21/11/2011	02/12/2011	10d
7	1221	EXECUÇÃO DA DISTRIBUIÇÃO HIDRÁULICA	10/10/2011	28/10/2011	15d
8	1222	COLOCAÇÃO DE LOUÇAS E METAIS	21/11/2011	02/12/2011	10d
9	1311	SUBSTITUIÇÃO DE CAIXONETES E PORTAS	07/11/2011	18/11/2011	10d
10	1312	COLOCAÇÃO DAS FECHADURAS	14/11/2011	18/11/2011	5d
11	1321	COLOCAÇÃO DAS JANELAS	31/10/2011	18/11/2011	15d
12	1322	INSTALAÇÃO DOS VIDROS	14/11/2011	18/11/2011	5d
13	1411	PINTURA DE PAREDES E TETOS	21/11/2011	16/12/2011	20d
14	1412	APLICAÇÃO DE VERNIZ NAS PORTAS	19/12/2011	23/12/2011	5d
15	1421	PINTURA DAS FACHADAS	28/11/2011	16/12/2011	15d
16	1422	PINTURA DOS MUROS	05/12/2011	16/12/2011	10d

Este **cronograma físico** foi desenvolvido com o auxílio do software Microsoft Visio®. É possível a criação deste cronograma também com o apoio do Microsoft Project®, entre outros.

Redução de Prazo

Reduzir a duração de um projeto é o mesmo que reduzir o tamanho do **caminho crítico.** Existem duas técnicas de aceleração de cronogramas conhecidas.

Caminho Rápido ou Paralelismo (*Fast Tracking*)

É um tipo específico de técnica de redução da duração do cronograma do projeto sem reduzir seu escopo, realizada através de ações tomadas para diminuir a duração total do cronograma do projeto após análise das diversas alternativas a fim de determinar como obter a máxima **sobreposição** na execução das atividades que normalmente seriam executadas em sequência.

Essa técnica por vezes resulta em retrabalho e normalmente aumenta o risco do projeto.

Exemplo de Caminho Rápido (*Fast Tracking*)

Numa primeira situação, temos três atividades sequenciais a serem executadas num prazo total de cinco períodos (semanas ou meses), conforme demonstrado no cronograma físico a seguir:

ATIVIDADES	PERÍODO				
	1	2	3	4	5
Atividade 1					
Atividade 2					
Atividade 3					

Legenda:

Duração Inicial

Duração Ajustada

Após alguma determinação superior ou necessidade surgida durante o projeto, o prazo de execução foi, obrigatoriamente, reduzido de cinco para três períodos.

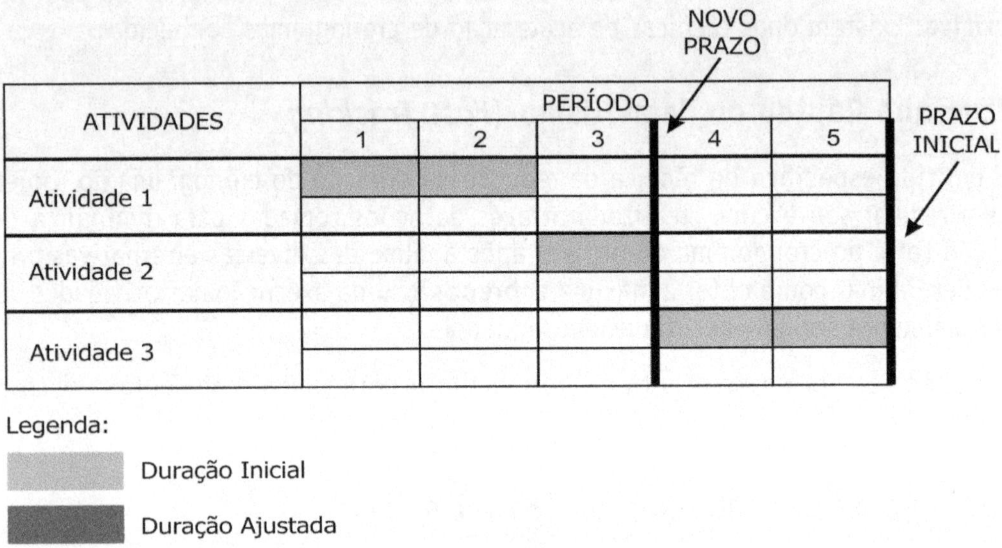

Foi constatado que, embora não fosse o ideal, algumas atividades poderiam ser executadas simultaneamente com outras, sem a necessidade restrita da conclusão de uma atividade para o início de outra. O novo cronograma físico passou a ter a seguinte configuração:

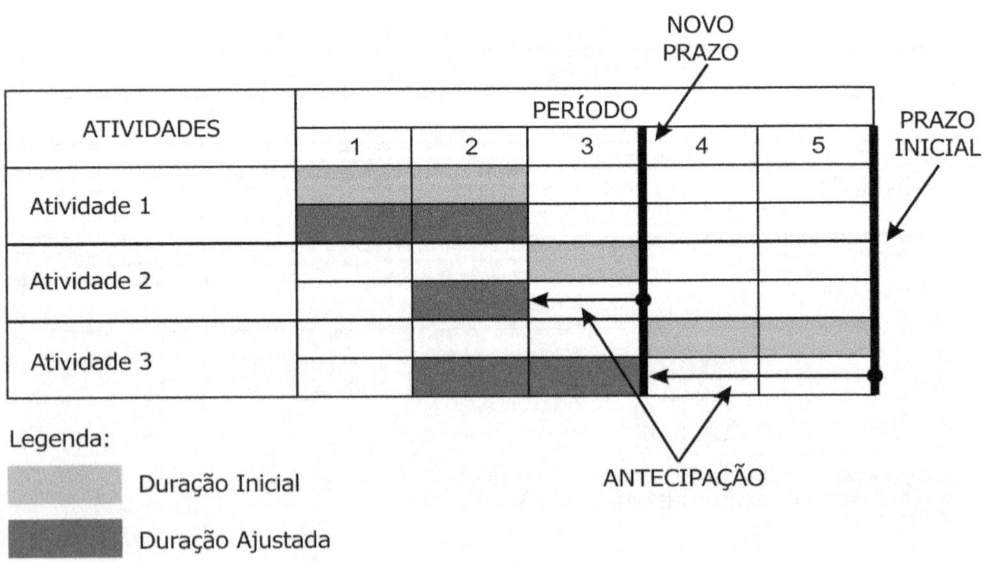

Compressão (*Crushing*)

É um tipo específico de técnica de redução da duração do cronograma do projeto sem reduzir seu escopo, realizada através de ações tomadas para diminuir a duração total do cronograma do projeto após análise das diversas alternativas, a fim de determinar como obter a máxima **compressão** da duração do cronograma pelo menor custo adicional.

Abordagens típicas de compressão de um cronograma incluem a redução da duração das atividades do cronograma e o aumento da atribuição de recursos nas atividades do cronograma.

O tempo de duração de uma atividade pode ser diminuído:

- ❑ Adicionando recursos humanos (pessoas ou horas de trabalho).
- ❑ Reduzindo o escopo (acordado com o cliente).
- ❑ Através de um processo de mudança (pessoa mais eficiente para realizar o trabalho ou mudança no próprio método de trabalho).
- ❑ Reduzindo a qualidade (a pior das alternativas).

Exemplo de Compressão (*Crushing*):

Numa primeira situação temos três atividades sequenciais a serem executadas num prazo total de cinco períodos (semanas ou meses), conforme demonstrado no cronograma físico a seguir:

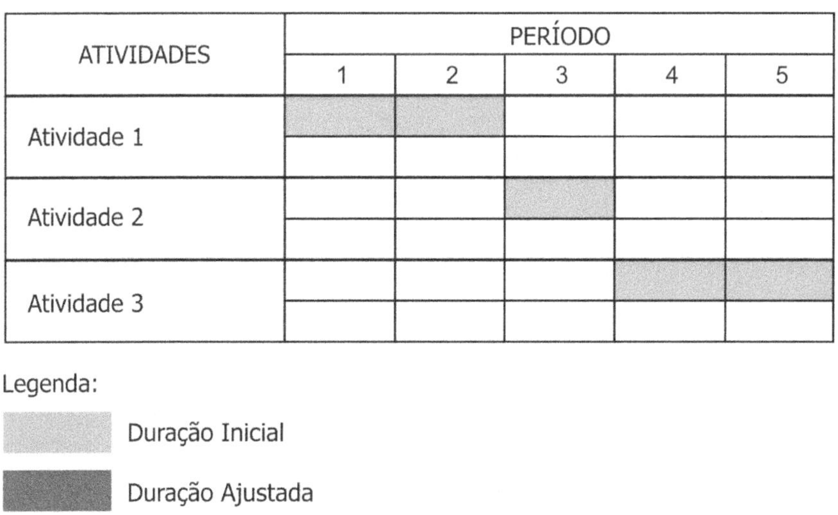

Após alguma determinação superior ou necessidade surgida durante o projeto, o prazo de execução foi, obrigatoriamente, reduzido de cinco para três períodos.

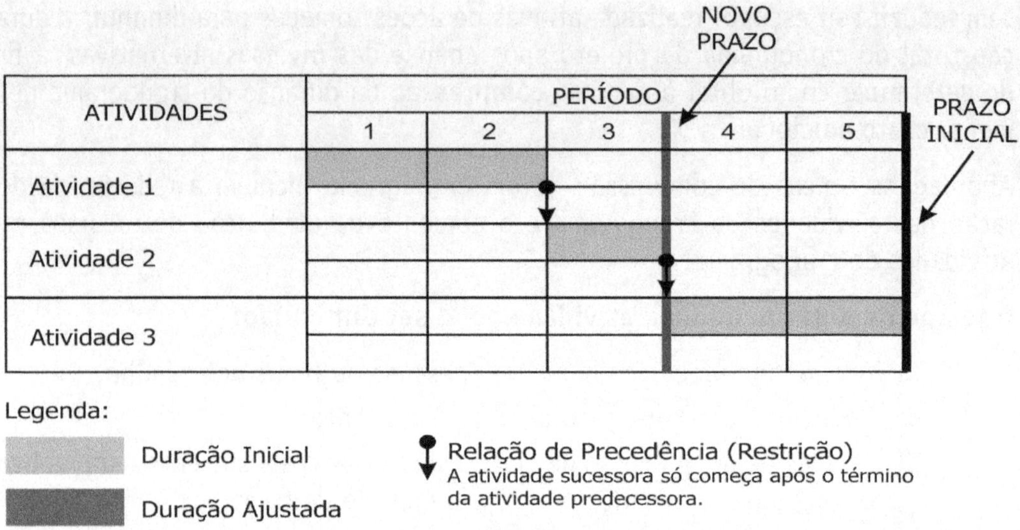

Nesse caso, diferentemente do anterior, existe uma restrição explícita da necessidade de conclusão de uma atividade para o início de outra, ou seja, neste caso, as atividades não podem ser executadas simultaneamente. O novo cronograma físico passou a ter a seguinte configuração:

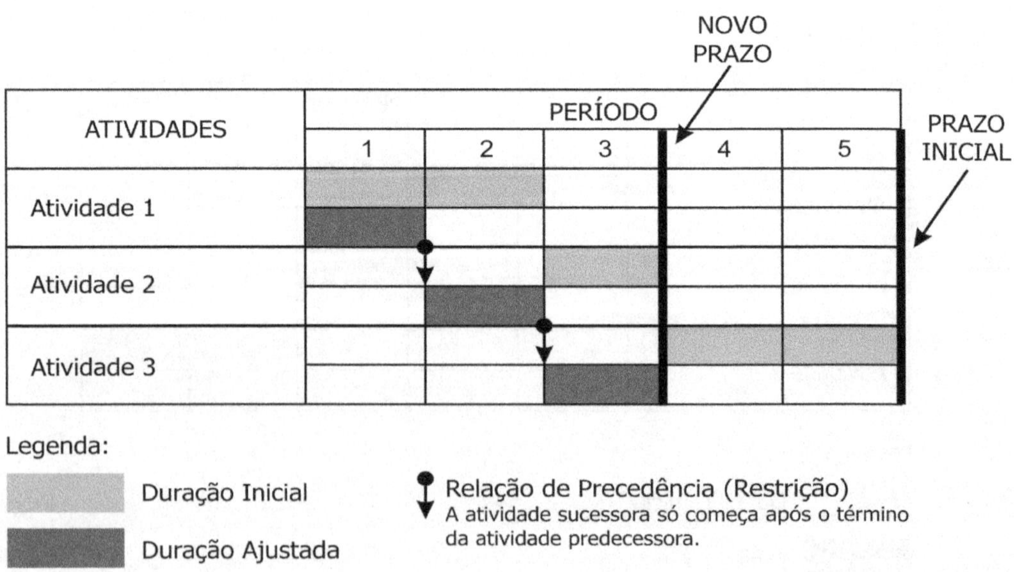

Cronograma de Marcos (Milestones)

O **cronograma de marcos** (ou gráfico de *milestones*) é uma variação mais simplificada do cronograma físico (ou gráfico de Gantt). Enquanto o cronograma físico determina a duração e a relação de interdependência das tarefas de um projeto, esta ferramenta de gestão permite o controle gerencial ao longo do projeto através da definição de pontos de controle ou marcos de desenvolvimento. Além desse tipo de diagrama ser desenvolvido com base no gráfico de Gantt, ele deve ser utilizado em conjunto com o próprio gráfico de Gantt.

O **cronograma de marcos** mostra somente eventos significativos de um projeto. Nesse caso, consideraremos **eventos** como sendo as atividades que têm duração zero e alocação de recursos também zero.

Os marcos (*milestones*) ou eventos são acontecimentos ou ocorrências significativas no desenvolvimento do projeto e que servem de parâmetros para o controle gerencial, tais como:

- Assinatura de um contrato.
- Início de uma atividade.
- Conclusão de uma etapa.
- Chegada de algum produto importante.
- Teste nos subprodutos ou produto final.

O gráfico de *milestones* (cronograma de marcos) representa os eventos-chave de um projeto em uma escala de tempo.

Enquanto no cronograma físico são usadas barras para representar o período de execução de uma tarefa, no cronograma de marcos os eventos são exibidos através de triângulos.

Os gráficos de *milestones* são muito populares atualmente, especialmente para os relatórios da alta gerência, que não necessitam mergulhar nas minúcias do projeto. O principal benefício desse tipo de diagrama é que ele permite comunicar uma grande quantidade de informações em um simples gráfico.

Exemplo de um Cronograma de Marcos (Gráfico de *Milestones*)

Data Atual ▼ (entre Mar e Abr)

Evento	Jan	Fev	Mar	Abr	Mai	Jun	Jul	Ago
Subcontratos Assinados			△ ▼					
Especificações Finalizadas			△					
Projeto Revisto					△			
Subsistema Testado						△		
Primeira Unidade Entregue							△	
Plano de Produção Completado								△

Planejado △ Realizado ▼

Para os gerentes de projetos, o controle baseado em marcos facilita no entendimento das prioridades de cada etapa no desenvolvimento do projeto.

Externamente, o gráfico de *milestones* é uma excelente ferramenta para a comunicação executiva com os *stakeholders* (partes interessadas) mais importantes: clientes e patrocinadores. Essa ferramenta poderá auxiliá-los na organização de suas atividades e na alocação dos recursos disponíveis numa sequência lógica de passos ou estágios.

28

Diagrama de Interdependência

Antes da elaboração de um cronograma físico, é necessário representar a lista de atividades de um projeto em uma sequência lógica, gerando o que se denomina **Diagrama Lógico de Rede.**

Tipos de Relação de Precedência

Fim-Início (FS ou Finish-to-Start)	A atividade **sucessora** só começa após o fim da atividade **predecessora.**	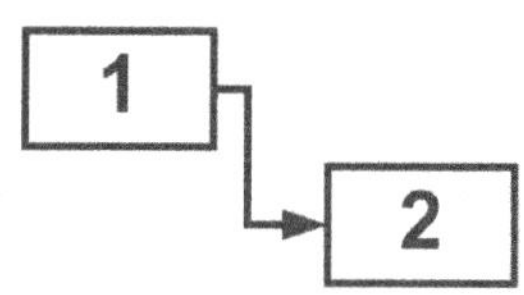
Início-Fim (SF ou Start-to-Finish)	A atividade **sucessora** só termina após o início da atividade **predecessora.**	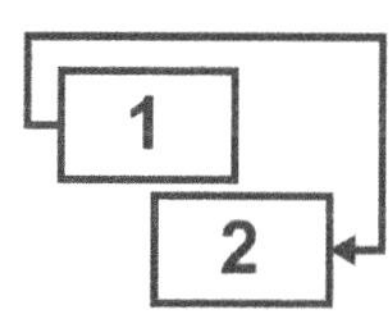
Início-Início (SS ou Start-to-Start)	A atividade **sucessora** só começa após o início da atividade **predecessora.**	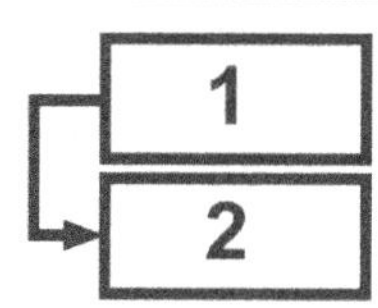
Fim-Fim (FF ou Finish-to-Finish)	A atividade **sucessora** só termina após o fim da atividade **predecessora**.	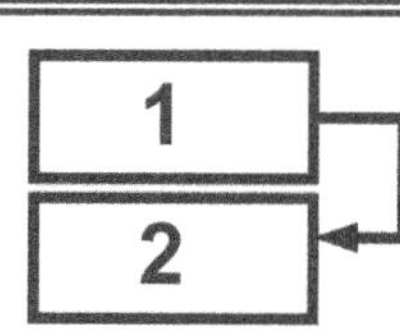

Através desse tipo de diagrama é possível visualizar o sequenciamento das atividades e o relacionamento lógico entre elas, através da sua relação de precedência, o que permitirá compreender a inter-relação dessas atividades.

Para a elaboração desse diagrama é preciso considerar os tipos de relação de precedência entre as atividades.

A relação de precedência entre as atividades determina como a atividade predecessora se relaciona com a atividade sucessora.

Como exemplo de técnicas eficientes de diagramação podemos citar:

1. Método do Diagrama de Linhas (ADM – *Arrow Diagramming Method*)

- Diagrama AOA (*Activity On Arrow* – Atividade na Flecha).
- As atividades são representadas nas setas.
- Os "nós" determinam as dependências.

Utiliza atividade "dummy" (traduzida como atividade "fantasma"), que é uma atividade que não consome tempo nem recursos. Essa atividade, normalmente representada por uma seta tracejada, é utilizada apenas para demonstrar uma relação lógica de interdependência nos diagramas AOA, pois essa relação não pode ser demonstrada de outra forma nesse tipo de diagrama.

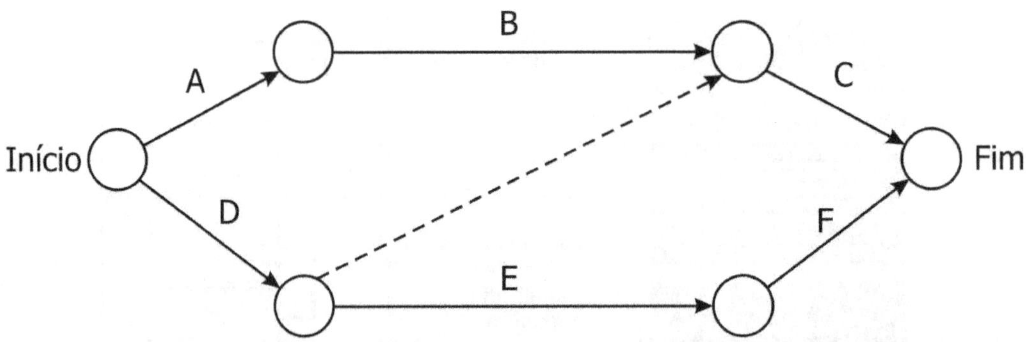

A seta tracejada é uma atividade "dummy". Ela é utilizada apenas para mostrar a interdependência entre as atividades D e C.

2. Método do Diagrama de Precedência (PDM – *Precedence Diagramming Method*)

- Diagrama AON (*Activity On Node* – Atividade no Nó).
- As atividades são representadas nos "nós".
- As setas determinam as dependências.
- Não é necessária a utilização de atividades "dummy".

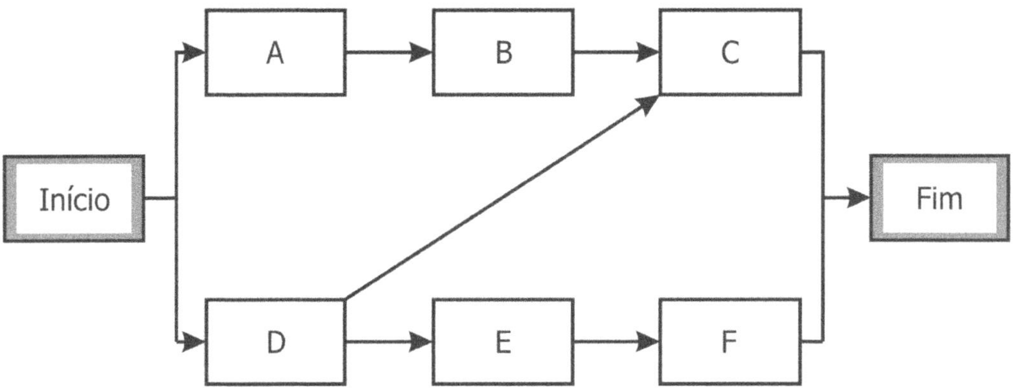

Ferramentas de Gerenciamento de Custos

29

Curva "S" de Custos

A **Curva "S"** é um tipo de curva de acumulação, podendo ser utilizada como um instrumento de acompanhamento periódico da evolução de uma variável, como, por exemplo: faturamento, custos ou quantidades de produção.

Essa curva leva essa definição porque comumente uma curva de acumulação lembra a forma da letra "S", sendo uma ferramenta de fácil visualização.

Sua aplicação ao **controle do custo do projeto** permite que se faça um comparativo entre o acúmulo de desembolsos previstos e os desembolsos efetivamente realizados em um determinado período.

A comparação entre o orçamento e os resultados efetivos é a maneira tradicional de aferir os custos. Para que possa haver uma comparação efetiva dos gastos previstos e dos gastos realizados é de fundamental importância que seja desenvolvida uma linha de base (*baseline*) de custo.

O *baseline de custo* é o orçamento referencial que será utilizado para medir e monitorar o desempenho de custo de um projeto. Essa linha de base é desenvolvida através da totalização das estimativas de custo por período, representando os gastos acumulados, e é usualmente apresentada na forma de uma **"Curva S"**.

O controle dos custos inclui pesquisar os "porquês" das variações tanto positivas quanto negativas. Deve estar fortemente integrado com os outros processos de controle (o controle de mudanças de escopo, o controle de cronograma, o controle da qualidade e outros). Por exemplo, uma resposta inadequada para variações de custo pode causar problemas de qualidade, de prazo ou produzir, mais adiante no projeto, um nível de risco inaceitável.

A visualização gráfica de diferentes informações de projeto e sua comparação entre o previsto e o realizado pode assistir ao gerente de projetos na identificação dos pontos que poderão exigir maior atenção. A importância em se elaborar uma **curva "S"** é permitir o conhecimento e a definição dos limites orçamentários, dentro dos quais a aplicação dos recursos financeiros atenderá às exigibilidades de se concluir o projeto dentro do tempo e do custo programado. Em relação ao **controle do custo do projeto**, essa curva também nos permite:

- Em cada unidade de tempo, definir o montante de recursos financeiros necessários à realização de um projeto a ser desembolsado dentro de um período programado, visando concluir o projeto dentro do prazo previsto.
- Em cada unidade de tempo, definir os limites máximo e mínimo dos recursos financeiros a serem investidos e necessários para atender aos prazos contratuais.
- Subsidiar a aplicação de métodos de controle de produção e desempenho.
- Verificar se o orçamento em realização atende ao que foi programado, se está ocorrendo aplicação de recursos acima ou abaixo do que foi previsto e se o que está sendo desembolsado corresponde ao necessário para a conclusão do projeto.
- Identificar mudanças em relação ao custo planejado.
- Mostrar a necessidade de replanejamento do projeto, isto é, atualização das demais linhas de base de controle, principalmente de escopo (WBS) e de prazo (cronograma físico), caso seja verificada alguma evidência de possível ultrapassagem de prazos contratuais e o descumprimento dos custos planejados, mantido o desempenho em curso.

Essa linha de base é desenvolvida através da totalização das estimativas de **custos a serem realizados** (previsto) por período de tempo, com o objetivo de ser comparada com a linha gerada através da totalização dos **custos efetivamente realizados** (executado) nesse mesmo período.

Portanto, a **curva "S" de custos** é, na verdade, o planejamento de execução referencial que poderá ser utilizado para medir e controlar os custos do projeto.

Como Desenvolver a Curva "S" de Custos

Para o desenvolvimento desta curva são necessários basicamente três elementos das tarefas:

1. Identificação das Tarefas
2. Custo das Tarefas
3. Cronograma Físico

A seguir serão demonstrados os três elementos citados:

1. Identificação das Tarefas

A melhor forma de fazer a identificação das tarefas a serem executadas em um projeto é através da utilização da ferramenta **WBS – *Work Breakdown Structure*** (Capítulo 38). A seguir será simulada a criação de uma WBS para a execução de uma reforma em uma residência.

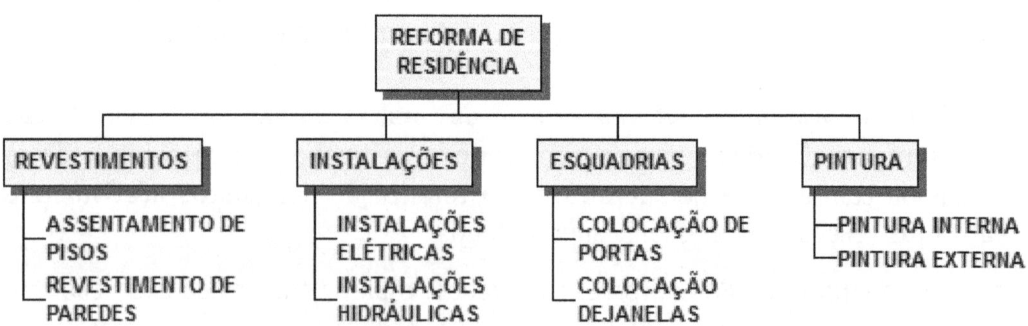

Conforme representado nesta WBS, nosso projeto foi decomposto em três níveis. Nesse caso, o terceiro nível dessa estrutura representa os **pacotes de trabalho** a serem executados para o desenvolvimento do projeto. Podemos considerar cada um desses pacotes de trabalho como sendo uma **TAREFA**. Cada uma das oito tarefas identificadas representará um valor proporcional (percentual) em relação ao projeto (100%).

	PACOTES DE TRABALHO
ITEM	DESCRIÇÃO
1	REFORMA DE RESIDÊNCIA
1.1	REVESTIMENTOS
1.1.1	REVESTIMENTO DAS PAREDES
1.1.2	REVESTIMENTO DOS PISOS
1.2	INSTALAÇÕES
1.2.1	INSTALAÇÕES ELÉTRICAS
1.2.2	INSTALAÇÕES HIDRÁULICAS
1.3	ESQUADRIAS
1.3.1	ESQUADRIAS DE MADEIRA
1.3.2	ESQUADRIAS DE ALUMÍNIO
1.4	PINTURA
1.4.1	PINTURA INTERNA
1.4.2	PINTURA EXTERNA

2 Custo das Tarefas

A seguir estão descritos os valores monetários que estão previstos para cada tarefa, além do valor percentual de cada tarefa em relação ao custo total do projeto.

ITEM	PLANILHA ORÇAMENTÁRIA DESCRIÇÃO	VALOR R$	 %
1	REFORMA DE RESIDÊNCIA	200.000,00	100,00
1.1	REVESTIMENTOS	66.000,00	33,00
1.1.1	REVESTIMENTO DAS PAREDES	32.000,00	16,00
1.1.2	REVESTIMENTO DOS PISOS	34.000,00	17,00
1.2	INSTALAÇÕES	48.000,00	24,00
1.2.1	INSTALAÇÕES ELÉTRICAS	24.000,00	12,00
1.2.2	INSTALAÇÕES HIDRÁULICAS	24.000,00	12,00
1.3	ESQUADRIAS	38.000,00	19,00
1.3.1	ESQUADRIAS DE MADEIRA	14.000,00	7,00
1.3.2	ESQUADRIAS DE ALUMÍNIO	24.000,00	12,00
1.4	PINTURA	48.000,00	24,00
1.4.1	PINTURA INTERNA	30.000,00	15,00
1.4.2	PINTURA EXTERNA	18.000,00	9,00

3 Cronograma Físico

Após a elaboração do cronograma físico, que será desenvolvido a seguir, teremos a previsão de execução de cada tarefa em cada unidade da linha de tempo do projeto. No caso de nossa reforma, essa unidade de tempo será SEMANA.

ID	Item	Nome da Tarefa	Início	Término	Duração
1	111	REVESTIMENTO DAS PAREDES	17/10/2011	11/11/2011	20d
2	112	REVESTIMENTO DOS PISOS	31/10/2011	18/11/2011	15d
3	121	INSTALAÇÕES ELÉTRICAS	03/10/2011	02/12/2011	45d
4	122	INSTALAÇÕES HIDRÁULICAS	10/10/2011	02/12/2011	40d
5	131	ESQUADRIAS DE MADEIRA	07/11/2011	18/11/2011	10d
6	132	ESQUADRIAS DE ALUMÍNIO	31/10/2011	18/11/2011	15d
7	141	PINTURA INTERNA	21/11/2011	23/12/2011	25d
8	142	PINTURA EXTERNA	28/11/2011	16/12/2011	15d

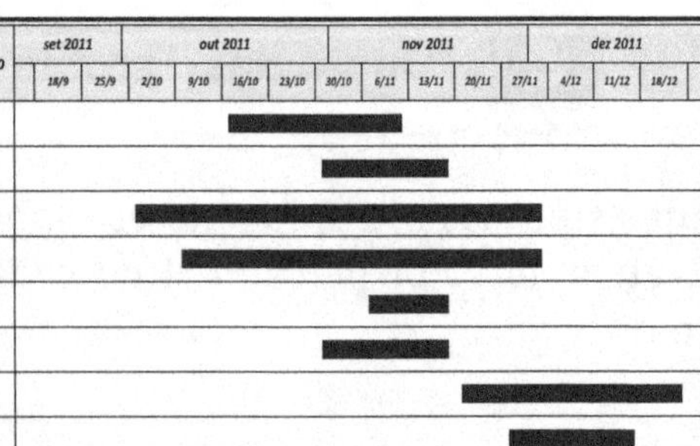

Com base nas informações do cronograma físico (item 3) e com os valores de cada tarefa já definidos (item 2), podemos a partir de agora lançar o valor proporcional de execução de cada tarefa em cada unidade de tempo, que neste caso é **SEMANA.**

PROGRAMAÇÃO DE DESEMBOLSO															
ÍTEM	DESCRIÇÃO	VALOR		PERÍODO											
		R$	%	Sem 1	Sem 2	Sem 3	Sem 4	Sem 5	Sem 6	Sem 7	Sem 8	Sem 9	Sem 10	Sem 11	Sem 12
1	REFORMA DE RESIDÊNCIA	200.000,00	100,00	6,50%	6,50%	3,00%	3,00%	9,50%	9,50%	19,00%	5,00%	7,00%	22,00%	6,00%	3,00%
1.1	REVESTIMENTOS	66.000,00	33,00												
1.1.1	REVESTIMENTO DAS PAREDES	32.000,00	16,00			6.000,00	14.000,00	6.000,00	6.000,00						
1.1.2	REVESTIMENTO DOS PISOS	34.000,00	17,00					12.000,00	14.000,00	8.000,00					
1.2	INSTALAÇÕES	48.000,00	24,00												
1.2.1	INSTALAÇÕES ELÉTRICAS	24.000,00	12,00	8.000,00	8.000,00						6.000,00	2.000,00			
1.2.2	INSTALAÇÕES HIDRÁULICAS	24.000,00	12,00		2.000,00	6.000,00	2.000,00				11.000,00	3.000,00			
1.3	ESQUADRIAS	38.000,00	19,00												
1.3.1	ESQUADRIAS DE MADEIRA	14.000,00	7,00						4.000,00	10.000,00					
1.3.2	ESQUADRIAS DE ALUMÍNIO	24.000,00	12,00					6.000,00	8.000,00	10.000,00					
1.4	PINTURA	48.000,00	24,00												
1.4.1	PINTURA INTERNA	30.000,00	15,00								7.000,00	7.000,00	7.000,00	3.000,00	6.000,00
1.4.2	PINTURA EXTERNA	18.000,00	9,00									6.000,00	7.000,00	5.000,00	
TOTAL DO PERÍODO			$	8.000,00	10.000,00	12.000,00	16.000,00	24.000,00	32.000,00	28.000,00	24.000,00	18.000,00	14.000,00	8.000,00	6.000,00
			%	4,00	5,00	6,00	8,00	12,00	16,00	14,00	12,00	9,00	7,00	4,00	3,00
TOTAL ACUMULADO			$	8.000,00	18.000,00	30.000,00	46.000,00	70.000,00	102.000,00	130.000,00	154.000,00	172.000,00	186.000,00	194.000,00	200.000,00
			%	4,00	9,00	15,00	23,00	35,00	51,00	65,00	77,00	86,00	93,00	97,00	100,00

Transferindo-se os dados obtidos na linha de **TOTAL ACUMULADO ($)** da planilha anterior, geramos a seguinte tabela:

SEMANA	GASTO PREVISTO ($)		GASTO REAL ($)	
	SIMPLES	ACUMULADO	SIMPLES	ACUMULADO
1	8.000,00	8.000,00		-
2	10.000,00	18.000,00		-
3	12.000,00	30.000,00		-
4	16.000,00	46.000,00		-
5	24.000,00	70.000,00		-
6	32.000,00	102.000,00		-
7	28.000,00	130.000,00		-
8	24.000,00	154.000,00		-
9	18.000,00	172.000,00		-
10	14.000,00	186.000,00		-
11	8.000,00	194.000,00		-
12	6.000,00	200.000,00		-

Os dados da coluna **GASTO PREVISTO ACUMULADO** (terceira coluna da esquerda para a direita) servirão de base para a geração da **Curva "S" de Custos.**

Essa planilha e a curva que será gerada a seguir são facilmente obtidas com o auxílio do MS Excel®.

Geração da Curva "S" de Custos

A principal linha de controle do custo do projeto é a **Curva "S" de Custos**, que é a curva gerada pelos dados da coluna do **GASTO PREVISTO ACUMULADO** (da planilha anterior).

No exemplo a seguir podemos representar graficamente os dados da referida planilha e perceber a evolução dos gastos previstos e realizados de um projeto ao longo de seu período de execução.

Curva "S"do Custo Previsto

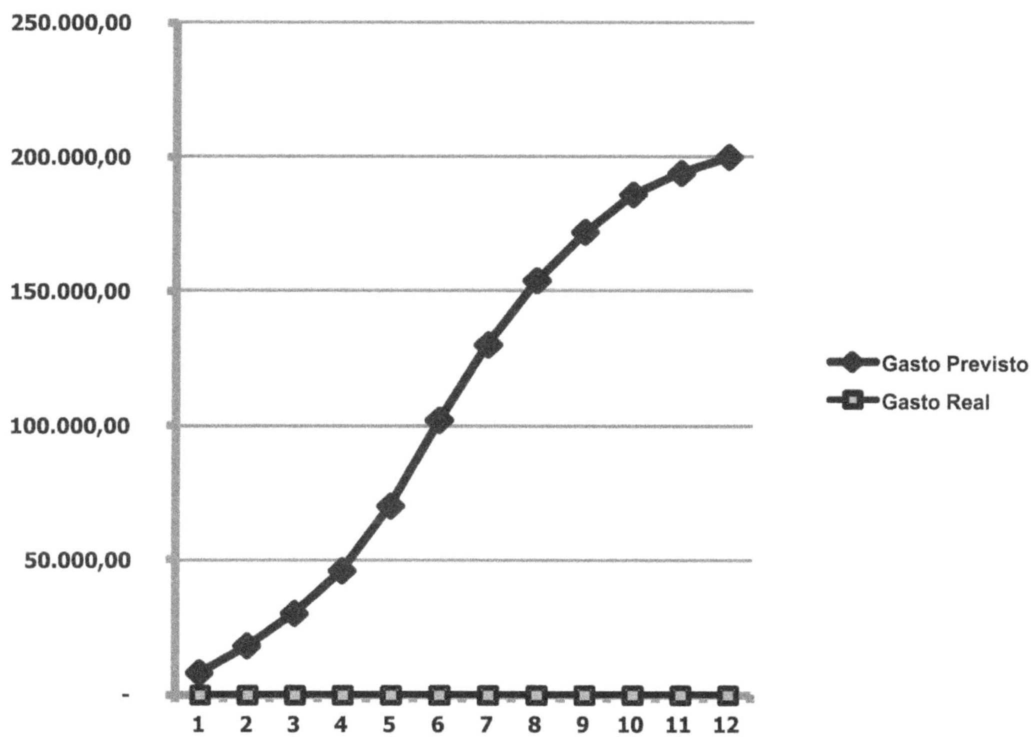

Controle do Custo do Projeto

No decorrer da execução do projeto, todo o desembolso realizado das tarefas deve ser lançado na coluna **GASTO REAL SIMPLES** (quarta coluna a partir da esquerda) e, assim, a coluna **GASTO REAL ACUMULADO** (quinta coluna a partir da esquerda) vai sendo calculada através de um somatório simples.

SEMANA	GASTO PREVISTO ($)		GASTO REAL ($)	
	SIMPLES	ACUMULADO	SIMPLES	ACUMULADO
1	8.000,00	8.000,00	6.000,00	6.000,00
2	10.000,00	18.000,00	4.000,00	10.000,00
3	12.000,00	30.000,00	6.000,00	16.000,00
4	16.000,00	46.000,00	8.000,00	24.000,00
5	24.000,00	70.000,00	16.000,00	40.000,00
6	32.000,00	102.000,00	22.000,00	62.000,00
7	28.000,00	130.000,00	20.000,00	82.000,00
8	24.000,00	154.000,00	16.000,00	98.000,00
9	18.000,00	172.000,00		
10	14.000,00	186.000,00		
11	8.000,00	194.000,00		
12	6.000,00	200.000,00		

Com os dados desta quinta e última coluna uma nova curva será formada. É a **curva "S" de gasto realizado.** Ela deverá ser comparada com a curva prevista, possibilitando o controle do escopo do projeto.

Curvas "S"do Gasto Previsto x Gasto Realizado

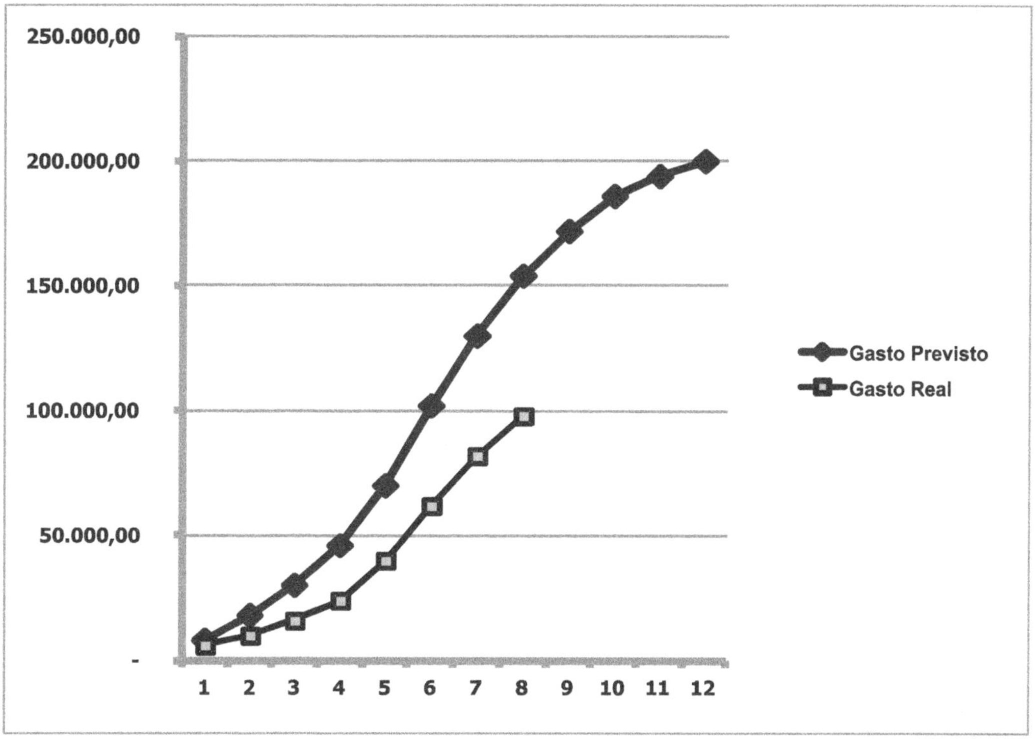

Para fins de uma análise sucinta, podemos definir que:

- Quando nossos pontos de controle dos **GASTOS REALIZADOS** estiverem abaixo da curva dos **GASTOS PREVISTOS**, que é a nossa linha de base, significa que a execução real das tarefas está inferior ao que foi previsto.
- Quando os pontos de controle de **GASTOS REALIZADOS** estiverem acima da curva dos **GASTOS PREVISTOS** significa que a execução real das tarefas está superior ao que foi previsto.

Considerações Finais

Portanto, depois de identificadas todas as tarefas necessárias à realização do projeto, distribuídas sequencialmente essas tarefas, definidas suas durações, relações de interdependências e determinados seus custos associados, é o momento de utilizar cada recurso exigido (recursos humanos, materiais e equipamentos) para execução e obtenção do produto final projetado.

No entanto, ainda que detalhadamente planejado, à medida que o projeto evolua, irão surgir desvios dos planos, originados por falhas, omissões ou modificações não previstas. A partir da medição constante do produto, podemos identificar, através de um processo de análise, esses desvios.

Assim, durante todo o ciclo de vida do projeto, será necessário acompanhamento criterioso de sua **execução**, através da análise de informações que permitam comparar o progresso atual com a programação, os custos e os recursos estabelecidos no plano inicial.

É o momento do processo de **controle** tornar-se dominante na evolução da administração do projeto.

Cabe ressaltar que, no trabalho com projetos, **planejamento** e **controle** não são funções fechadas e separadas. Elas interagem uma com a outra e são interdependentes, num ciclo contínuo em que o planejamento produz informações necessárias ao **controle** e, simultaneamente, o **controle** realimenta o **planejamento**.

30

Orçamento Matricial

O orçamento matricial é uma ferramenta utilizada para o controle de custos das organizações através de uma visão matricial (linhas e colunas) do orçamento. Esta ferramenta utiliza um personagem denominado GESTOR DE CONTAS, que tem a responsabilidade pela gestão total das contas de despesas (linhas horizontais da matriz), enquanto os gerentes funcionais mantêm as suas responsabilidades pelos gastos específicos (linhas verticais). Essa abordagem pode ser utilizada para controlar todas as despesas da organização, tais como: energia, comunicação, alimentação, manutenção, transportes, etc.

O orçamento é uma ferramenta fundamental para apoiar o processo de planejamento das organizações e seus projetos. O orçamento quantifica os recursos que estarão disponíveis para os investimentos e despesas necessárias às operações da organização. É usado para acompanhar se as iniciativas estão de acordo com o que foi planejado, permitindo os ajustes necessários.

Estrutura de um Orçamento Tradicional

1. Objetivos estratégicos
2. Propostas dos gerentes
3. Consolidação
4. Aprovação
5. Atividades operacionais
6. Comparação previsto x realizado

Vantagens da Utilização do Orçamento

- Ajuda a identificar oportunidades e riscos internos e externos que podem afetar o desempenho futuro da organização.
- Serve de balizamento para as iniciativas das unidades funcionais da organização.
- Propicia certo grau de coordenação entre as unidades funcionais da organização.
- Estimula o controle sistemático para a identificação de desvios e possibilita sua correção ou ajuste.

Problemas Relacionados ao Planejamento Orçamentário

- Na maioria das organizações é um processo burocrático.
- A distribuição dos recursos nem sempre é balanceada e integrada com as necessidades e demandas.
- Caso a administração geral não dê a devida importância a esse processo, ele se tornará inviável.
- As previsões de despesas por muitas vezes são feitas de forma arbitrária.
- É muito difícil atribuir responsabilidades sobre os desvios orçamentários quando se trata de contas de interesse comum (gastos com energia, por exemplo).
- Quase sempre o processo orçamentário deixa a impressão de que a intenção é "policiar as pessoas".

Um dos efeitos negativos desses problemas relacionados ao planejamento orçamentário é a tendência de "inflar" as previsões de gastos, de forma a tentar se proteger da ocorrência de eventos imprevisíveis.

A ideia do orçamento matricial é possibilitar um maior controle do orçamento através da utilização de uma estrutura matricial composta de linhas e colunas:

Esquema do Orçamento Matricial

ORÇAMENTO MATRICIAL			
MATRIZ	**PERSPECTIVA**	**GESTOR**	**RESPONSABILIDADES**
Linha	Horizontal	Gestor de Contas	Gestão Total do Item
Coluna	Vertical	Gestor Funcional	Gastos Específicos da Unidade

Modelo do Orçamento Matricial

ORÇAMENTO MATRICIAL					
CONTAS (Gestores de Contas)	**DEPARTAMENTOS (Gerentes Funcionais)**				
	Compras	**Vendas**	**Almoxarifado**	**Produção**	**Finanças**
Energia					
Comunicação					
Alimentação					
Transporte					
Conservação					
Limpeza					
Manutenção					
Papelaria					
etc.					

Gestor de Contas de Transporte

Gerente Funcional de Produção

Observações:

1. Os **gestores de contas** terão sempre a responsabilidade de acompanhar, verificar e negociar os investimentos e os gastos com todas as áreas da organização, gerenciando uma determinada conta da organização (energia, comunicação, alimentação etc.).
2. Os **gerentes funcionais**, como em um orçamento tradicional, continuam com as responsabilidades pelos gastos da sua unidade funcional (compras, vendas, produção, finanças etc.).

Vantagens do Orçamento Matricial

- Aumenta o grau de controle, pois passa a ter "dois olhares" sobre o orçamento.
- O gestor de contas torna-se um especialista daquele tipo de gasto, tendo condições de buscar alternativas consistentes para sua racionalização.
- O gestor de contas conquista uma visão integrada, podendo balancear melhor os interesses relativos de cada unidade funcional e tendo como perspectiva o melhor para a organização como um todo.

Ferramentas de Gerenciamento da Qualidade

31 Ciclo PDCA

O que não pode ser medido não pode ser gerenciado.
W. E. Deming

William Edwards Deming (14 de outubro de 1900 – 20 de dezembro de 1993) foi um estatístico, professor universitário, conferencista e consultor norte-americano. Deming ficou conhecido após seu trabalho no Japão, pelo crédito recebido no aumento da produção durante o período da Segunda Guerra Mundial. Já nos anos 50, à frente de sua época, ele ensinava às altas direções das empresas como planejar o aumento da qualidade dos seus produtos. Deming fez uma contribuição significativa para que o Japão se tornasse o renomado desenvolvedor e produtor de inovações de alta tecnologia e qualidade. Deming é tido como sendo a personalidade não nascida no Japão que maior impacto causou sobre o sistema de negócios e de produção fabril japonês.

O **ciclo PDCA**, também conhecido como **ciclo de Shewhart** ou **ciclo de Deming**, foi introduzido no Japão após a guerra. Foi idealizado por Shewhart, mas foi Deming quem o divulgou e efetivamente o aplicou. O ciclo de Deming tem por princípio tornar mais claros e ágeis os processos envolvidos na execução da gestão, como, por exemplo, na gestão da qualidade, dividindo-a em quatro principais passos, que são os seguintes:

- **Plan (Planejamento):** estabelecer missão, visão, objetivos (metas), procedimentos e processos (metodologias) necessários para o atingimento dos resultados.
- **Do (Execução):** realizar, executar as atividades.

- **Check (Verificação):** monitorar e avaliar periodicamente os processos e resultados, confrontando-os com o planejado, os objetivos, as especificações e o estado desejado, consolidando as informações e, eventualmente, confeccionando relatórios.
- **Act (Ação):** agir de acordo com o avaliado e com os relatórios, eventualmente determinar e confeccionar novos planos de ação, de forma a melhorar a qualidade, a eficiência e a eficácia, aprimorando a execução e corrigindo eventuais falhas.

O PDCA é aplicado principalmente nas normas de sistemas de gestão e deve ser utilizado (pelo menos na teoria) em qualquer organização de forma a garantir o sucesso nos negócios, independentemente da área ou departamento (vendas, compras, engenharia etc.).

O ciclo começa pelo **planejamento**, em seguida a ação ou conjunto de ações planejadas são **executadas**, **checa-se** o que foi feito, se estava de acordo com o planejado, constantemente e repetidamente (ciclicamente), e toma-se uma **ação** para eliminar ou ao menos mitigar os defeitos no produto ou na execução.

A seguir é descrito um roteiro prático para aplicação do ciclo PDCA:

Plan (Planejamento)

- Estudar o processo atual.
- Coletar dados para identificar problemas.
- Analisar os dados.
- Desenvolver um plano de melhorias.
- Especificar as métricas para analisar os planos.

Do (Execução)

- Implementar o plano.
- Documentar as mudanças.
- Coletar sistematicamente os dados para avaliação.

Check (Verificação)

- Avaliar as coletas de dados.
- Conferir os resultados efetivos com as metas estabelecidas no planejamento.

<u>Act</u> (Ação)

- Se os resultados forem bem-sucedidos:
  - ⇨ Padronizá-los.
  - ⇨ Comunicar as mudanças efetivas.
  - ⇨ Treinar as pessoas envolvidas no novo processo.
- Se os resultados forem malsucedidos:
  - ⇨ Revisar o plano original.
  - ⇨ Repetir o processo PDCA.

O Ciclo PDCA e as Metas

Há dois tipos de metas a serem consideradas em uma organização:

- Metas para manutenção.
- Metas para melhoria.

Exemplos de Metas para Manutenção

<u>Atender ao telefone sempre antes do terceiro sinal</u>. Essas metas podem também ser chamadas de "metas padrão". Teríamos, então, qualidade padrão, custo padrão, prazo padrão, etc. O plano para se atingir a meta padrão é o <u>Procedimento Operacional Padrão (POP)</u>. O conjunto de procedimentos operacionais padrão é o próprio planejamento operacional da empresa. O PDCA utilizado para atingir as metas padrão, ou para manter os resultados num certo nível desejado, pode então passar a ser chamado de SDCA (S de *standard*).

Exemplos de Metas para Melhoria

<u>Reduzir o desperdício de 100 unidades para 90 unidades em um mês</u> ou *<u>Aumentar a produtividade em 15% até dezembro</u>*. De modo a atingir novas metas ou novos resultados, a "maneira de trabalhar" deve ser modificada; por exemplo, uma ação possível seria modificar os <u>Procedimentos Operacionais Padrão</u>.

Os 14 Passos Recomendados por Deming	
1. Crie uma visão consistente para a melhoria de um produto ou serviço. **2.** Adote a nova filosofia e assuma a sua liderança na empresa. **3.** Termine com a dependência da inspeção como via para a qualidade. **4.** Minimize os custos com a seleção de um fornecedor preferencial. **5.** Melhore de uma forma constante e contínua cada processo. **6.** Promova a aprendizagem no terreno. **7.** Encare a liderança como algo que todos podem aprender. **8.** Não lidere com base no medo. Evite usar um estilo autoritário de gestão.	**9.** Destrua as barreiras entre os departamentos funcionais. **10.** Elimine as campanhas ou slogans com base na imposição de metas. **11.** Abandone a gestão por objetivos com base em indicadores quantitativos. **12.** Não classifique o desempenho dos trabalhadores ordenando-os por ranking. **13.** Crie um ambicioso programa de formação para todos os empregadores. **14.** Imponha a mudança como sendo uma tarefa de todos os trabalhadores.

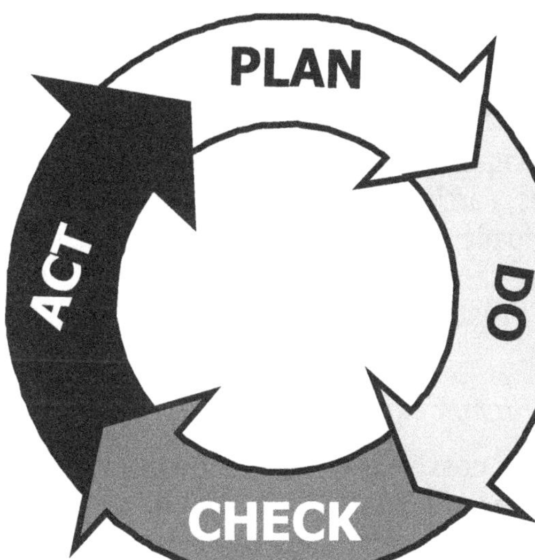

32

Conceito Kaizen

Kaizen é uma palavra de origem japonesa com o significado de *melhoria contínua*, gradual, na vida em geral (pessoal, familiar, social e no trabalho).

Nos anos 50, os japoneses retomaram as ideias da administração clássica de Taylor e as críticas delas decorrentes para renovar sua indústria e criaram o conceito de Kaizen, que significa aprimoramento contínuo. Essa prática (exprimindo uma forte filosofia de vida oriental e sendo, por sua vez também, uma filosofia, uma cultura) visa o bem não somente da empresa como do homem que trabalha nela.

As empresas são municiadas com ferramentas para se organizarem e buscarem sempre resultados melhores. Partindo do princípio de que o tempo é o melhor indicador isolado de competitividade, atua de forma ampla para reconhecer e eliminar os desperdícios existentes na empresa, sejam em processos produtivos já existentes ou em fase de projeto, produtos novos, manutenção de máquinas ou, ainda, processos administrativos.

"Hoje melhor do que ontem, amanhã melhor do que hoje!"

Para o Kaizen, é sempre possível fazer melhor, nenhum dia deve passar sem que alguma melhoria tenha sido implantada, seja ela na estrutura da empresa ou no indivíduo. Sua metodologia traz resultados concretos, tanto qualitativamente como quantitativamente, em um curto espaço de tempo e a um baixo custo (que, consequentemente, aumenta a lucratividade), apoiados na sinergia gerada por uma equipe reunida para alcançar metas estabelecidas pela direção da empresa.

O sistema de produção Toyota é conhecido pela sua aplicação do princípio do Kaizen.

Uma analogia conhecida é a de uma história chamada "O Tesouro de Bresa", onde um pobre alfaiate compra um livro com o segredo de um tesouro. Para descobrir o segredo, ele tem que decifrar todos os idiomas escritos no livro. Ao estudar e aprender esses idiomas, começam a surgir oportunidades, e ele lentamente (de forma segura) começa a prosperar.

Depois, é preciso decifrar os cálculos matemáticos do livro. Ele é obrigado a continuar estudando e se desenvolvendo, e a sua prosperidade aumenta.

No final da história, não existe tesouro algum – na busca do segredo, a pessoa se desenvolveu tanto que ela mesma passa a ser o tesouro. O processo de melhoria não deve acabar nunca, e os tesouros são conquistados com saber e trabalho. Por isso, **a viagem é mais importante que o destino**.

Kaizen tem o significado de **melhoria**. Organizacionalmente falando, seu conceito corresponde a uma *política* e também a uma *cultura*:

- **Política**: conjunto de valores definidos como verdade que servirão de orientação para o comportamento de um determinado grupo de pessoas.
- **Cultura**: conjunto de valores já incorporados pelo grupo e que pode ser observado pelo seu comportamento natural.

Considerando a aplicação do Kaizen em uma organização, temos o seguinte:

- A alta administração da organização assume os valores do Kaizen (basicamente a *melhoria contínua*) como parte da política da qualidade.
- A alta administração institui uma série de atividades para a promoção dos valores adotados. Isso pressupõe a disponibilização dos recursos necessários a todas as atividades. Essas atividades podem variar de organização para organização e podemos citar como exemplo o estímulo à formação de círculos de qualidade, programas de sugestão, programas 5S, programas de treinamento em técnicas estatísticas e ferramentas da qualidade e, principalmente, técnicas de solução de problemas, como o ciclo PDCA e outros.
- O corpo de funcionários passa a incorporar no seu dia a dia práticas relacionadas com a melhoria contínua. Normalmente a melhoria se aplica ao desempenho dos processos, à satisfação do cliente (tanto externo quanto interno), à qualidade de vida na organização (chegando, às vezes, a extrapolar o local de trabalho), à organização do ambiente de trabalho, à segurança pessoal, etc.

- De forma geral, o Kaizen é um complemento às práticas de reengenharia. Enquanto a reengenharia promove a melhoria através da inovação, isto é, substituindo os processos utilizados, o Kaizen promove a melhoria através da eliminação de problemas identificados nos processos correntes.
- A ideia fundamental é que melhoria não é um evento discreto ou pontual.
- Todos devem se unir na responsabilidade de olhar constantemente para as oportunidades de melhoria dos processos e produtos.

Roteiro Kaizen

1. Selecionar um processo da organização.
2. Estudar e documentar todo o processo.
3. Buscar maneiras de melhorar o processo.
4. Desenhar/desenvolver um processo melhor.
5. Implementar o processo novo.
6. Avaliar os resultados.
7. Documentar os resultados.
8. Repetir esse processo de maneira contínua.

33

Diagrama Espinha de Peixe

O **diagrama espinha de peixe** ou diagrama de Ishikawa é uma ferramenta gráfica utilizada pela administração para o gerenciamento e o controle da qualidade em diversos processos. Originalmente proposto pelo engenheiro químico Kaoru Ishikawa em 1943 e aperfeiçoado nos anos seguintes, é também conhecido como diagrama de causa e efeito ou diagrama 4M. Esse diagrama permite a percepção das relações entre causas e efeitos que intervêm em qualquer processo.

A nomenclatura "espinha de peixe" deve-se à sua forma básica, similar a uma espinha de peixe. Todas as fases ou operações vão concorrendo para uma espinha dorsal, uma após a outra, em sequência lógica.

Esse diagrama é também conhecido como 4M, pois, em sua estrutura, todos os problemas podem ser classificados como sendo de quatro tipos diferentes:

- Método
- Matéria-prima
- Mão de obra
- Máquinas

Esse sistema permite estruturar hierarquicamente as causas de determinado problema ou sua oportunidade de melhoria, bem como seus efeitos sobre a qualidade. Permite também estruturar qualquer sistema que necessite de resposta de forma gráfica e sintética.

O diagrama pode evoluir de uma estrutura hierárquica para um diagrama de relações, uma das sete ferramentas do planejamento da qualidade por ele desenvolvidas, que apresenta uma estrutura mais complexa, não hierárquica.

Graficamente, a estrutura de um gráfico Espinha de Peixe é a seguinte:

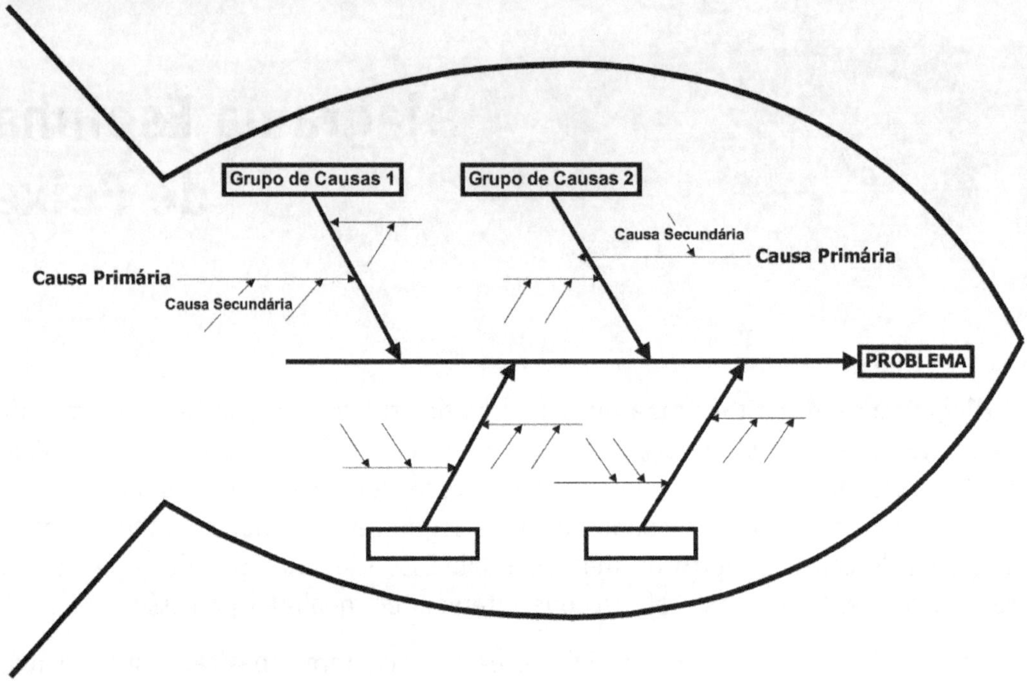

Esse diagrama tem como finalidade a apresentação ordenada da sequência de operações ou fases de um processo ou sistema, mostrando todas as etapas componentes, sua sequência e suas inter-relações.

As causas ou fatores são representados como setas que concorrem para o efeito (problema) que está sendo estudado. As causas ou fatores complexos podem ser decompostos em seus mínimos detalhes (causas primárias e causas secundárias), sem com isso perdermos a visão de conjunto.

Em geral, as CAUSAS são levantadas em reuniões do tipo *brainstorming*. As causas mais prováveis podem então ser discutidas e pesquisadas com maior profundidade.

Exemplo: vamos fazer um cafezinho?

Imagine você fazendo um cafezinho. Saiu demorado e ruim.

É um problema? Sim.

Então a tarefa é resolver este problema.

O primeiro passo para elaborar uma espinha de peixe é anotar todas as operações de como fazer um café. Então vejamos:

- Pegar o bule no armário da copa.
- Abrir a torneira para colocar a água no bule.
- Acender o fogão para esquentar a água.
- Pegar o pó de café e misturar com a água fervendo do bule.
- Pegar o açúcar e colocar no bule.
- Pegar o coador no armário.
- Coar quando estiver fervendo. Pronto! ... O cafezinho já está saindo.

O segundo passo é você e seu grupo analisarem a "causa-efeito" do problema, isto é, por que o cafezinho saiu tão ruim. Vamos analisar e detectar o problema através da metodologia 4M:

1. MÁQUINAS

São todos os equipamentos e máquinas que auxiliam de maneira direta ou indireta na fabricação de um determinado produto:

- ❑ Armário
- ❑ Fogão
- ❑ Bule
- ❑ Torneira
- ❑ Coador

2. MATÉRIA-PRIMA

São todos os materiais necessários para elaborar um determinado produto:

- ❑ Água
- ❑ Pó de café
- ❑ Açúcar

3. MÃO DE OBRA

São os profissionais (homens e mulheres) destinados à execução de um trabalho, especializado ou não:

- ❑ Você

4. MÉTODO

São todas as maneiras de como se faz um determinado trabalho:

- ❑ Localizar e pegar o bule no armário.
- ❑ Colocar água no bule.
- ❑ Esquentar água, ligando o fogão.
- ❑ Colocar o pó de café e o açúcar na água fervendo.
- ❑ Coar o café.

O terceiro passo é você e seu grupo estudarem cada um dos itens das hipóteses (4M) para tentar detectar um determinado problema e sugerir novas ideias, para que o próximo cafezinho saia mais gostoso e mais rápido.

Tente imaginar os problemas das quatro hipóteses e dar uma sugestão para modificar o atual método que você usou para fazer o café.

1 . MÁQUINAS			
DESCRIÇÃO	**EFEITO**	**CAUSA**	**SOLUÇÃO**
ARMÁRIO	Demora na localização do bule.	Armário distante do fogão e desarrumado.	Trazer o armário próximo do fogão.
FOGÃO	Demora para acender o fogo.	Fogão com botões enguiçados.	Reparar a peça velha.
BULE	Sem problemas.	------	------
TORNEIRA	Sem problemas.	------	------
COADOR	Pó de café no fundo do bule.	Coador velho com vazão maior que o normal.	Trocar o coador.

2 . MATÉRIA-PRIMA			
DESCRIÇÃO	**EFEITO**	**CAUSA**	**SOLUÇÃO**
ÁGUA	Gosto ruim no café.	Água com cloro.	Filtrar a água.
PÓ DE CAFÉ	Gosto mofado.	Pó estocado há mais de quatro meses.	Diminuir o estoque de café.
AÇÚCAR	Sem problemas.	------	------

3 . MÃO DE OBRA			
DESCRIÇÃO	**EFEITO**	**CAUSA**	**SOLUÇÃO**
VOCÊ	Preparação do café muito demorada.	Nunca fez um cafezinho antes.	Treinar.

4 . MÉTODO			
DESCRIÇÃO	**EFEITO**	**CAUSA**	**SOLUÇÃO**
LOCALIZAR E PEGAR O BULE NO ARMÁRIO	Demora na localização.	Distanciamento e desarrumação.	Deixar o bule próximo do fogão e torneira (com filtração).
COLOCAR ÁGUA NO BULE	Sem problemas.	------	------
ESQUENTAR ÁGUA, LIGANDO O FOGÃO	Sem problemas.	------	------
COLOCAR O PÓ DE CAFÉ E O AÇÚCAR NA ÁGUA FERVENDO	Sem problemas.	------	------
COAR O CAFÉ	Sem problemas.	------	------

Soluções Propostas

As soluções propostas são:

- ❑ Trazer o armário para próximo do fogão (Máquina).
- ❑ Reparar a peça velha dos botões (Máquina).
- ❑ Trocar o coador (Máquina).

- ❑ Filtrar a água (Matéria-prima).
- ❑ Diminuir o estoque de café (Matéria-prima).
- ❑ Treinar você (Mão de obra).
- ❑ Deixar o bule próximo do fogão e torneira com filtração (Método).

Como ficará a nova espinha de peixe, após novas soluções propostas?

1º Pegar o bule para colocar a água filtrada.
2º Acender o fogão para esquentar a água.
3º Pegar o pó fresco de café e misturar com água fervendo.
4º Pegar o açúcar e colocar no bule.
5º Pegar o novo coador no armário.
6º Coar quando estiver fervendo.

O seu objetivo foi cumprido?

- ❑ Melhor qualidade do café.
- ❑ Rapidez na preparação.

Se:

- ❑ Sim → Missão cumprida!
- ❑ Não → Volte a estudar novamente o problema.

Não há problemas sem soluções. Estude as causas e os efeitos dos problemas.

Ishikawa observou que, embora nem todos os problemas pudessem ser resolvidos por essas ferramentas, ao menos 95% poderiam ser, e que qualquer trabalhador fabril poderia efetivamente utilizá-las. Embora algumas dessas ferramentas já fossem conhecidas havia algum tempo, Ishikawa as organizou especificamente para aperfeiçoar o controle de qualidade industrial nos anos 60.

Talvez o alcance maior dessas ferramentas tenha sido a instrução dos círculos de controle de qualidade. Seu sucesso surpreendeu a todos, especialmente quando foram exportados do Japão para o ocidente. Esse aspecto essencial do gerenciamento da qualidade foi responsável por muitos dos acréscimos na qualidade dos produtos japoneses e, posteriormente, muitos dos produtos e serviços de classe mundial, durante as últimas três décadas.

Fatores Críticos de Sucesso

1. Envolver todos os interessados/atingidos pelo processo.
2. Não criticar ideias e sugestões.
3. Agrupar as causas conjuntamente.
4. Não sobrecarregar o diagrama.
5. Construir um diagrama para cada problema/defeito.
6. Listar todas as causas mais prováveis.
7. Criar ambiente favorável à solução do problema.
8. Entender claramente cada causa e seus possíveis efeitos.

34

Folha de Verificação

As **folhas de verificação** são tabelas ou planilhas usadas para facilitar a coleta e análise de dados. O uso de folhas de verificação economiza tempo, eliminando o trabalho de desenhar figuras ou escrever números repetitivos. Além disso, elas evitam comprometer a análise dos dados. É uma das sete ferramentas da qualidade.

Uma lista de verificação serve para a observação sistemática de fenômenos, permitindo uma visualização da existência dos diversos fatores envolvidos e seus padrões de comportamento.

Breve Histórico

Kaoru Ishikawa nasceu em 1915 e se formou em Química Aplicada pela Universidade de Tóquio em 1939. Após a guerra, ele se envolveu nos esforços primários da JUSE – União de Cientistas e Engenheiros Japoneses – para promover qualidade. Posteriormente, tornou-se presidente do Instituto de Tecnologia Musashi. Até sua morte, em 1989, o Dr. Ishikawa foi a figura mais importante no Japão na defesa do controle de qualidade.

Ele foi o primeiro a utilizar o termo Controle de Qualidade Total (*Total Quality Control*). Desenvolveu as “Sete Ferramentas” e considerou que qualquer trabalhador poderia utilizá-las no dia a dia, e não apenas os gerentes.

Ishikawa recebeu muitos prêmios durante sua vida, incluindo o Prêmio Deming e a Segunda Ordem do Tesouro Sagrado, uma altíssima honraria do governo japonês.

As Sete Ferramentas da Qualidade

1. Gráfico de Pareto
2. Diagramas de causa-efeito (espinha de peixe ou diagrama de Ishikawa)
3. Histogramas
4. Folhas de verificação
5. Gráficos de dispersão
6. Fluxogramas
7. Cartas de controle

Descrição do Método

Existem vários tipos de listas de verificação, cada qual melhor adaptada para as finalidades a que se destinam, porém a ideia básica é sempre a mesma: agrupar os fatos em classes.

De modo geral, existem quatro tipos de listas de verificação:

1. **Lista de verificação da existência de determinadas condições**: geralmente a resposta final que nos interessa é do tipo SIM/NÃO.
2. **Lista de verificação de contagem de quantidades**: neste tipo de lista, além de verificarmos a existência ou não das condições exigidas, interessa-nos saber as quantidades ou frequências com que aparecem. Exemplo: lista de verificação de defeitos de acabamento da peça.
3. **Lista de verificação de classificação de medidas**: neste tipo de lista, verificamos o modo de distribuição de características mensuráveis. Exemplo: distribuição das medidas dos diâmetros de uma determinada peça.
4. **Lista de verificação de localização de defeitos**: esta lista serve para estudarmos a localização de defeitos ou determinadas características em corpos ou objetos definidos, com a finalidade de percebermos algum padrão de ocorrência. Exemplo: lista de verificação de defeitos de acabamento na parte externa da peça.

Exemplo de uma Folha de Verificação

DEFEITOS DE PINTURA NA PEÇA "A"					
DEFEITOS	**PERÍODO (Dias)**				**TOTAL**
	01	**02**	**03**	**04**	
Falha de Pintura	01	00	03	01	**05**
Pintura Rugosa	00	05	00	00	**05**
Pintura com Bolhas	02	00	02	03	**07**
Pintura Escorrida	03	02	04	05	**14**
Pintura Riscada	00	00	01	00	**01**
Pintura com Sujeira	02	03	01	03	**09**

35

Programa 5S

O **Programa 5S** foi concebido por **Kaoru Ishikawa** em 1950, no Japão do pós-guerra, provavelmente inspirado na necessidade que havia, então, de colocar ordem na grande confusão a que ficou reduzido o país após sua derrota para as forças aliadas. O programa demonstrou ser tão eficaz enquanto reorganizador das empresas e da própria economia japonesa que, até hoje, é considerado o principal instrumento de gestão da qualidade e produtividade utilizado naquele país.

O Programa 5S foi desenvolvido com o objetivo de transformar o ambiente das organizações e a atitude das pessoas, melhorando a qualidade de vida dos funcionários, diminuindo desperdícios, reduzindo custos e aumentando a produtividade das instituições.

O "Programa 5S" ganhou esse nome devido às iniciais das cinco palavras japonesas que sintetizam as cinco etapas do programa: **Seiri**, **Seiton**, **Seisso**, **Seiketsu** e **Shitsuke**.

Seiri

O que é?

- ❑ Descarte.

Para que serve?

- ❑ Manter no local apenas aquilo que é necessário e adequado às atividades e ao ambiente de trabalho: o que não serve para um setor pode servir e estar fazendo falta em um outro setor.

Como praticar?

- ❑ Verificar, dentre todos os materiais, equipamentos, ferramentas, móveis, etc. aquilo que de fato é útil e necessário.
- ❑ Separar aquilo que não tem utilidade para o setor.
  1. Materiais quebrados, obsoletos, etc. (por exemplo, aquela velha máquina de calcular que ninguém usa mais).
  2. Materiais que não têm utilidade para os serviços executados pelo setor (por exemplo, as máquinas de escrever substituídas pelo microcomputador).
  3. Materiais estocados em excesso (por exemplo, manter no setor duzentas canetas esferográficas quando o consumo é de cinco por mês).
  4. Materiais já utilizados (por exemplo, jornais, revistas e Diários Oficiais antigos).
- ❑ Descartar o que não serve, disponibilizando para outro setor aquilo que já não é mais utilizado.
  - ⇨ Devolver ao almoxarifado o excedente dos materiais estocados no setor.
  - ⇨ Enviar para venda, como sucata, ou jogar no lixo aquilo que não tiver outra utilidade.

Resultados

- ❑ Desocupa espaços.
- ❑ Torna mais visíveis os materiais realmente utilizados.
- ❑ Torna o ambiente mais claro, confortável e fácil de limpar.
- ❑ Evita a compra desnecessária de materiais.
- ❑ Aumenta a produtividade.
- ❑ Prepara o ambiente para a segunda fase.

Seiton

O que é?

- ❑ Arrumação.

Para que serve?

- ❑ Arrumar e ordenar aquilo que permaneceu no setor por ser considerado necessário.

Como praticar?

- ❑ Verificar, dentre todos os materiais, equipamentos, ferramentas, móveis, etc., aquilo que de fato é útil e necessário.
- ❑ Analisar onde e como guardar as coisas.
- ❑ Definir critérios para guardar os materiais e organizar os móveis e equipamentos. Tudo deve sempre estar disponível e próximo ao local de uso.
- ❑ Definir um lugar para cada coisa e o modo adequado de guardá-la.
- ❑ Padronizar os nomes dos objetos.
- ❑ Criar um sistema de identificação visual dos objetos, para facilitar o acesso a eles (cores, rótulos, símbolos).
- ❑ Manter tudo em seus lugares após o uso.

Resultados

- ❑ Racionaliza os espaços.
- ❑ Facilita o acesso aos materiais e equipamentos, reduzindo o tempo de busca.
- ❑ Evita estoques em duplicidade.
- ❑ Racionaliza a execução das tarefas.
- ❑ Melhora o ambiente de trabalho reduzindo o esforço físico e mental.
- ❑ Prepara o ambiente para a terceira fase.

Seiso

O que é?

- ❑ Limpeza.

Para que serve?

- ❑ Deixar o local limpo e as máquinas e os equipamentos em perfeito funcionamento.

Como praticar?

- ❑ Fazer uma faxina geral.
- ❑ Acionar regularmente o pessoal da limpeza.
- ❑ Acionar regularmente o pessoal da manutenção.

- Desenvolver hábitos de limpeza.
- Limpar os objetos antes de guardá-los.

Resultados

- Conscientiza sobre a necessidade de manter o local de trabalho limpo e arrumado.
- Cria um ambiente de trabalho saudável e agradável.
- Melhora a imagem do setor, da instituição e, por extensão, dos funcionários.
- Incrementa a qualidade de vida na instituição.
- Prepara o ambiente para a quarta fase.

Seiketsu

O que é?

- Padronização.

Para que serve?

- Desenvolver padrões de gerenciamento para manutenção dos 5S e preocupação constante com a "higiene em sentido amplo", tornando o local de trabalho apto para revelar as anormalidades, além de saudável e adequado às tarefas desenvolvidas.

Como praticar?

- Praticar sempre os três "S" anteriores.
- Melhorar as condições ambientais de trabalho.
- Promover o respeito mútuo.
- Manter as coisas organizadas, arrumadas e limpas, incluindo os aspectos pessoais e os relacionados à poluição.
- Criar um ambiente de trabalho harmonioso.

Resultados

- Reduz acidentes.
- Melhora a saúde geral dos funcionários.
- Eleva o nível de satisfação dos funcionários.
- Facilita as relações humanas.

- ❑ Divulga positivamente a imagem do setor, da instituição e dos funcionários.
- ❑ Prepara o ambiente para a quinta fase.

Shitsuke

O que é?

- ❑ Disciplina.

Para que serve?

- ❑ Melhorar constantemente.
- ❑ Desenvolver a força de vontade, a criatividade e o senso crítico.
- ❑ Respeitar e cumprir o estabelecido.

Como praticar?

- ❑ Disciplinar a prática dos "S" anteriores.
- ❑ Compartilhar objetivos.
- ❑ Difundir regularmente conceitos e informações.
- ❑ Cumprir as rotinas com paciência e persistência.
- ❑ Incorporar os valores do Programa 5S.
- ❑ Criar mecanismos de avaliação e motivação.
- ❑ Participar dos programas de treinamento.

Resultados

- ❑ Elimina o controle autoritário e imediato.
- ❑ Facilita a execução das tarefas.
- ❑ Propicia resultados de acordo com o planejado.
- ❑ Propicia o crescimento pessoal e profissional.
- ❑ Melhora os serviços e as relações pessoais.
- ❑ Prepara a instituição e os funcionários para os Programas de Qualidade mais abrangentes.

O Programa 5S e a Cidadania

O Programa 5S propõe cinco iniciativas, cinco ações, que visam transformar o ambiente de trabalho. Ao fazer isso, entretanto, transforma também a atitude das pessoas com relação a esse ambiente, aos seus colegas e a si mesmas.

O "Programa 5S" é mais do que uma ferramenta administrativa. É uma proposta de reeducação, de recuperação de práticas e valores frequentemente esquecidos, mas certamente conhecidos e prezados por todos. De fato, as atitudes sugeridas pelo Programa 5S parecem óbvias.

Todos concordam que um ambiente sem entulho é mais agradável do que um local entupido de tralhas que mal sabemos para que servem. Ninguém questiona ser mais fácil trabalhar em um ambiente bem arrumado do que em meio à bagunça. É claro que um lugar limpo é muito melhor do que um outro cheio de lixo e sujeira. Sabemos perfeitamente que atitudes como essas, antigamente chamadas "virtuosas", tornam a vida mais agradável, mais saudável, mais produtiva. Apenas nos esquecemos disso.

Outra hipótese é acharmos que o local onde trabalhamos "não merece" o nosso esforço nesse sentido, talvez por pensarmos que "esse não é trabalho nosso".

Por esse motivo, o Programa 5S foi concebido para ser aplicado também fora do ambiente de trabalho. Ele propõe que façamos uma reflexão sobre a nossa vida, sobre o modo como nos comportamos com relação a nós mesmos, aos nossos parentes, amigos, vizinhos, colegas de trabalho. Em relação a nossa casa, nossa rua, nosso bairro, nossa cidade, nosso país.

Em resumo, o Programa 5S questiona a nossa situação enquanto cidadãos, enquanto membros ativos de uma sociedade organizada e democrática, onde cada indivíduo tem direitos e obrigações e deve esforçar-se para cumprir estas e fazer valer aqueles.

O Programa 5S pode ser o primeiro passo para que reconquistemos mais um "S" – o senso de justiça – através do qual atingimos também o senso da proporção, o senso da beleza, o sentido da cidadania, sem os quais jamais conseguiremos perceber a necessidade de vivermos numa sociedade equitativa e democrática.

O "Dia D"

O Programa 5S tem início com uma atividade chamada "Dia D". Nesse dia, que terá a participação de todas as pessoas da instituição, serão colocados em prática os conceitos descarte, arrumação, limpeza e saúde. O conceito "disciplina" não é praticado nesse dia, mas sim depois do Dia "D", como um conceito de manutenção do programa. Na impossibilidade de se implantar o Dia '"D" em todos os setores, o responsável pelo projeto deverá analisar qual setor apresenta a maior necessidade de mudanças, começar por ele e então ir, gradativamente, implantando o Dia "D" nos demais setores da instituição.

É importante ressaltar que o Dia "D" é o início da implantação do programa, portanto ele não deve ser repetido nos locais onde já tenha sido implantado. Por isso são tão importantes as ações de continuidade, principalmente a inclusão na rotina da instituição da prática das atividades de descarte, arrumação, limpeza e saúde. Se acontecer de o ambiente que já tenha sido melhorado pelo Dia "D" voltar a apresentar problemas na mesma intensidade de antes, significa que as ações de continuidade não estão sendo eficientes e eficazes para a manutenção do programa.

A Formação do Comitê de Implantação do Dia "D"

O grupo de funcionários que executará a implantação do Dia "D" é chamado de Comitê 5S. O comitê poderá ficar responsável também pela continuidade do programa. Os integrantes do grupo, no máximo dez, deverão ser escolhidos dentre os funcionários que tenham predisposição para os assuntos voltados à área de qualidade. No Dia "D", o Comitê "5S" terá o apoio de um grupo de voluntários, a força-tarefa e os representantes de área, escolhidos pelo comitê dentre os funcionários.

Atribuições do comitê "5S"

- ❑ Propor o plano de implantação do programa.
- ❑ Elaborar o orçamento da implantação.
- ❑ Monitorar a execução do programa.
- ❑ Avaliar e elaborar o balanço do programa.

Atribuições do coordenador do comitê "5S"

- ❑ Gerenciar todas as atividades de implantação do programa.
- ❑ Representar o comitê junto à alta administração.

Perfil do coordenador do comitê "5S"

- ❑ Possuir amplo conhecimento da instituição.
- ❑ Ter livre acesso a gerentes/supervisores/chefes das áreas envolvidas.
- ❑ Ser respeitado tanto pessoal quanto tecnicamente na instituição.
- ❑ Ser formador de opinião.

Atribuições dos membros do comitê "5S"

- ❑ Disseminar os conceitos do programa (multiplicador).
- ❑ Executar as ações previstas no planejamento de implantação do programa.

Perfil do membro do comitê "5S"

- ❑ Possuir boa capacidade de comunicação.
- ❑ Ter credibilidade.
- ❑ Ter disponibilidade para aprender.
- ❑ Ser respeitado na instituição, tanto pessoal quanto tecnicamente.
- ❑ Ser formador de opinião.

Atribuição dos representantes de área

- ❑ Intermediar as informações e as orientações entre o comitê e os funcionários.
- ❑ Transmitir ao comitê as dificuldades e as oportunidades observadas junto aos funcionários.

Perfil do representante de área

- ❑ Ser formador de opinião.
- ❑ Ter facilidade de compreensão e comunicação.
- ❑ Ter credibilidade.

Atribuição dos integrantes da força-tarefa

- ❑ Ajudar nas tarefas pesadas do Dia "D" (carregar, empurrar, transportar).

Perfil do integrante da força-tarefa

- ❑ Predisposição a ajudar.
- ❑ Ter força física compatível com as tarefas.
- ❑ Ser cuidadoso com o trato dos materiais e equipamentos.

Planejando o "Dia D"

A seguir são apresentadas, a título de sugestão, as etapas a serem seguidas na implantação do Dia "D". Isso não significa que cada instituição não deva desenvolver uma metodologia própria e adequada para a sua realidade. Entretanto, é importante dizer que o comitê 5S deve desenvolver seu planejamento com base nas informações fornecidas pelas áreas que darão apoio operacional à implantação do programa, tais como: suprimentos, patrimônio, transportes, finanças, telecomunicações, manutenção, informática, medicina, segurança, comunicação e treinamento.

Criando o Comitê "5S"

O comitê poderá ser constituído por elementos indicados pela alta administração ou pelo próprio grupo da qualidade. A criação do comitê e a definição de suas atribuições devem ser relatadas na ata da reunião realizada para esse fim. É de suma importância que as reuniões do comitê e suas decisões sejam formalizadas em ata própria, de forma a garantir a legitimidade das ações.

Quem faz:

- ❑ A alta administração ou o grupo da qualidade.

Como faz:

- ❑ Repassa conhecimentos; formaliza decisão; define onde e quando; elabora cronograma.

Avaliando o Processo

É importante que o coordenador do comitê reúna-se com a comissão de qualidade e com os dirigentes da organização para relatar as atividades planejadas, apresentar os próximos passos e discutir as dificuldades encontradas. Recomenda-se que as reuniões sejam pautadas, para agilizar os trabalhos e evitar perda de tempo. Todas as decisões devem ser registradas em ata.

Quem faz:

- ❑ O comitê 5S.

Como faz:

- ❑ Promove reunião para relatar as atividades concluídas; apresenta os próximos passos e discute as dificuldades.

Atividades Paralelas

São aquelas que vão fazer do "Dia D" um dia festivo. Essas atividades deverão estimular o trabalho em equipe e garantir um clima de descontração nesse dia.

Quem faz:

- O comitê 5S e voluntários.

Como faz:

- Por meio de cartazes; boletins; informativos; brincadeiras; premiações; solenidade de abertura; festa de encerramento; fotografias; filmagem; entrevistas, etc. Para isso elabora um cronograma específico.

Mapeando as Áreas

O local a ser trabalhado no "Dia D" deverá ser dividido em "áreas", de modo a facilitar não apenas o desenvolvimento das ações do comitê, como também a comunicação entre o comitê e os funcionários envolvidos. A divisão por área deverá obedecer aos critérios que contemplem tanto o aspecto da proximidade física das salas como da similaridade dos serviços, facilitando as atividades do comitê na escolha de representantes e na transmissão de informações e instruções.

Quem faz:

- O comitê 5S.

Como faz:

- Obtém planta baixa ampliada do local; identifica os serviços executados em cada uma das áreas; identifica as diretorias envolvidas; divide em áreas; divulga.

Sensibilizando para o Programa (Multiplicação dos Conceitos do Programa)

A multiplicação do programa deverá ser levada a efeito pelo comitê através da apresentação dos seus conceitos e do seu cronograma de implantação, com informações detalhadas sobre o "Dia D", passo a passo, além de orientações para que cada funcionário saiba exatamente como ser um colaborador do processo. Dependendo do número de funcionários envolvidos, deverá ser formado mais de um grupo de sensibilização. O número de participantes por grupo depende da estrutura do local a ser utilizado para esse fim. O importante é que a composição dos grupos seja heterogênea e que tenha a participação de chefes, supervisores, etc.

O comitê deverá adequar o tempo de treinamento em função da realidade da instituição. Sugere-se que os convites para o curso sejam individuais, de modo que o funcionário compreenda a importância da sua participação no programa. Durante o treinamento, o multiplicador deverá solicitar voluntários para os cargos de representantes das áreas e de força-tarefa e, se necessário, identificar outros participantes que tenham perfil adequado à execução de atividades na área da qualidade. O treinamento deverá valer-se de recursos didáticos variados e criativos, e o local das palestras deve ser agradável e confortável.

Quem faz:

- ❑ Os multiplicadores do programa.

Como faz:

- ❑ Define objetivos, define público-alvo, planeja exposições, define data e local, define tempo de duração, divulga as datas do treinamento, testa recursos do treinamento, apresenta exemplos práticos, motiva, convence, responsabiliza, ouve e cria lista de presença.

Definindo Colaboradores

O comitê definirá, formalmente, os nomes dos representantes de áreas e daqueles que comporão a força-tarefa, escolhendo, dentre os voluntários, os que possuam o perfil adequado para cada atividade. Sugerimos que, antes da formalização, cada pessoa seja contatada para confirmação da sua disponibilidade em participar. Muitas vezes o voluntário se vê obrigado a mudar de ideia após o treinamento devido a problemas pessoais ou funcionais.

Obs.: sugere-se que o número de integrantes da força-tarefa seja calculado na base de um voluntário para cada dez participantes das atividades do "Dia D".

Quem faz:

- ❑ O comitê 5S (a força-tarefa pode ser indicada pelos representantes de área).

Como faz:

- ❑ Analisa perfil, convida pessoalmente, formaliza convite, define número de participantes, pratica envolvimento e define atribuições.

Descarte Global e Local

O comitê e os representantes das áreas devem definir os locais adequados a receber o material descartado, levando em consideração a facilidade de acesso tanto para quem o está descartando como também para quem vai providenciar a remoção do descarte, portanto é interessante que cada área tenha, preferencialmente, seu local de descarte.

O representante da área será responsável por receber e organizar os materiais descartados, separando-os em: material inservível (lixo), material patrimoniado sucateado, material de consumo, material patrimoniado disponibilizado, etc. O material descartado ou disponibilizado deve ser classificado e o comitê deverá orientar os funcionários quanto ao destino a ser dado a cada item. Descarte global é o local onde serão agrupados os materiais descartados de todas as áreas.

O local deve ser amplo, preferencialmente coberto, e que possa ser ocupado por alguns dias sem interferir nas atividades rotineiras da instituição. Deve ainda oferecer segurança para a guarda dos materiais que ali serão depositados. A força-tarefa será responsável pela transferência do material da área de descarte local para a do global.

Quem faz:

- O comitê 5S, os representantes de área e a força-tarefa.

Como faz:

- Analisa planta baixa; verifica locais próximos; evita áreas de circulação; evita gastos com transporte; separa papéis, patrimônios, lixo, etc.

Documentando o "Antes"

O trabalho consiste em fotografar os locais – salas, mesas, gavetas, armários, etc. – alvo da ação do "Dia D", sempre com a concordância das pessoas que ali trabalham. Recomenda-se evitar fotografar funcionários ou objetos que os identifiquem, a fim de evitar constrangimentos.

Esse trabalho poderá ser feito por qualquer um dos participantes que tenha alguma experiência com o equipamento fotográfico disponível e habilidade para tratar com as pessoas. É importante que os locais fotografados, bem como as angulações de câmera, sejam anotados para que seja possível repetir as fotos, nas mesmas posições, após as ações do "Dia D".

A melhor maneira de obter a necessária permissão para fotografar é explicar ao funcionário durante o treinamento a importância de documentar e comparar os resultados do trabalho que ele mesmo irá realizar, e que esse material será utilizado posteriormente na documentação do programa.

Montagem do Quadro de Fotos

O quadro será montado pelo participante que apresente aptidão para o trabalho, sob a coordenação do comitê. As fotos deverão ser coladas com espaço suficiente entre elas, de modo a permitir a futura inclusão das outras que registrarão as melhorias obtidas no "Dia D". O quadro deverá ser colocado em local onde os participantes possam visualizá-lo. Cada área exibirá seu próprio quadro. Recomenda-se não afixá-lo em local de circulação do público externo.

Quem faz:

- ❑ O comitê 5S e os representantes de área.

Como faz:

- ❑ Fotografa, não identifica, setoriza e dá visibilidade. Acesso só para os funcionários da instituição.

Levantando as Necessidades (Manutenção e Materiais)

O comitê deverá providenciar a elaboração de planilhas a serem utilizadas pelos funcionários participantes do "Dia D", orientando os representantes das áreas quanto ao seu correto preenchimento:

- ❑ **Planilha de solicitação de material** – Utilizada para discriminar e quantificar os produtos a serem usados na limpeza e organização do local.
- ❑ **Planilha de descrição de melhorias** – Utilizada para anotar as necessidades relativas à manutenção e aquisição de móveis e equipamentos, modificação de layout, entre outras.

Obs.: das planilhas deverão constar somente as sugestões que forem de consenso do grupo.

Quem faz:

- ❑ O comitê 5S, os representantes de área e os funcionários.

Como faz:

- Estabelece critérios, padroniza a planilha para receber os pedidos, cria grupos em áreas ou setores afins, não censura as ideias, incentiva a democracia e estabelece tempo para a reunião.

Selecionando as Ações Viáveis

O comitê deverá, juntamente com os representantes das áreas, analisar os pedidos descritos nas planilhas de solicitação de melhorias e de materiais. Essas planilhas merecem uma especial atenção, pois nem todas as solicitações são possíveis de ser atendidas no "Dia D", ou mesmo depois dele. Porém, é importante ressaltar que o comitê só deverá negar aquele pedido impossível de ser atendido, de modo a não frustrar a expectativa de quem propôs a melhoria. Também é importante que algumas propostas sejam avaliadas junto às chefias dos setores ou pelas diretorias que serão envolvidas nas soluções.

Se a opção do comitê for atender a todos os pedidos de manutenção nos dias subsequentes ao "Dia D", então é necessário que o comitê se reúna com os responsáveis pela manutenção, estabeleça um cronograma de atendimento e defina os materiais necessários e os custos.

Quem faz:

- O comitê 5S, os representantes de área e as chefias dos setores.

Como faz:

- Analisa e prioriza as melhorias, analisa as sugestões, verifica a possibilidade de execução, prevê custo e mão de obra e planeja execução com o responsável.

Comunicação das Ações Inviáveis

Após a definição das melhorias que serão atendidas, os representantes deverão retornar às suas áreas com as informações sobre as decisões do comitê. Elas deverão estar formalizadas na planilha de solicitação de melhorias, e as negativas ou adiamentos deverão conter informações suficientes para que o grupo entenda os motivos do não atendimento à solicitação.

Quem faz:

- Os representantes de área.

Como faz:

- Explica as recusas ou adiamentos, registra em formulário e não desmotiva.

Disponibilizando Materiais

O comitê deve viabilizar a compra dos materiais a serem utilizados pelos funcionários no "Dia D". Essa atividade deve atender aos trâmites administrativos da instituição, portanto deve ser programada com a devida antecedência.

Os materiais solicitados e suas respectivas quantidades devem gerar uma lista de compra única, que será utilizada posteriormente para a execução do pedido de compra dos materiais. Só corte da lista o que não puder ser, de fato, adquirido. Atenda a sugestões que irão contribuir positivamente para a realização dos trabalhos. Um aspecto a ser observado é que alguns materiais podem ser utilizados por mais de uma sala: vassouras, rodos, baldes. Portanto, nem sempre 1 + 1 = 2!! A adoção desse critério é coerente com uma das propostas do "Programa 5S", que é estimular o trabalho em equipe.

Quem faz:

- O comitê 5S e os representantes de área.

Como faz:

- Junta os pedidos agrupando produtos, analisa as sugestões, viabiliza compras e programa a manutenção.

Montagem e Distribuição dos "Kits"

Os materiais adquiridos deverão ser separados de acordo com os pedidos feitos pelas áreas. Esse trabalho deve ser feito com a colaboração dos representantes das áreas e, se necessário, com elementos da força-tarefa, sob a supervisão de algum elemento do comitê. Os materiais devem ser acondicionados em caixas identificadas. As caixas contendo os materiais devem ser distribuídas, de preferência, um dia antes do "Dia D".

Quem faz:

- Comitê 5S, representantes de área e força-tarefa.

Como faz:

- Separa materiais, acondiciona, identifica por áreas e distribui.

Definindo Responsabilidades

O comitê fará uma reunião com os representantes das áreas e a força-tarefa alguns dias antes do "Dia D" para definir as atribuições de cada um e apresentar as instruções operacionais que deverão ser cumpridas no "Dia D".

Quem faz:

- ❑ O comitê 5S, os representantes de área e a força-tarefa (voluntários).

Como faz:

- ❑ Distribui instruções e verifica últimas providências.

As Ações do Dia "D"

É o dia de colocar em prática o "Programa 5S", começando pelos três primeiros conceitos: descarte, arrumação e limpeza. Para o sucesso desse dia, o comitê precisa ter cumprido rigorosamente todos os passos estabelecidos no cronograma. Reportagens (filmagem e fotografia), diversões e festividades de encerramento devem ser programadas.

Quem faz:

- ❑ O comitê 5S, os representantes de área, a força-tarefa e demais funcionários.

Como faz:

- ❑ Obedece a programação, verifica materiais, verifica o andamento dos trabalhos, verifica as áreas de descarte, verifica a organização, verifica o cumprimento das etapas, identifica problemas e motiva.

Documentando o "Depois"

Fotografar os mesmos locais, nos mesmos ângulos, para demonstrar as melhorias obtidas com o "Dia D".

Montagem do Quadro de Fotos

As fotos do "depois" devem ser coladas ao lado das fotos do "antes", para que os participantes possam avaliar os resultados obtidos com o programa.

Quem faz:

- O comitê 5S e os representantes de área.

Como faz:

- Fotografa após alguns dias (o mesmo "fotógrafo"), não identifica, afixa junto às anteriores, dá visibilidade; porém, o acesso deve ser apenas para os funcionários da instituição.

Contabilizando o Descarte

Pesar lixo e sucata. Contar e relacionar os itens descartados e disponibilizados para outras áreas. Enriquecer a documentação por meio de fotos ou filmagem. Definir o destino a ser dado ao material descartado ou disponibilizado (doação, venda, etc.).

Quem faz:

- O comitê 5S e os representantes de área.

Como faz:

- Pesar, contar, registrar, incentivar visitas, providenciar remoção e controlar o patrimônio.

Divulgando os Resultados

Como finalização do processo, deve-se divulgar os resultados contabilizados, expor as fotos e apresentar o filme do "Dia D", incentivar visitas à área de descarte e distribuir comunicado da alta administração e do comitê agradecendo a participação de todos.

Quem faz:

- O comitê 5S.

Como faz:

- Divulga resultados; promove atividades paralelas; premia; divulga fotos e filme.

A Manutenção do Programa 5S

Existem alguns fatores, assim como em todos os programas de qualidade ou programas gerenciais, que dificultam a manutenção do programa 5S em longo prazo. A falta de comprometimento e empenho pessoal da alta administração é o principal deles e resulta, na maioria das vezes, em falta de recursos humanos e financeiros destinados ao Programa 5S ou na escolha de um responsável pela organização do programa que, ou não apresenta perfil adequado à atividade, ou está sobrecarregado por outras ocupações e que acabará deixando as atividades do 5S "para depois".

Um outro fator a ser considerado é quando o foco do programa está somente na motivação das pessoas. A ideia de que a continuidade dos três primeiros "esses" depende somente da motivação e da conscientização (treinamento) das pessoas é falsa, pois elas são apenas um dos suportes da manutenção do programa.

A continuidade do programa implica no estabelecimento de regras, ou seja, na normatização dos procedimentos para a execução do descarte, da arrumação e da limpeza, de forma que o funcionário não deixe de executar os três "esses" ao priorizar outros trabalhos. Portanto, incorporar as atividades do Programa 5S na rotina dos funcionários através de treinamento adequado e da criação de procedimentos de execução de cada um dos "esses" e implantar um sistema de auditoria e avaliação são ações que, por diminuírem a resistência dos funcionários, favorecem a continuidade do programa.

O Programa 5S no Dia a Dia

A disciplina é o "esse" que trata da incorporação, pelos funcionários e pela empresa, dos conceitos do programa. A normatização de atividades e a implementação do gerenciamento visual são importantes ferramentas dessa etapa do trabalho. Assim como todo programa de qualidade, o Programa 5S precisa estar sustentado por um sistema formal de garantia da qualidade e de normas claras, para que os funcionários saibam qual é a sua responsabilidade e o que deve ser feito por eles. Assim, ao se estabelecerem os critérios para a execução do descarte, da arrumação e da limpeza, é preciso que sejam levados em consideração alguns aspectos básicos:

- Explicitar, detalhadamente, como as atividades devem ser feitas.
- Como exemplos, podemos citar: os procedimentos para o descarte de documentos e de outros materiais, podendo inclusive incluir critérios da coleta seletiva de lixo; a padronização para organização dos arquivos; a padronização visual das placas informativas e dos ambientes de trabalho; a elaboração de cronograma de manutenção de bens móveis e imóveis.

- Definir os responsáveis pela execução das atividades. Devemos deixar claro para os funcionários exatamente quais atividades e áreas são de sua responsabilidade. Quando isso não é feito, ou seja, quando a responsabilidade por determinada tarefa é de "todos", ela acaba não sendo de ninguém. O Programa 5S é um trabalho a ser feito a longo prazo que pretende, através da reeducação, introduzir uma mudança cultural nas empresas; portanto, só depois de acontecer essa mudança é que se poderá pensar em responsabilidade coletiva.
- Estabelecer quando as atividades devem ser executadas. É muito importante que sejam definidos as normas (padronização dos procedimentos) e os horários (diários, com duração de cinco a dez minutos) para a execução das atividades de descarte, arrumação e limpeza. Dessa forma, as atividades não serão executadas apenas nas "horas de folga" dos funcionários e nem estarão sujeitas a critérios individuais, mas serão feitas por todos diariamente, passando, então, a fazer parte da rotina da instituição.

Gerenciamento Visual

O gerenciamento visual é uma técnica que ajuda a detectar rapidamente os problemas e as anormalidades existentes nos ambientes e a organizá-los, sinalizando quando alguma coisa está errada. As formas para implantá-lo devem ser simples e de fácil compreensão pelos funcionários.

Podemos citar como exemplos de gerenciamento visual: faixas de delimitação de área de trabalho e corredores, padronização de pastas e materiais e marcas de posição em quadros de ferramentas.

Auditoria do Programa 5S

Já foi dito que, com o tempo, existe a tendência de os funcionários priorizarem outras atividades, relegando a segundo plano as tarefas pertinentes ao programa 5S, fazendo com que o ambiente retorne à desordem anterior. Para que isso não ocorra, é importante que seja implantado um sistema de auditoria e avaliação periódicas que possa indicar o estado da organização da empresa, as ações corretivas que deverão ser adotadas para aperfeiçoar o programa e manter a ordem das coisas, as áreas críticas que deverão ser mais bem acompanhadas e, a partir da divulgação dos seus resultados, criar um clima que incentive os funcionários a melhorar constantemente o seu ambiente de trabalho.

As auditorias precisam ter uma frequência tal que não prejudiquem nem o trabalho "normal" dos auditores nem o acompanhamento do programa.

Auditorias mensais têm se mostrado suficientes para o controle do programa. O auditor do Programa 5S deve ter sua auditoria acompanhada por duas testemunhas - um representante do setor a ser auditado e um membro do comitê 5S - que não devem interferir nos trabalhos de responsabilidade específica do auditor, como, por exemplo, no preenchimento do questionário, na anotação das não conformidades e na avaliação dos resultados.

Check List

Das providências a serem adotadas durante a preparação das auditorias, chamo a atenção para duas consideradas muito importantes para que as informações geradas pelas auditorias possam ser utilizadas como instrumento de aperfeiçoamento do programa: a elaboração do *check list* e o treinamento dos auditores.

O *check list* é um questionário de avaliação de perguntas objetivas, ou seja, com questões que permitam respostas do tipo "sim" ou "não", para não deixarem dúvidas ou permitirem interpretações pessoais. Para cada elemento a ser analisado, deverá ser elaborado um *check list* específico.

Também é importante que seja elaborado o manual de preenchimento desses questionários, de modo a facilitar o trabalho dos auditores durante a realização das auditorias.

Treinamento dos Auditores Internos

Os "auditores internos" são funcionários da própria empresa, capacitados para desenvolver suas atividades de rotina e não atividades de auditoria.

Dessa forma, o treinamento desses "auditores internos" é uma ação importante para o sucesso das auditorias e nele devem ser abordados, além das questões relativas à formação específica para as auditorias, também os objetivos que o comitê 5S pretende alcançar com as auditorias, a importância da uniformidade nos trabalhos dos auditores, a questão ética do comportamento do auditor, o correto preenchimento dos questionários e a correta avaliação dos resultados.

Um bom recurso para ser usado durante o treinamento, que irá facilitar o aprendizado dos novos auditores, é a realização de uma auditoria piloto, onde as dúvidas possam ser sanadas.

Resultado da Auditoria

Os resultados da auditoria devem ser transformados em notas finais de 0 a 5 (ou de 0 a 100%) para cada setor e também para a empresa no geral e apresentados em gráficos para comparar os resultados entre os setores e para o acompanhamento da evolução do processo.

Também devem ser elaborados relatórios específicos para cada área auditada que serão analisados pelo comitê e pelo representante do setor auditado. As não conformidades serão discutidas, posteriormente, pelo comitê 5S, que então definirá as ações corretivas que deverão ser adotadas.

Motivando para a Continuidade do Programa 5S

A motivação para que o Programa 5S tenha continuidade deve ser uma preocupação constante do comitê e da administração da instituição, pois as auditorias, com o tempo, passam a ser rotina e não motivam mais os funcionários.

Uma estratégia é promover uma competição entre os setores, premiando os vencedores. A presença da alta administração nas premiações, durante as auditorias e nas reuniões de divulgação dos resultados da auditoria, denota o interesse que a organização tem pelo programa.

Um outro fator de motivação é a realização periódica de palestras de reforço dos conceitos 5S, para que o programa permaneça na mente dos funcionários.

Conclusão

O fundamento principal do Programa 5S é o comprometimento e o envolvimento pessoal da alta administração da instituição, sobre o qual se assenta todo o programa. Portanto, não adianta trabalhar a implantação, a motivação, o controle e o gerenciamento de programa, pois a falta de comprometimento da alta administração causará, no futuro, o fracasso do programa.

36

Trilogia Juran

Joseph M. Juran desenvolveu métodos relativos à engenharia da qualidade e é famoso pelo seu indispensável *Quality Control Handbook* e pela sua trilogia. Para Juran, a qualidade é a aptidão para o uso.

Trilogia de Juran: a administração para a qualidade se faz com a utilização dos mesmos processos administrativos de **planejamento**, **controle** e **melhoria**.

1. **Planejamento da qualidade:** é a atividade de desenvolvimento de produtos que atendam às necessidades do cliente:
   - ❑ Estabelecer metas de qualidade.
   - ❑ Identificar o cliente/usuário.
   - ❑ Determinar as necessidades do cliente/usuário.
   - ❑ Desenvolver as características do produto.
   - ❑ Desenvolver os processos para obter essas características.
   - ❑ Estabelecer o controle dos processos.

2. **Controle da qualidade:** este processo é usado pelos grupos operacionais como auxílio para atender aos objetivos do processo e do produto. Consiste em avaliar o desempenho operacional real, comparar o desempenho real com os objetivos e agir com base na diferença:
    - ❑ Definir as características a serem controladas.
    - ❑ Definir meios para avaliar o desempenho.
    - ❑ Comparar o desempenho com os objetivos.
    - ❑ Tomar ações corretivas para eliminar as diferenças
3. **Melhoria da qualidade:** tem por objetivo atingir níveis de desempenho sem precedentes – níveis significativamente melhores do que qualquer outro no passado:
    - ❑ Desenvolver uma equipe específica para a qualidade.
    - ❑ Fornecer infraestrutura para essa equipe.
    - ❑ Definir as necessidades específicas de melhoria.
    - ❑ Prover recursos para acompanhamento da qualidade:
        - ⇨ Busca das causas.
        - ⇨ Estímulos às ações corretivas.
        - ⇨ Estabelecimento de controles.

Juran: Organização da Qualidade/Procedimentos

- ❑ Crie uma gerência da qualidade:
    - ⇨ Comitês de qualidade.
    - ⇨ Auditorias regulares.
- ❑ Estabeleça políticas, metas e objetivos da qualidade.
- ❑ Divulgue os processos.
- ❑ Organize-se para atingir as metas e os objetivos.
- ❑ Forneça recursos.
- ❑ Proveja treinamento orientado à solução de problemas.
- ❑ Atue nas equipes de melhoria.
- ❑ Acompanhe o andamento.
- ❑ Crie a consciência da necessidade e oportunidade de melhoria.
- ❑ Incorpore aos sistemas da organização a constância de melhoria.
- ❑ Dê reconhecimento.
- ❑ Divulgue os resultados.

Ferramentas de Gerenciamento do Escopo

37 Curva "S" de Escopo

A **curva "S"** é um tipo de curva de acumulação, podendo ser utilizada como um instrumento de acompanhamento periódico da evolução de uma variável, como, por exemplo: faturamento, custos ou quantidades de produção.

Essa curva leva essa definição, pois, comumente, uma curva de acumulação lembra a forma da letra "S", sendo uma ferramenta de fácil visualização.

Sua aplicação ao controle do escopo de um projeto permite que se faça um comparativo entre a quantidade de tarefas previstas de serem executadas e a quantidade de tarefas efetivamente realizadas em um determinado período.

Em relação ao **controle do escopo do projeto**, esta curva também nos permite:

- Em cada unidade de tempo, definir a quantidade de tarefas a serem realizadas visando concluir o projeto dentro do prazo previsto.
- Subsidiar a aplicação de métodos de controle de produção e desempenho.
- Verificar se o escopo em realização corresponde ao necessário para a conclusão do projeto.
- Identificar mudanças em relação ao escopo planejado.
- Mostrar a necessidade de replanejamento do projeto, isto é, atualização das demais linhas de base de controle, principalmente de escopo (WBS), de prazo (cronograma físico) e de custo (curva "S"de custos), caso seja verificada alguma distorção entre as tarefas planejadas e as executadas.

Essa linha de base é desenvolvida através da totalização das estimativas de **serviços a serem realizados** (previsto) por período de tempo, com o objetivo de ser comparada com a linha gerada através da totalização dos **serviços efetivamente realizados** (executado) nesse mesmo período.

Por se tratar de um modelo matemático, torna-se necessária a criação de indicadores numéricos. Geralmente, em projetos, o melhor indicador de desempenho é o **valor percentual** que determinada tarefa representa em relação ao projeto todo. Para a definição do valor percentual de cada tarefa em um projeto, podem ser utilizadas várias metodologias. Essas estimativas podem ser feitas com base em situações distintas, conforme descrito a seguir:

- **Esforço da tarefa** representado pela quantidade de mão de obra (homens/hora). Nesse caso a estimativa do valor percentual executado é baseada no ESCOPO.
- **Tempo de execução da tarefa** em relação ao tempo total do projeto. Nesse caso a estimativa do valor percentual executado é baseada no PRAZO.
- **Valor monetário da tarefa** em relação ao valor total do projeto. Nesse caso a estimativa do valor percentual executado é baseada no CUSTO.

O tipo de estimativa a ser utilizada (baseada no ESCOPO, no PRAZO ou no CUSTO do projeto) deverá ser definido pela equipe de gerenciamento em função das características e especificações de cada projeto.

Portanto, a **Curva "S" de Escopo** é, na verdade, o planejamento de execução referencial que poderá ser utilizado para medir e controlar o desempenho do projeto.

Como Desenvolver a Curva "S" de Escopo

Para o desenvolvimento desta curva são necessários basicamente três elementos da tarefa:

1. Identificação da Tarefa
2. Valor Ponderado da Tarefa
3. Prazo de Execução da Tarefa

Conforme foi descrito anteriormente, dependendo da característica do projeto, esse valor poderá ser estimado considerando-se a relevância da tarefa em relação ao projeto com base no seu esforço de execução (homens/hora), na sua duração ou no seu custo.

1 Identificação da Tarefa

Conforme representado nesta WBS, nosso projeto foi decomposto em três níveis. Nesse caso, o terceiro nível dessa estrutura representa os **pacotes de trabalho** a serem executados para o desenvolvimento do projeto. Podemos considerar cada um desses pacotes de trabalho uma **TAREFA.** Cada uma das oito tarefas identificadas representará um valor proporcional (percentual) em relação ao projeto (100%). Esse valor será estipulado no item 3.

	PACOTES DE TRABALHO
ITEM	DESCRIÇÃO
1	REFORMA DE RESIDÊNCIA
1.1	REVESTIMENTOS
1.1.1	REVESTIMENTO DAS PAREDES
1.1.2	REVESTIMENTO DOS PISOS
1.2	INSTALAÇÕES
1.2.1	INSTALAÇÕES ELÉTRICAS
1.2.2	INSTALAÇÕES HIDRÁULICAS
1.3	ESQUADRIAS
1.3.1	ESQUADRIAS DE MADEIRA
1.3.2	ESQUADRIAS DE ALUMÍNIO
1.4	PINTURA
1.4.1	PINTURA INTERNA
1.4.2	PINTURA EXTERNA

A melhor forma de se fazer a identificação das tarefas a serem executadas em um projeto é através da utilização da ferramenta **WBS – *Work Breakdown Structure***, (Capítulo 38). A seguir, será simulada a criação de uma WBS para a execução de uma reforma em uma residência.

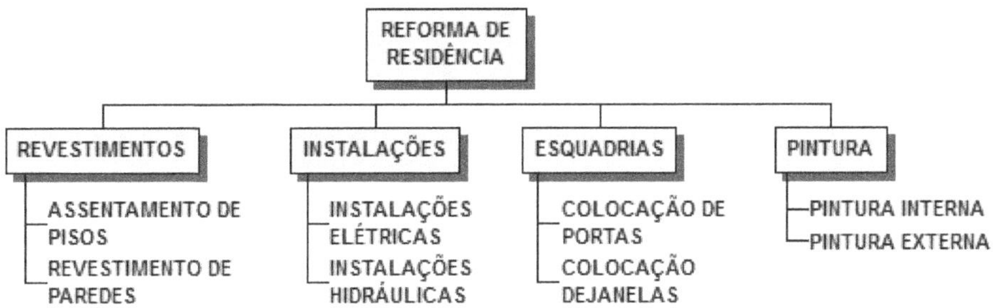

2 Valor Ponderado da Tarefa

A seguir estão descritos os valores ponderados (percentuais) previstos para cada tarefa. Para a determinação desses valores percentuais usaremos, nesse caso, uma estimativa baseada no CUSTO da tarefa em relação ao custo total do projeto.

	PLANILHA ORÇAMENTÁRIA		
ITEM	DESCRIÇÃO	VALOR	
		R$	%
1	REFORMA DE RESIDÊNCIA	200.000,00	100,00
1.1	REVESTIMENTOS	66.000,00	33,00
1.1.1	REVESTIMENTO DAS PAREDES	32.000,00	16,00
1.1.2	REVESTIMENTO DOS PISOS	34.000,00	17,00
1.2	INSTALAÇÕES	48.000,00	24,00
1.2.1	INSTALAÇÕES ELÉTRICAS	24.000,00	12,00
1.2.2	INSTALAÇÕES HIDRÁULICAS	24.000,00	12,00
1.3	ESQUADRIAS	38.000,00	19,00
1.3.1	ESQUADRIAS DE MADEIRA	14.000,00	7,00
1.3.2	ESQUADRIAS DE ALUMÍNIO	24.000,00	12,00
1.4	PINTURA	48.000,00	24,00
1.4.1	PINTURA INTERNA	30.000,00	15,00
1.4.2	PINTURA EXTERNA	18.000,00	9,00

Conforme foi esclarecido anteriormente, nossa referência de cálculo para os valores percentuais poderia ser também, dependendo das características de cada projeto e por decisão do gerenciamento do projeto, embasada no tempo de execução (PRAZO) ou no esforço dessa tarefa (homem/hora) para a sua realização (ESCOPO).

3 Prazo de Execução da Tarefa

Após a elaboração do cronograma físico, que será desenvolvido a seguir, teremos a previsão de execução de cada tarefa em cada unidade da linha de tempo do projeto. No caso de nossa reforma, essa unidade de tempo será SEMANA.

ID	*Item*	*Nome da Tarefa*	*Início*	*Término*	*Duração*
1	111	REVESTIMENTO DAS PAREDES	17/10/2011	11/11/2011	20d
2	112	REVESTIMENTO DOS PISOS	31/10/2011	18/11/2011	15d
3	121	INSTALAÇÕES ELÉTRICAS	03/10/2011	02/12/2011	45d
4	122	INSTALAÇÕES HIDRÁULICAS	10/10/2011	02/12/2011	40d
5	131	ESQUADRIAS DE MADEIRA	07/11/2011	18/11/2011	10d
6	132	ESQUADRIAS DE ALUMÍNIO	31/10/2011	18/11/2011	15d
7	141	PINTURA INTERNA	21/11/2011	23/12/2011	25d
8	142	PINTURA EXTERNA	28/11/2011	16/12/2011	15d

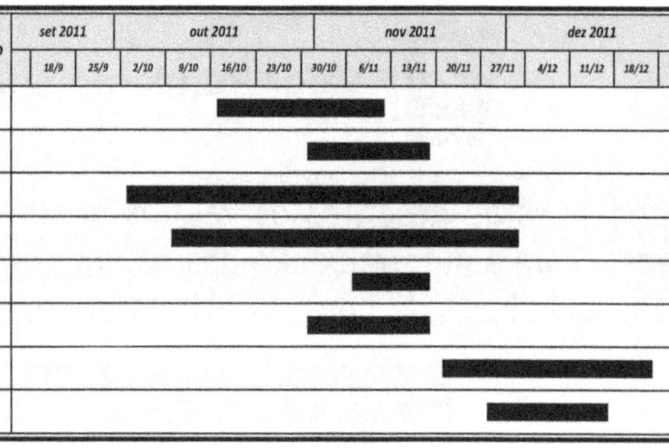

Com base nas informações do cronograma físico (item 3) e com os valores percentuais de cada tarefa já definidos (item 2) podemos a partir de agora lançar o valor proporcional de execução de cada tarefa em cada unidade de tempo, que neste caso é **SEMANA.**

PROGRAMAÇÃO DE DESEMBOLSO															
ÍTEM	DESCRIÇÃO	VALOR		PERÍODO											
		R$	%	Sem 1	Sem 2	Sem 3	Sem 4	Sem 5	Sem 6	Sem 7	Sem 8	Sem 9	Sem 10	Sem 11	Sem 12
1	REFORMA DE RESIDÊNCIA	200.000,00	100,00	6,50%	6,50%	3,00%	3,00%	9,50%	9,50%	19,00%	5,00%	7,00%	22,00%	6,00%	3,00%
1.1	REVESTIMENTOS	66.000,00	33,00												
1.1.1	REVESTIMENTO DAS PAREDES	32.000,00	16,00			6.000,00	14000,00	6.000,00	6.000,00						
1.1.2	REVESTIMENTO DOS PISOS	34.000,00	17,00					12000,00	14000,00	8.000,00					
1.2	INSTALAÇÕES	48.000,00	24,00												
1.2.1	INSTALAÇÕES ELÉTRICAS	24.000,00	12,00	8.000,00	8.000,00						6.000,00	2.000,00			
1.2.2	INSTALAÇÕES HIDRÁULICAS	24.000,00	12,00		2.000,00	6.000,00	2.000,00				11.000,00	3.000,00			
1.3	ESQUADRIAS	38.000,00	19,00												
1.3.1	ESQUADRIAS DE MADEIRA	14.000,00	7,00						4000,00	10.000,00					
1.3.2	ESQUADRIAS DE ALUMÍNIO	24.000,00	12,00					6.000,00	8.000,00	10.000,00					
1.4	PINTURA	48.000,00	24,00												
1.4.1	PINTURA INTERNA	30.000,00	15,00								7.000,00	7.000,00	7.000,00	3.000,00	6.000,00
1.4.2	PINTURA EXTERNA	18.000,00	9,00									6.000,00	7.000,00	5.000,00	
TOTAL DO PERÍODO			$	8.000,00	10.000,00	12.000,00	16.000,00	24.000,00	32.000,00	28.000,00	24.000,00	18.000,00	14.000,00	8.000,00	6.000,00
			%	4,00	5,00	6,00	8,00	12,00	16,00	14,00	12,00	9,00	7,00	4,00	3,00
TOTAL ACUMULADO			$	8.000,00	18.000,00	30.000,00	46.000,00	70.000,00	102.000,00	130.000,00	154.000,00	172.000,00	186.000,00	194.000,00	200.000,00
			%	4,00	9,00	15,00	23,00	35,00	51,00	65,00	77,00	86,00	93,00	97,00	100,00

Transferindo-se os dados obtidos na linha de **TOTAL PERCENTUAL ACUMULADO** da planilha anterior, geramos a seguinte tabela:

SEMANA	A EXECUTAR PREVISTO (%)		EXECUTADO REAL (%)	
	SIMPLES	ACUMULADO	SIMPLES	ACUMULADO
1	4,00	4,00	3,00	3,00
2	5,00	9,00	2,00	5,00
3	6,00	15,00	3,00	8,00
4	8,00	23,00	4,00	12,00
5	12,00	35,00	8,00	20,00
6	16,00	51,00	11,00	31,00
7	14,00	65,00	10,00	41,00
8	12,00	77,00	8,00	49,00
9	9,00	86,00		
10	7,00	93,00		
11	4,00	97,00		
12	3,00	100,00		

Os dados da coluna **A EXECUTAR PREVISTO ACUMULADO** (terceira coluna da esquerda para a direita) servirão de base para a geração da curva "S" de escopo.

Esta planilha e a curva que será gerada a seguir são facilmente obtidas com o auxílio do MS Excel®.

Geração da Curva "S" de Escopo

A principal linha de controle do escopo do projeto é a **WBS** (Capítulo 38). Porém, outra forma muito eficiente de controle do escopo é a **Curva "S" de Escopo**, que é a curva gerada pelos dados da coluna do **A EXECUTAR PREVISTO ACUMULADO** (da planilha anterior), conforme demonstrado a seguir:

Curva "S"do Escopo Previsto

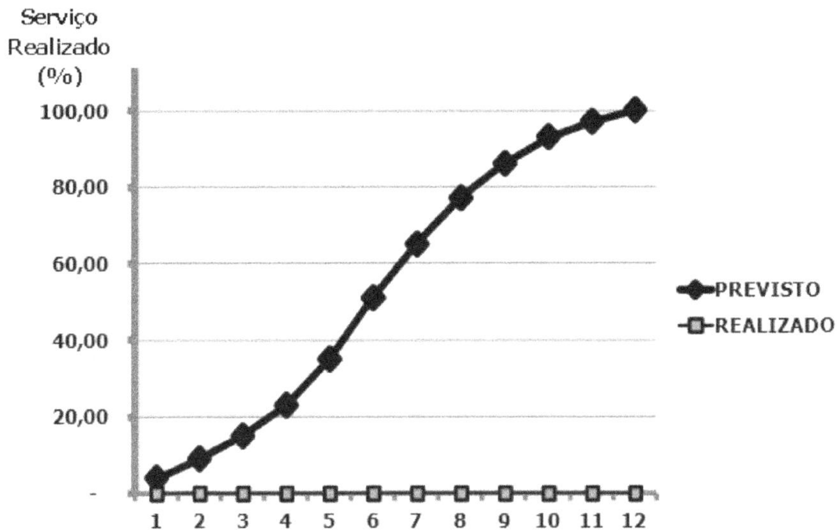

Controle do Escopo do Projeto

No decorrer da execução do projeto, todo o percentual realizado das tarefas deve ser lançado na coluna **EXECUTADO REAL SIMPLES** (quarta coluna a partir da esquerda) e assim a coluna **EXECUTADO REAL ACUMULADO** (quinta coluna a partir da esquerda) vai sendo calculada através de um somatório simples.

SEMANA	A EXECUTAR PREVISTO (%)		EXECUTADO REAL (%)	
	SIMPLES	ACUMULADO	SIMPLES	ACUMULADO
1	4,00	4,00	3,00	3,00
2	5,00	9,00	2,00	5,00
3	6,00	15,00	3,00	8,00
4	8,00	23,00	4,00	12,00
5	12,00	35,00	8,00	20,00
6	16,00	51,00	11,00	31,00
7	14,00	65,00	10,00	41,00
8	12,00	77,00	8,00	49,00
9	9,00	86,00		
10	7,00	93,00		
11	4,00	97,00		
12	3,00	100,00		

Com os dados dessa quinta e última coluna uma nova curva será formada. É a **curva "S" de escopo realizado.** Ela deverá ser comparada com a curva prevista, possibilitando o controle do escopo do projeto.

Curvas "S"do Escopo Previsto x Escopo Realizado

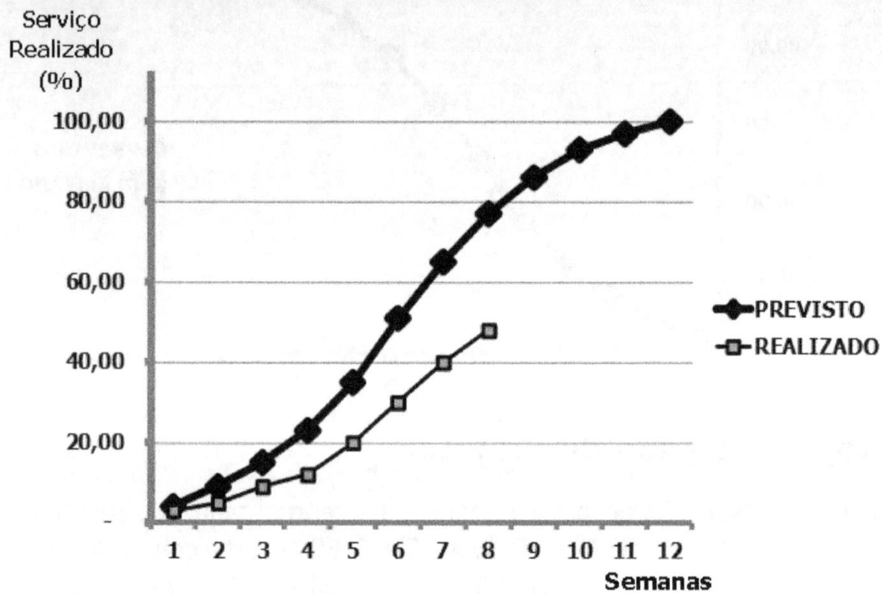

Para fins de uma análise sucinta, podemos definir que:

- Quando nossos pontos de controle dos **SERVIÇOS EXECUTADOS REALIZADOS** estiverem abaixo da curva dos **SERVIÇOS A EXECUTAR PREVISTOS**, que é a nossa linha de base, significa que a execução real das tarefas está inferior ao que foi previsto.
- Quando os pontos de controle de **SERVIÇOS EXECUTADOS REALIZADOS** estiverem acima da curva dos **SERVIÇOS A EXECUTAR PREVISTOS** significa que a execução real das tarefas está superior ao que foi previsto.

Considerações Finais

Portanto, depois de identificadas todas as tarefas necessárias à realização do projeto, distribuídas sequencialmente essas tarefas, definidas suas durações, relações de interdependências e determinados seus custos associados, é o momento de utilizar cada recurso exigido (recursos humanos, materiais e equipamentos) para execução e obtenção do produto final projetado.

No entanto, ainda que detalhadamente planejado, à medida que o projeto evolua, irão surgir desvios dos planos, originados por falhas, omissões ou modificações não previstas. A partir da medição constante do produto e de um processo de análise, podemos identificar esses desvios.

Assim, durante todo o ciclo de vida do projeto, será necessário acompanhamento criterioso de sua **execução**, através da análise de informações que permitam comparar o progresso atual com a programação, os custos e os recursos estabelecidos no plano inicial.

É o momento do processo de **Controle** tornar-se dominante na evolução da administração do projeto.

Cabe ressaltar que, no trabalho com projetos, **planejamento** e **controle** não são funções fechadas e separadas. Elas interagem uma com a outra e são interdependentes, num ciclo contínuo em que o planejamento produz informações necessárias ao **controle** e, simultaneamente, o **controle** realimenta o **planejamento**.

38

WBS – Work Breakdown Structure

O planejamento de um projeto consiste em um processo que antecede o que deve ser executado, através da identificação do trabalho a ser realizado em cada momento do tempo.

Esse processo consiste em coletar as ideias (informações), organizando-as em pacotes de trabalho lógicos dinâmica e continuamente, de forma a acompanhar a execução do projeto até sua conclusão, buscando atingir os parâmetros de prazo, custo e qualidade.

Portanto, o processo de planejamento inicia com a descrição detalhada do produto (entregas) seguida da programação de trabalho.

Definições

Uma **WBS – *Work Breakdown Structure*** é uma técnica que consiste em decompor um projeto, de cima para baixo, em seus elementos componentes. É uma imagem gráfica da hierarquia do projeto, decomposto nível a nível em subprojetos e finalmente em tarefas.

Dessa forma se organiza o projeto definindo-se todas as tarefas que devem ser executadas na concepção, no design, no desenvolvimento, na fabricação e nos testes.

Na medida em que o nível da WBS diminui, o escopo, a complexidade e o custo de cada subprojeto tornam-se menores, ou seja, mais detalhados, até as tarefas estarem aptas a serem executadas e concluídas. Isso significa dizer que quanto menor for o nível de uma WBS, maior será o nível de detalhamento do nosso trabalho.

Existem algumas traduções para a língua portuguesa de *Work Breakdown Structure* (WBS). No ambiente de gerenciamento de projetos, as mais usuais são **Estrutura Analítica do Projeto (EAP)** e **Estrutura de Decomposição do Trabalho (EDT)**.

Não há uma forma certa ou errada de se criar uma WBS. Você pode elaborar uma decomposição em um quadro, esboçá-la em um guardanapo, ou ser mais técnico e usar algum software como o Microsoft Project, Microsoft Excel®, Microsoft PowerPoint®, Project Builder® ou, preferencialmente, o WBS Chart Pro®.

Um projeto é um trabalho completo que tem uma data final definitiva, produz um conjunto de entregas definidas e é um investimento de uma organização. O projeto requer um escopo, uma entrega definida, um comprometimento de recursos e uma data final programada.

A maioria dos projetos tem fases claras identificáveis que segmentam o seu trabalho. Uma fase é uma parte do projeto que tipicamente deve ser completada antes que a próxima possa começar. Cada uma dessas fases tem um prazo definido e poderia ser concluída mais em paralelo do que sequencialmente às outras.

Dentro de cada fase existem os **pacotes de trabalho**. Um pacote de trabalho é a menor **entrega** dentro de uma WBS. A lista de atividades do projeto pode ser derivada dos pacotes de trabalho.

Construir uma WBS é uma técnica fundamental no planejamento de um projeto. Quando você realmente decompõe as entregas, o nível mais baixo da decomposição consiste nesses **pacotes de trabalho** mencionados anteriormente. E são esses pacotes de trabalho que geram a lista de atividades do projeto que serão utilizadas como base em todas as etapas do planejamento: orçamento, cronograma, qualidade, análise de riscos, aquisições, comunicações, recursos humanos e integração.

Como uma poderosa ferramenta de planejamento, use a WBS para rapidamente delinear um plano de projeto usando uma abordagem *top-down* (de cima para baixo). Defina fases (tarefas sumárias) e subtarefas.

Segundo o *PMBOK® Guide*, a WBS é feita através de uma decomposição do trabalho orientado a entregas (*deliverables*). O importante é que, no final, a WBS expresse exatamente o escopo do projeto, incluindo "a soma dos produtos ou serviços providos pelo projeto".

Outras considerações sobre uma WBS:

- É o coração de todo o esforço de planejamento do projeto.
- Melhora a precisão das estimativas de custo, tempo e recursos.
- Define uma **linha de base** para medir e controlar desempenho.
- Facilita a atribuição clara de responsabilidades.
- É uma forma hierárquica para a divisão dos projetos em atividades mensuráveis e controláveis.
- Cada item da WBS é designado por um indicador numérico único que é denominado **código de contas**.
- O último nível de uma WBS é denominado **pacote de trabalho**, cuja execução não deve ser maior do que oitenta horas e cujo tempo ideal é de quarenta horas. Esses pacotes de trabalho também podem ser chamados de **tarefas** ou **entregas** (*deliverables*).

Exemplos de WBS

A seguir serão apresentados alguns exemplos de WBS representando a decomposição de alguns projetos em elementos menores e mais gerenciáveis.

WBS para a organização de um jantar

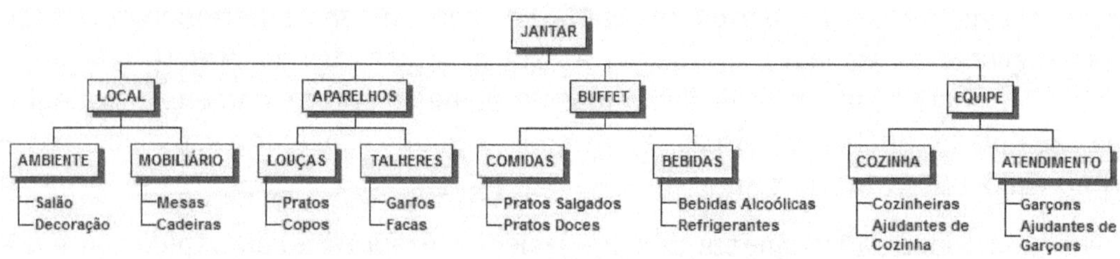

WBS para a implantação de um hospital

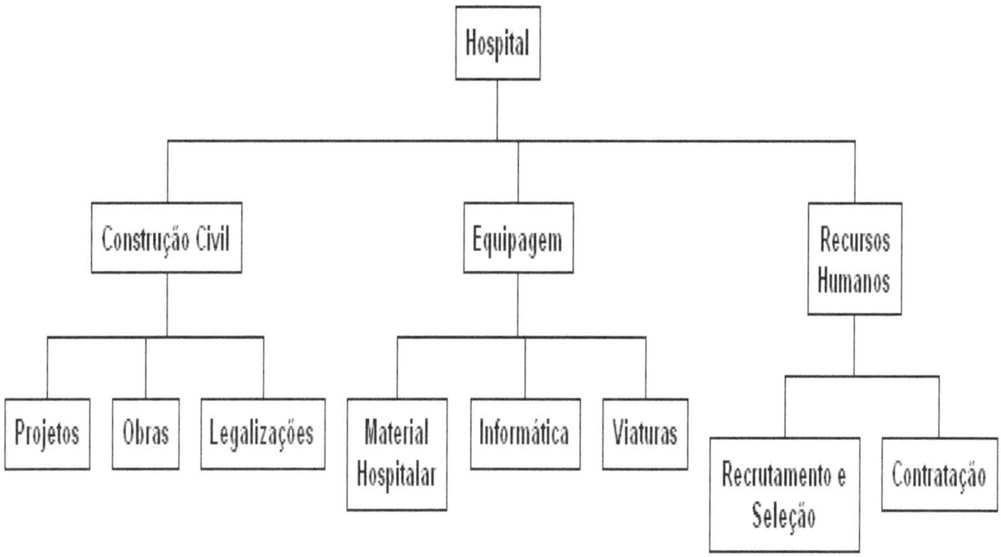

Visão da WBS para a implantação de um hospital com identificação dos níveis e numeração do código de contas

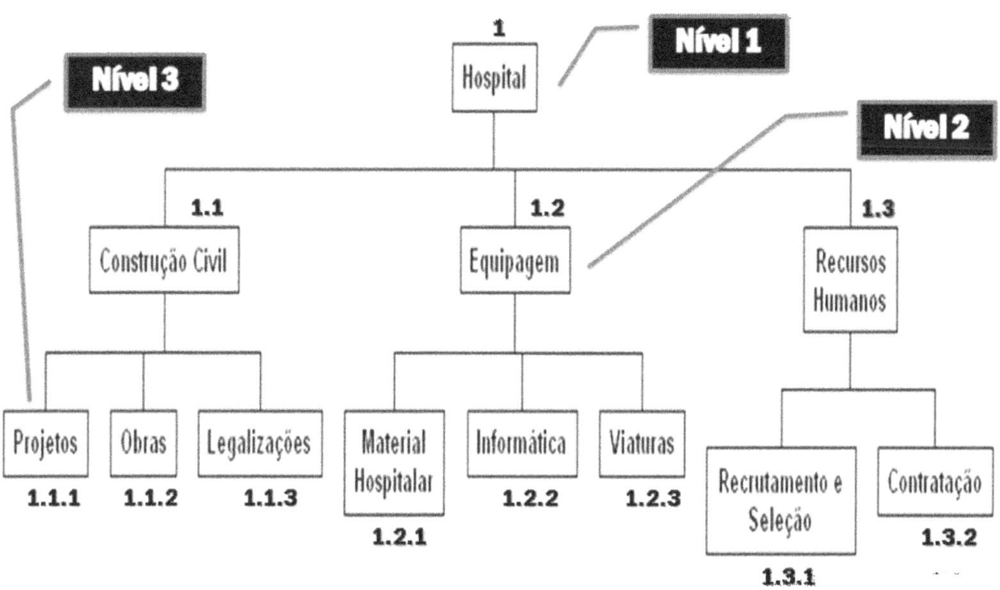

A seguir é apresentada a listagem com os pacotes de trabalho identificados na WBS da implantação do hospital, com a representação numérica do **código de contas**.

1	Implantação do Hospital
1.1	**Construção Civil**
1.1.1	Projetos
1.1.2	Obras
1.1.3	Legalizações
1.2	**Equipagem**
1.2.1	Material Hospitalar
1.2.2	Informática
1.2.3	Viaturas
1.3	**Recursos Humanos**
1.3.1	Recrutamento e Seleção
1.3.2	Contratação

WBS para a reforma de uma residência

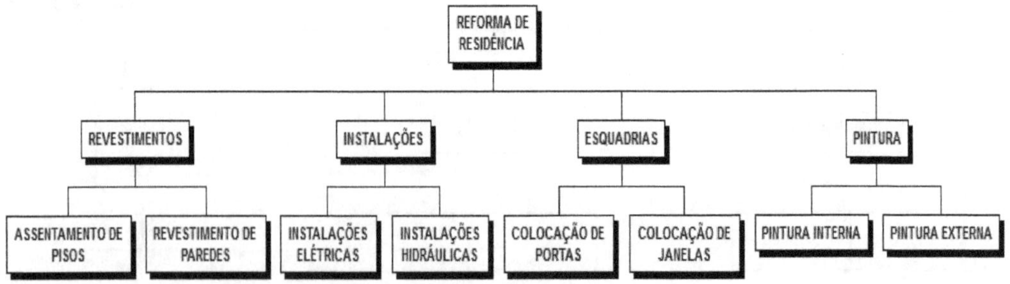

Visão da WBS para a reforma de uma residência com destaque para os pacotes de trabalho

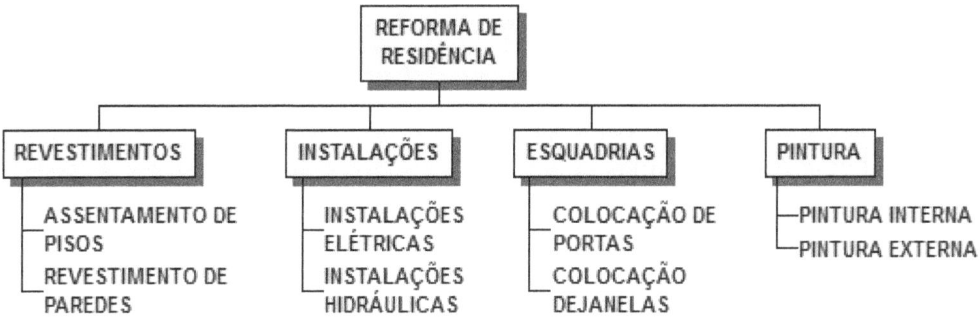

Conforme representado nesta última WBS, o projeto foi decomposto em três níveis. Nesse caso, o terceiro nível dessa estrutura representa os **pacotes de trabalho** a serem executados para o desenvolvimento do projeto. Podemos considerar cada um desses oito pacotes de trabalho como sendo uma **TAREFA**.

A seguir serão listados os **pacotes de trabalho** identificados através da WBS para a reforma de uma residência com identificação do **código de contas**.

	PACOTES DE TRABALHO
ITEM	**DESCRIÇÃO**
1	REFORMA DE RESIDÊNCIA
1.1	REVESTIMENTOS
1.1.1	REVESTIMENTO DAS PAREDES
1.1.2	REVESTIMENTO DOS PISOS
1.2	INSTALAÇÕES
1.2.1	INSTALAÇÕES ELÉTRICAS
1.2.2	INSTALAÇÕES HIDRÁULICAS
1.3	ESQUADRIAS
1.3.1	ESQUADRIAS DE MADEIRA
1.3.2	ESQUADRIAS DE ALUMÍNIO
1.4	PINTURA
1.4.1	PINTURA INTERNA
1.4.2	PINTURA EXTERNA

Essa lista com a descrição dos Pacotes de Trabalho servirá de base para a elaboração dos demais elementos do planejamento, entre outros:

- Orçamento
- Cronograma físico
- Programação de desembolso
- Curva "S" de custos
- Curva "S" de escopo
- Programação de aquisições
- Mapa de riscos
- Plano de comunicações
- Planejamento dos recursos humanos
- Plano de qualidade

Ferramentas de Gerenciamento de Recursos Humanos

39

Mapa de Gerenciamento dos Recursos Humanos

Gerenciamento dos Recursos Humanos do Projeto

O gerenciamento dos recursos humanos do projeto inclui os processos necessários para tornar mais efetivo o uso dos recursos humanos envolvidos no projeto. Isso inclui todas as partes envolvidas no projeto – patrocinadores, clientes, contribuintes individuais e outros. Esses processos interagem uns com os outros e também com os processos das demais áreas de conhecimento. Cada processo pode envolver esforço de um ou mais indivíduos ou grupo de indivíduos, dependendo das necessidades do projeto.

Processos do Gerenciamento dos Recursos Humanos do Projeto

1. Planejamento de Recursos Humanos

O planejamento organizacional envolve identificar, documentar e designar os papéis, as responsabilidades e os relacionamentos do projeto. Os papéis, as responsabilidades e os relacionamentos podem ser atribuídos a indivíduos ou a grupos. Os indivíduos e os grupos podem fazer parte da organização do projeto ou não. Os grupos internos, normalmente, estão associados a departamentos funcionais específicos, tais como engenharia, marketing ou contabilidade.

Na maioria dos projetos, a maior parte do planejamento organizacional é feita nas fases iniciais do projeto. Entretanto, os resultados desse processo devem ser revisados regularmente, ao longo do projeto, para assegurar a continuidade da aplicação. Se a organização inicial não está mais sendo eficiente, ela deve ser imediatamente revista.

O planejamento organizacional está, na maioria das vezes, fortemente ligado ao planejamento das comunicações, uma vez que a estrutura organizacional do projeto terá um efeito direto nos requisitos de comunicação do projeto.

Como Realizar um Planejamento de Recursos Humanos?

O planejamento de recursos humanos é o processo de detectar e analisar as necessidades da organização relacionadas aos recursos humanos e desenvolver ações para satisfazer essas demandas, mantendo o alinhamento com os objetivos da empresa. O setor de recursos humanos deve trabalhar para garantir que o crescimento e a lucratividade estejam associados ao respeito aos direitos da equipe, tomando medidas para o bem-estar do colaborador. Além disso, o RH é responsável por buscar estratégias para melhorar a motivação, a produtividade e as relações interpessoais na organização.

Conhecer os Objetivos e as Diretrizes da Organização

O RH deve estar ciente das metas da organização para desenvolver seus diagnósticos e suas propostas de atuação. Conhecer as metas de produtividade, os objetivos de expansão, as expectativas de contratação de novos talentos e as intenções de mudança é muito importante para promover ações em favor da organização e que façam convergir os interesses da empresa e dos funcionários.

Além disso, é importante que o setor de recursos humanos também esteja ciente e participe ativamente de estratégias que visem reiterar e divulgar as diretrizes organizacionais, ou seja, a missão, a visão e os valores da empresa.

Reuniões com os Gestores

Envolver os gestores no planejamento das medidas do RH é uma maneira interessante de conciliar interesses e construir soluções alinhadas com os objetivos da organização. É bom lembrar que a execução será feita pelo próprio RH, sendo que os líderes se envolvem mais na parte de elaboração.

Reunir os gestores também pode ser interessante para que todos juntos possam discutir a solução de problemas ou novas ideias para implantar no departamento de pessoal.

Levantamento de Variáveis: Conhecer a Situação Atual

Muitos fatores e mudanças no ambiente exigem adaptações da organização. Crise financeira, questões políticas, leis ambientais, cobrança por sustentabilidade são alguns fatores externos que demandam diferentes posturas da empresa. Os fatores internos, como *turnover*, competição em substituição à colaboração e conflitos interpessoais, também exigem um diferente posicionamento da organização.

Nesse momento, o RH deve aplicar estratégias de diagnóstico, como pesquisas de clima organizacional e reuniões para discussão. Tais pesquisas podem não só tornar conhecidas as necessidades e os anseios dos colaboradores, como também conhecer melhor as suas potencialidades e os desejos futuros na organização.

Como Lidar com Inovações

Desse processo faz parte acompanhar as mudanças e inovações da empresa. Novos equipamentos e estratégias de comunicação interna, adesão de novas tecnologias para contratação e gestão, como o mapeamento do perfil comportamental, são processos que trazem diversas vantagens para a organização.

Entretanto, é preciso um período de adaptação e o RH tem que estar preparado para auxiliar a equipe nesse processo.

Comunicação Interna

Conforme dito anteriormente, a comunicação interna é uma inovação para o setor de RH, que cada vez mais está atrelado também a esse tipo de atividade. Para uma comunicação interna eficiente, recomenda-se que um profissional dessa área, como um jornalista ou um relações públicas, faça parte do setor, de modo que se torne responsável pelo gerenciamento das ferramentas de comunicação internas.

Além de emitir comunicados e avisos em diversas plataformas, a comunicação interna e o RH também podem desenvolver juntos atividades de *endomarketing*, promovendo assim um maior engajamento dos colaboradores com os objetivos da empresa, por exemplo.

Cargos Modificados

As diferentes dinâmicas do mercado podem impulsionar alterações nos cargos, seja nas suas funções ou nos papéis desempenhados. Não estamos falando de um desvio de função, mas, sim, de modificações em razão do mercado.

Analisar formação e perfil comportamental do colaborador para avaliar sua adequação às novas exigências é importante para elaborar propostas de intervenção, como treinamentos e mudança de cargo de acordo com o perfil comportamental.

Planos de Carreira

Criar planos de carreira para os colaboradores também é uma atividade que deve constar em um planejamento de recursos humanos. Desse modo, os colaboradores terão ciência de que poderão crescer dentro da organização e, mesmo que no início ocupem uma função mais baixa na hierarquia organizacional, poderão ocupar cargos mais altos em médio prazo.

Para o desenvolvimento de planos de carreira, o setor de RH pode contar com o apoio de um psicólogo, pois esse profissional é qualificado para realizar avaliações que identificam quais colaboradores têm o perfil mais adequado para assumir uma liderança ou qualquer outro cargo de maior responsabilidade dentro da organização.

Do Planejamento de Recursos Humanos aos Planos de Ação

O planejamento de recursos humanos é um processo muito importante para manter a integridade do patrimônio de pessoas da organização. Para desenvolvê-lo, é preciso engajamento e dinamismo da equipe, e, com o auxílio das novas tecnologias, esse processo tem sido facilitado e apresentado alta qualidade. As ações bem planejadas vão desencadear diretamente na produtividade, qualidade do serviço, motivação e relacionamentos interpessoais da empresa.

Desenvolver o planejamento de recursos humanos significa considerar:

- ❑ Recrutamento e seleção de novos membros para o time.
- ❑ Análise dos benefícios oferecidos.
- ❑ Avaliação das estratégias de liderança.
- ❑ Promoção de treinamentos para desenvolvimento e capacitação das pessoas.
- ❑ Revisão das estruturas funcionais.
- ❑ Possível intervenção na organização, no sentido de alinhar e compatibilizar os benefícios dos colaboradores com os interesses da empresa.

Atualmente a maior parte das pequenas empresas não possui uma área independente para a administração dessas ferramentas e de seus recursos humanos. A função de gerir pessoas geralmente é exercida pelo proprietário, que acredita na importância de escolher e preparar as pessoas certas para ocupar as funções certas na empresa certa como forma de melhorar os seus resultados.

Para gerenciar pessoas em um empreendimento, não se pode pensar em uma estrutura rígida, padronizada, tampouco em um modelo único. As estruturas de recursos humanos atuais consistem em várias ações que, coordenadas, facilitam a gestão e o planejamento de pessoas. Além das ferramentas de recrutamento e seleção, treinamento e desenvolvimento e a remuneração, disponíveis no mercado, existem ainda as ações de dimensionamento da quantidade necessária de pessoas para o trabalho, orientação, admissão e demissão, avaliação do desempenho, relações sindicais, segurança, saúde e bem-estar, que complementam a gestão de pessoas.

Modelos de Planos de Ação para Gestão do RH

No Capítulo 17 deste livro apresentamos o **Modelo 5W2H**, que é basicamente uma técnica para o planejamento e controle de tarefas onde são atribuídas as responsabilidades e onde são determinados como o trabalho deverá ser realizado, as partes interessadas, o motivo, o prazo para conclusão e os custos envolvidos.

A seguir serão apresentados alguns modelos para o gerenciamento dos recursos humanos com aplicação do modelo 5W2H.

Modelo 1. Plano de Utilização de Recursos Humanos em Projetos

Plano de ação – RH				
O que	**Qual**	**Quem**	**Quanto**	**Quando**
Tarefa	**Habilidade**	**Designação**	**Orçamento**	**Cronograma**
Alvenaria	Trabalhar com blocos de concreto	Ricardo	R$ 3.000,00	De 10/09 a 25/09/17
Revestimento cerâmico	Trabalhar com pisos em porcelanato	Antonio	R$ 4.500,00	De 10/10 a 25/10/17
Instalação elétrica	Trabalhar com montagem de quadros elétricos	Carlos	R$ 5.000,00	De 20/09 a 15/10/17
Instalação hidráulica	Trabalhar com tubulação cobre	Adilson	R$ 4.000,00	De 20/09 a 15/10/17
Pintura interna	Trabalhar com pintura à base de epóxi	Jorge	R$ 3.500,00	De 20/10 a 31/10/17

Modelo 2. Plano de Treinamento e Capacitação dos Recursos Humanos

Plano de ação – RH				
O Que	**Quem**	**Por que**	**Quando**	**Quanto**
Curso	**Participantes**	**Justificativa**	**Período**	**Valor**
AutoCAD	Equipe de arquitetura	Desenvolvimento profissional	Setembro	R$ 5.000,00
Logística integrada	Equipe administrativa	Desenvolvimento profissional	Outubro	R$ 5.000,00
Segurança do trabalho	Equipe técnica	Prevenção de acidentes de trabalho	Novembro	R$ 8.000,00
Corte e soldagem	Equipe técnica	Capacitação	Dezembro	R$ 5.000,00

Modelo 3. Plano de Ação para Melhoria Organizacional I

Plano de ação – RH						
O que	**Por que**	**Quem**	**Como**	**Onde**	**Quando**	**Obs.**
Otimizar produto	Melhorar qualidade	José	Pesquisa e análise de vendas	Interno	Set/2017	Tentar reduzir desperdícios
Melhorar preços	Compatibilizar concorrência	Carlos	Checar preços e mapear	Rua/Telefone	Set/2017	Não impactar na qualidade
Diferencial qualidade	Destacar dos concorrentes	Paulo	Pesquisa com clientes	E-mail	Set/2017	Não agregar custos
Distribuição propaganda	Ampliar contatos	Abel	Motoboys e mala direta	Externo	Ago/2017	Destacar diferenciais

Modelo 4. Plano de Ação para Melhoria Organizacional II

Plano de ação – RH				
O que	**Quem**	**Quando**	**Qual**	**Quanto**
Atividade	**Responsável**	**Duração**	**Objetivo**	**Investimento**
Curso: "Novos Horizontes"	Setor de marketing	15 dias	Capacitar os novos colaboradores	R$ 32.000,00
Contratação de novos colaboradores	Setor RH	Em até 2 meses	Explorar novas áreas	R$ 68.000,00
Reformulação da logística	Setor de logística	Em até 2 meses	Entrega de produto de forma eficiente	R$ 45.000,00
Feedback das novas contratações/premiações	Setor RH	6 meses após o início do programa	Continuidade das vendas	R$ 18.000,00

Modelo 5. Plano de Ação para Resolução de Problema

Plano de ação – RH	
O que	Reduzir custos com energia elétrica
Onde	Todos os setores
Por que	Instalação elétrica necessitando de reparos
Como	Substituição de fiação e instalação de novos disjuntores
Quem	Eletricista
Quando	De 15/09/17 até 30/09/17
Quanto	R$ 5.000,00 (cinco mil reais)

2. Mobilizar a Equipe do Projeto

É o processo que envolve conseguir que os recursos humanos necessários (indivíduos ou grupos) sejam alocados ao projeto. Na maioria dos ambientes, os "melhores" recursos podem não estar disponíveis, e a equipe de gerenciamento do projeto deve cuidar para garantir que os recursos que estão disponíveis irão atender aos requisitos do projeto.

Formação de Equipe

É o processo de influenciar um grupo de indivíduos diversos que possuem suas próprias metas, necessidades e perspectivas para que trabalhem juntos de forma efetiva para o bem do projeto.

Alguns requisitos devem ser considerados ao formarmos uma equipe de projeto, tais como:

Quais as competências requeridas, para que tipo de indivíduos ou grupos e em qual momento do projeto?

De acordo com os autores Stuckenbruck e Marshall, o processo de formação de equipe envolve:

1. Planejar a formação da equipe.
2. Negociar os membros da equipe.
3. Organizar a equipe.
4. Realizar a reunião de partida (*kick-off meeting*).
5. Obter o comprometimento dos membros da equipe.
6. Construir *links* de comunicação.
7. Conduzir exercícios de formação de equipe.
8. Utilizar o desenvolvimento da equipe.

Restrições na Formação da Equipe

- Estrutura organizacional da empresa executora.
- Acordos coletivos.
- Preferências da equipe de gerenciamento de projetos.
- Designações de pessoal esperadas.

Barreiras na Formação da Equipe

- Visões, prioridades, interesses e julgamentos diferentes entre os membros da equipe.
- Conflito de papéis.
- Objetivos do projeto não claros.
- Ambientes dinâmicos do projeto.
- Competição com a liderança da equipe.

- Falta de definição e estrutura da equipe.
- Seleção do pessoal do projeto.
- Credibilidade do líder do projeto.
- Falta de comprometimento dos membros da equipe.
- Problemas de comunicação.
- Falta de apoio da gerência sênior.

3. Desenvolver a Equipe do Projeto

O desenvolvimento da equipe envolve o aumento da capacidade das partes envolvidas de contribuir individualmente, bem como o aumento da capacidade da equipe de funcionar como uma equipe. O crescimento individual (gerencial e técnico) é a base necessária para desenvolver a equipe. O desenvolvimento como equipe é crucial para a capacidade do projeto de atingir seus objetivos.

O desenvolvimento da equipe em um projeto é particularmente complicado quando os membros se reportam ao gerente funcional e ao gerente do projeto. O gerenciamento efetivo desse duplo relacionamento de reporte é, normalmente, um fator crítico de sucesso para o projeto e geralmente é responsabilidade do gerente do projeto.

O desenvolvimento da equipe se dá ao longo de todo o projeto.

Fatores-Chave de Sucesso de Equipes de Projeto

- Um plano de comunicação para a equipe e uma estratégia de comunicação para a comunidade do projeto.
- Facilitação de processos e comportamentos de equipe efetivos.
- *Feedback* contínuo sobre o desempenho.
- Um gerente de projetos que concilie o que foi dito, crie atmosfera de colaboração e confiança no processo e possua conhecimentos técnicos.

Características de Equipes Ineficientes

- Baixo desempenho.
- Comportamento orientado à tarefa.
- Baixo comprometimento com os objetivos do projeto.
- Gerência não envolvida.
- Ansiedades e inseguranças.
- Problemas de imagem (credibilidade).

Características de Equipes Eficientes

- ❑ Alto desempenho e eficiência nas tarefas.
- ❑ Comportamento criativo e inovador.
- ❑ Equipe comprometida e orientada a resultados.
- ❑ Capacidade de resolução de conflitos, porém conflitos são encorajados quando puderem levar a resultados benéficos.
- ❑ Alto nível de confiança.
- ❑ Alto atendimento às necessidades.

Características de Equipes Altamente Integradas

- ❑ Satisfação das necessidades individuais.
- ❑ Interesses compartilhados.
- ❑ Facilidade de trabalhar com interdependência.
- ❑ Alta confiança, baixo conflito.
- ❑ Comprometimento com os objetivos da equipe.
- ❑ Capacidade de fazer interface com outras organizações.

4. Gerenciar a Equipe do Projeto

Envolve o acompanhamento do desempenho dos membros da equipe, o fornecimento de *feedback*, a resolução de problemas e a coordenação de mudanças para melhorar o desempenho do projeto. A equipe de gerenciamento de projetos observa o comportamento da equipe, gerencia conflitos, resolve problemas e avalia o desempenho dos membros da equipe. Como resultado do gerenciamento da equipe do projeto, o plano de gerenciamento de pessoal é atualizado, as solicitações de mudanças são apresentadas, os problemas são resolvidos, são fornecidas entradas para avaliações de desempenho organizacional e as lições aprendidas são adicionadas ao banco de dados da organização.

O gerenciamento da equipe do projeto é complicado quando membros da equipe prestam contas para um gerente funcional e também para o gerente de projetos dentro de uma organização matricial. O gerenciamento eficaz dessa dupla relação de subordinação muitas vezes é o fator crítico de sucesso para o projeto e, em geral, é responsabilidade do gerente de projetos.

40

Histograma de Recursos Humanos

Histograma é uma representação gráfica, composta por retângulos justapostos, da distribuição de frequências de uma massa de medições. A base de cada um dos retângulos corresponde ao intervalo de classe e a sua altura à respectiva frequência.

Quando o número de dados aumenta indefinidamente e o intervalo de classe tende a zero, a distribuição de frequência passa para uma distribuição de densidade de probabilidades.

A construção de histogramas tem caráter preliminar em qualquer estudo e é um importante indicador da distribuição de dados. Serve para a visualização de dados agrupados ou classificados, permitindo perceber o fenômeno como um todo e as relações entre os fatores estudados.

Através desse instrumento podemos ter uma visualização geral da alocação dos recursos humanos ao longo do projeto ou de alguma fase específica no intuito de otimizarmos a utilização da equipe do projeto. Essa visualização nos permite fazer uma realocação de recursos, transferindo tarefas para outro período onde a utilização desses profissionais não seja tão intensa.

Uma realocação adequada de recursos:

- ❑ Reduz custos, diminuindo ou eliminando a tendência de "produzir trabalho" para preencher o tempo entre uma alocação e outra.
- ❑ Aumenta o moral da equipe, reduzindo ou eliminando a incerteza sobre oportunidades de alocações/empregos futuros.

Geralmente os histogramas são representações gráficas de dados observados. Esses dados podem ser de dois tipos distintos:

- ❑ Contagem de defeitos ou atributos.
- ❑ Classificação de medidas.

No primeiro caso, normalmente é costume deixar uma folga entre as colunas, para permitir melhor visualização. Já no segundo caso, quando as escalas de classificação são contínuas, deve-se construir o histograma com as colunas encostadas.

Realocação de Recursos Humanos

Através do planejamento de recursos humanos, definimos a utilização desses recursos ao longo do projeto, ou seja, quando e quantos desses recursos serão trazidos para o projeto ou retirados dele.

Um instrumento muito eficiente para esse planejamento é o **Histograma de Recursos**:

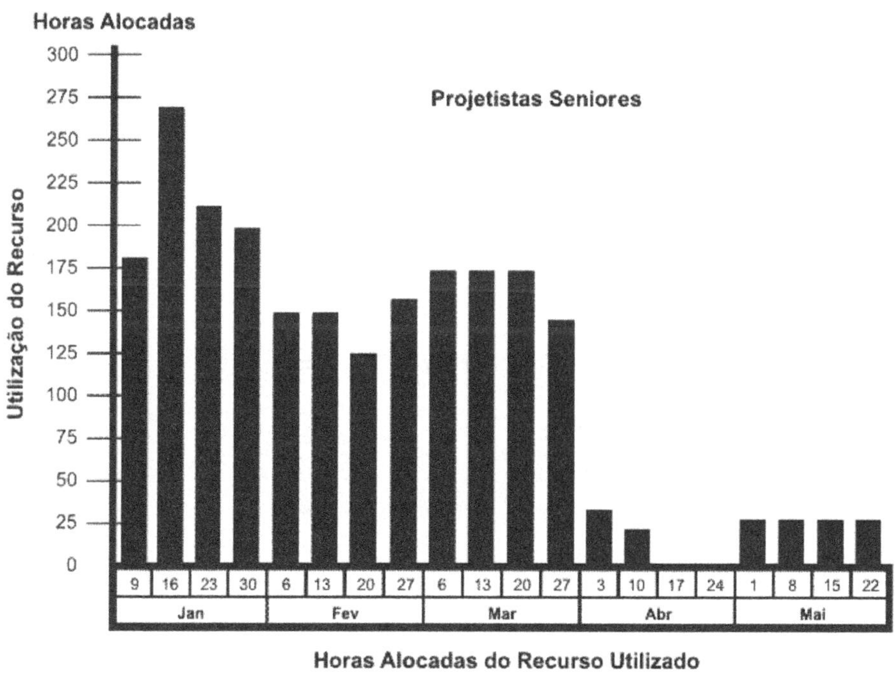

41 Matriz de Responsabilidades

A **matriz de responsabilidades** ou **matriz de designação de responsabilidades** é um instrumento muito eficiente que tem como principal objetivo a atribuição de funções e responsabilidades dentro de uma organização ou de um projeto.

Sendo uma das mais importantes definições dentro de uma organização ou no gerenciamento de projetos, as atribuições de funções e responsabilidades devem ser formalizadas e documentadas a fim de se evitarem dúvidas e posteriores conflitos entre os membros da equipe. Essas definições devem estar intimamente ligadas às atividades da organização ou à definição do escopo de um projeto.

- ❑ Atribuição de funções tem a ver com:
  - — Quem faz o quê.
- ❑ Atribuição de responsabilidades tem a ver com:
  - — Quem decide o quê.

A seguir são demonstrados dois tipos dessas matrizes:

1. Para pessoas e atividades.
2. Para funções e fases do trabalho.

1. Para pessoas e atividades

FASE / PESSOA	Abel	Bia	Cid	Diva	Eli	Félix	Gil
Requerimentos	C	Rv	Rs	P	P		
Relatórios	C	A	Rs	P	I	P	A
Conferência	C		Rv	Rs	E		P
Desenvolvimento		Rv	C	Rs	Cf	P	P
Testes	E	I	C	P	E	Rs	P
Pagamentos	An	Rv		Rv			Rv
Reuniões	Co	P	P	P	P	P	P

LEGENDA:

P = Participante **C** = Consultado **Rs** = Responsável **I** = Informado
Rv = Revisão **E** = Requerido na Entrada **Co** = Coordenação
A = Apoio **E** = Executor **An** = Aprovação Necessária
Cf = Requerido na Comunicação do Final de Fase

Nesse caso são listadas nas **linhas** as fases de um projeto ou as atividades de uma organização e nas **colunas** temos a relação da equipe de trabalho.

Como pode ser observado neste exemplo, com a utilização da matriz de responsabilidades não há como ter dúvidas das funções e das responsabilidades de cada membro da equipe.

2. Para funções e fases do trabalho

ATIVIDADES		RESPONSABILIDADES			
Fase	Descrição	Consultado	Executa	Apoia	Aprova
Concepção	Escopo e Características Técnicas	Equipes Funcionais	Projetistas	Área Administrativa	Diretor Técnico
Planejamento	Plano Baseado nas Especificações	Cliente	Equipe Técnica	Patrocinador	Cliente
Execução	Montagem e Instalação do Produto	Expositores	Equipe de Construção	Equipe de Suporte	Diretor Técnico
Controle	Verificação e Conferência do Plano	Cliente	Equipe de Verificação	Marketing	Gestor de Qualidade
Entrega	Apresentação e Aceitação do Produto	Gestor da Qualidade	Diretor Técnico	Equipe de Suporte	Cliente

Neste outro exemplo temos dois grandes grupos de colunas, que são as **atividades** e as **responsabilidades**. A coluna de atividades é subdividida em fase e descrição da fase e a coluna de responsabilidades é subdividida nas ações necessárias (consulta, execução, apoio e aprovação). Nas interseções (caixas de fundo branco) são mencionados os membros responsáveis por essas ações.

Este exemplo também fica caracterizado como uma matriz de responsabilidades e facilita o controle das **atribuições de funções** e das **atribuições de responsabilidades**.

42

Organograma

Organograma é um gráfico que representa a estrutura formal de uma organização. Os organogramas mostram como estão dispostos os órgãos ou setores, a hierarquia e as relações de comunicação existentes entre eles.

Os órgãos são unidades administrativas com funções bem definidas. Exemplo de órgãos: tesouraria, departamento de compras, portaria, biblioteca, setor de produção, gerência administrativa, diretoria técnica, secretaria, etc.

Os órgãos possuem um responsável, cujo cargo pode ser chefe, supervisor, gerente, coordenador, diretor, secretário, governador, presidente, etc. Normalmente têm colaboradores (funcionários) e espaço físico definido.

Em um organograma, os órgãos são dispostos em níveis que representam a hierarquia existente entre eles. Em um organograma vertical, quanto mais alto estiver o órgão, maior a autoridade e a abrangência da atividade.

Tipos de estrutura organizacional:

- ❑ Estrutura linear ou militar
- ❑ Estrutura funcional
- ❑ Estrutura mista ou colegiada
- ❑ Estrutura matricial

Tipos de Organogramas

CLÁSSICOS – O organograma clássico também é chamado de vertical. É o tipo mais comum de organograma, elaborado com retângulos que representam os órgãos e linhas que fazem a ligação hierárquica e de comunicação entre eles.

NÃO CLÁSSICOS - São todos os demais tipos:

- ⇨ **Em barras** - São representados por intermédio de longos retângulos a partir de uma base vertical, onde o tamanho do retângulo é diretamente proporcional à importância da autoridade que o representa.
- ⇨ **Setorial** - São elaborados por meio de círculos concêntricos, os quais representam os diversos níveis de autoridade a partir do círculo central, onde se localiza a autoridade maior da empresa.
- ⇨ **Radial** - O seu objetivo é mostrar o macrossistema das empresas componentes de um grande grupo empresarial.
- ⇨ **Lambda** - Apresentam, apenas, grupos de órgãos que possuam características comuns.
- ⇨ **Bandeira** - Apresentam grupos de órgãos que possuem uma missão específica e bem definida na estrutura organizacional, normalmente em quatro níveis.
- ⇨ **Organograma linear de responsabilidade** - Possui um diferenciador em relação aos demais organogramas, pois a sua preocupação não é apresentar o posicionamento hierárquico, e sim o inter-relacionamento entre diversas atividades e os responsáveis por cada uma delas.
- ⇨ **Informativo** - Apresenta um máximo de informações de diversas naturezas relacionadas com cada unidade organizacional da empresa.

A estrutura de uma organização executora frequentemente restringe a disponibilidade ou as condições sob as quais os recursos se tornam disponíveis para um projeto.

As organizações podem apresentar um amplo espectro de estruturas, da funcional à projetizada, com uma variedade de combinações entre elas.

A clássica **organização com estrutura funcional** é uma hierarquia onde cada funcionário tem um superior bem definido. Os membros da equipe são agrupados por especialidade.

Do outro lado do espectro está a **organização com estrutura projetizada**. Em uma organização com estrutura projetizada os membros das equipes frequentemente trabalham juntos, num mesmo local físico. Nesse tipo de estrutura a maioria dos recursos da organização está envolvida em projetos, e os gerentes de projetos têm grande autoridade e independência.

Organização com estrutura matricial é uma mistura das características da estrutura funcional e da estrutura projetizada. As estruturas matriciais fracas mantêm muitas características da organização com estrutura funcional. De modo similar, as estruturas matriciais fortes têm muitas características da estrutura projetizada.

TIPO DE ESTRUTURA	VANTAGENS	DESVANTAGENS
FUNCIONAL	Uso eficiente do pessoal técnico. Crescimento técnico. Transferência de tecnologia. Estabilidade.	Comunicação horizontal. Fraca interface. Fraca autoridade no projeto. Fluxo de trabalho mais lento.
PROJETIZADA	Bons controles de custo. Rápida reação do time. Comunicação fácil. Treinamento direcionado a projetos.	Incerteza na direção técnica. Uso ineficiente de especialistas. Fraca troca de informações com outros projetos.
MATRICIAL	Autoridade e responsabilidade compartilhadas. Políticas e procedimentos para cada projeto. Respostas rápidas. Comunicação vertical, horizontal e diagonal.	Mais responsabilidade do que autoridade. Dificuldade de monitoramento e controle. Multiplicidade no comando. Dificuldade de priorização de tarefas por parte dos membros.

Estrutura Funcional

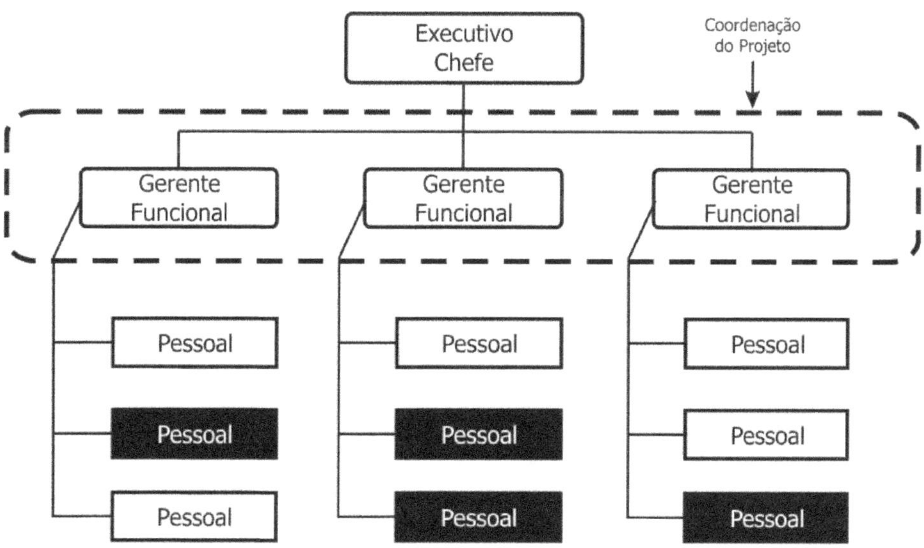

Estrutura Projetizada

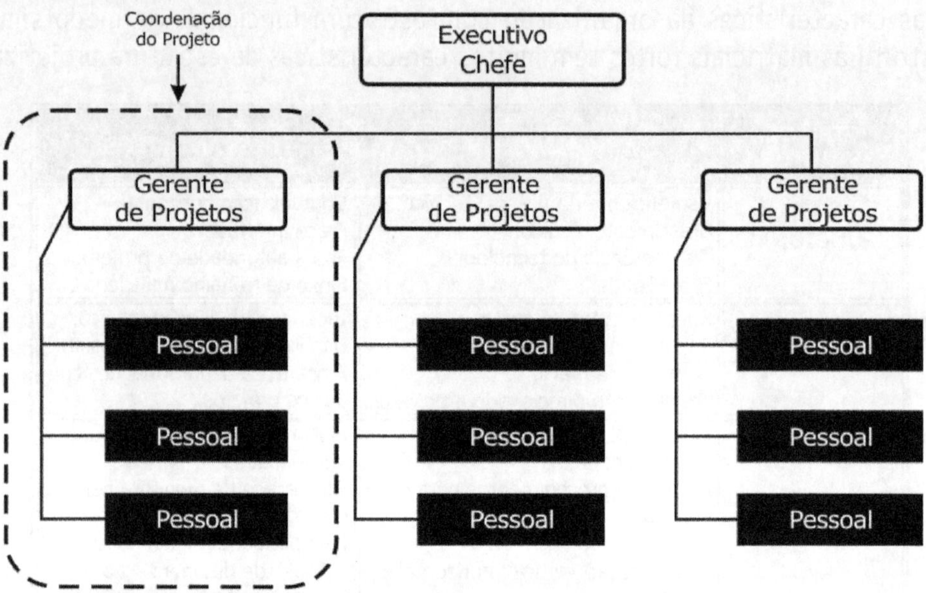

Estrutura Matricial Fraca

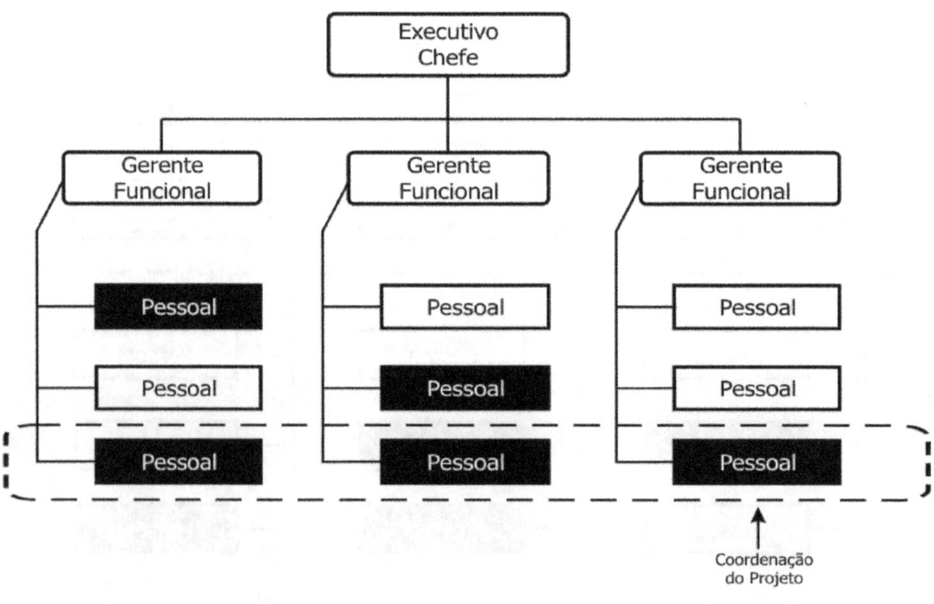

Estrutura Matricial Balanceada

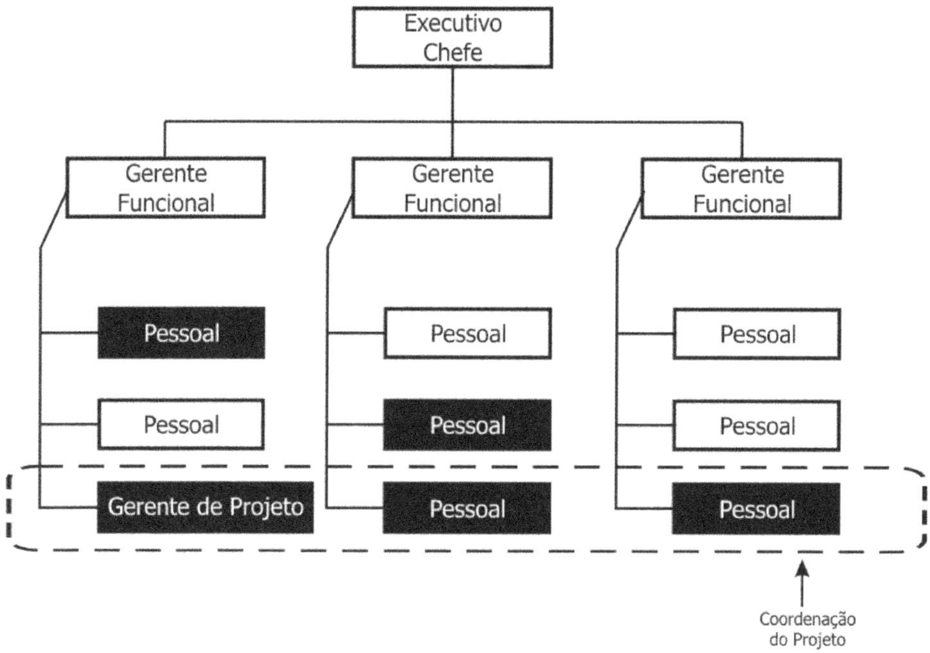

Estrutura Matricial Forte

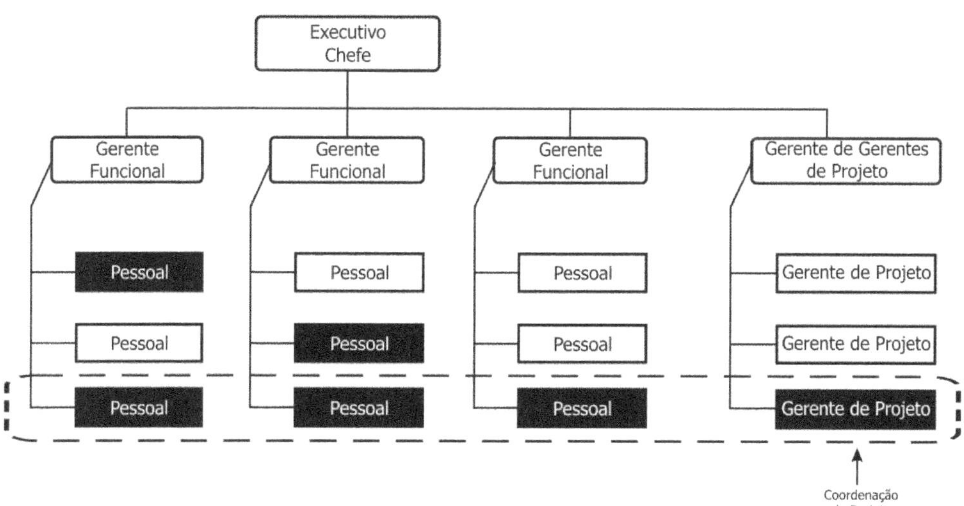

Estrutura Composta

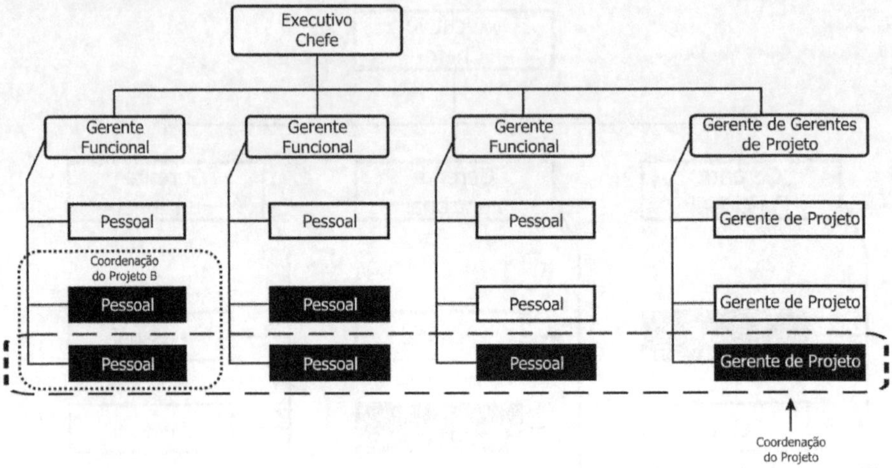

Modelos de Estruturas Organizacionais

Tipos de Organização / Características dos Projetos	Funcional	Matricial			Projetizada
		Matriz Fraca	Matriz Equilibrada	Matriz Forte	
Autoridade do Gerente do Projeto	Pouca ou Nenhuma	Limitada	De Baixa a Moderada	De Moderada a Alta	De Alta a Quase Total
Percentual do Pessoal da Organização Executora Alocado em Tempo Integral ao Projeto	Virtualmente Nenhum	0 - 25%	15% - 60%	50% - 95%	85% - 100%
Alocação do Gerente do Projeto	Tempo Parcial	Tempo Parcial	Tempo Integral	Tempo Integral	Tempo Integral
Designações mais comuns para o Papel do Gerente do Projeto	Coordenador de Projeto/ Líder de Projeto	Coordenador de Projeto/ Líder de Projeto	Gerente de Projeto/ Diretor de Projeto	Gerente de Projeto/ Gerente de Programa	Gerente de Projeto/ Gerente de Programa
Suporte Administrativo ao Gerente do Projeto	Tempo Parcial	Tempo Parcial	Tempo Parcial	Tempo Integral	Tempo Integral

43

Teorias X, Y e Z

Teorias motivacionais começaram a ser desenvolvidas na segunda parte do século XX, depois da Segunda Guerra Mundial. A questão do crescimento da produtividade das pessoas não foi inicialmente absorvida por grandes empresas porque, devido às condições econômicas e sociais, as metas de produtividade eram facilmente alcançadas por fatores puramente materiais. Em outras palavras, a procura por empregos era muito maior que a oferta de trabalho.

Nos finais dos anos 50, a necessidade e a importância da motivação foram primeiramente provadas por alguns experimentos práticos. Tais experimentos levaram a fatores que melhoraram significativamente as habilidades das organizações, que aumentaram sua produtividade sem fazer grandes investimentos. Desde então muitos experimentos e pesquisas têm sido empreendidos nessa área. Inúmeras teorias motivacionais foram desenvolvidas, sendo que as teorias iniciais de motivação se baseavam nas análises das experiências históricas do comportamento das pessoas e da aplicação de estímulos simples tanto materiais quanto não materiais como forma de incentivo. São elas:

- Teoria X (Douglas McGregor)
- Teoria Y (Douglas McGregor)
- Teoria Z (William Ouchi)

Douglas McGregor foi um psicólogo social americano que propôs seus modelos de teorias comportamentais denominadas Teoria X e Teoria Y em seu livro "The Enterprise" (1960).

Como parte das teorias administrativas, a teoria comportamental procura demonstrar uma variedade de estilos administrativos utilizados nas organizações; o comportamento das pessoas tem relação direta com as convicções e os estilos utilizados pelos administradores. As teorias X e Y apresentam certas convicções sobre a maneira pela qual as pessoas se comportam dentro das organizações.

Teoria X

É a concepção tradicional da administração, baseada em convicções errôneas sobre o comportamento humano, como:

- O ser humano é indolente e preguiçoso por natureza.
- Ele não gosta do trabalho e tentará sempre evitá-lo.
- Não gosta de assumir responsabilidade e prefere ser dirigido.
- Ele é fundamentalmente egocêntrico e seus objetivos pessoais opõem-se, em geral, aos objetivos da organização.
- Ele é resistente às mudanças.
- O ser humano não gosta de assumir riscos.
- A sua dependência o torna incapaz de autocontrole e disciplina.
- O ser humano não tem ambições.
- Ele tem somente motivação econômica.
- As pessoas fazem exatamente aquilo que a organização pretende que elas façam, independentemente de suas opiniões e objetivos pessoais.

A administração segundo a Teoria X caracteriza-se pelos seguintes aspectos:

- Responsabilidade pelos recursos da empresa (organização).
- Processo de dirigir os esforços das pessoas (controle das ações para modificar o seu comportamento).
- Políticas de persuasão, recompensas e punição (suas atividades são dirigidas em função dos objetivos e das necessidades da empresa).
- Remuneração como um meio de recompensa.

A melhor utilização desse perfil de funcionário é em trabalhos de produção em escala, chão de fábrica e serviços similares, e o estilo de gestão apropriado é a gerência autoritária (dura).

Teoria Y

É a moderna concepção de administração e se baseia na eliminação de preconceitos sobre a natureza humana. Seus principais aspectos são:

- O ser humano não tem desprazer inerente em trabalhar. A aplicação do esforço físico ou mental em seu trabalho é tão natural quanto jogar e descansar.
- As pessoas não são resistentes às necessidades da empresa.
- As pessoas possuem motivação básica, padrões de comportamento adequados e capacidade para assumir responsabilidades.
- As pessoas não só aceitam responsabilidades como também as procuram.
- As capacidades de imaginação e de criatividade na solução de problemas são distribuídas entre as pessoas.
- O controle externo e a ameaça de punição não são os únicos meios de se obter dedicação para alcançar os objetivos empresariais.

A Teoria Y desenvolve um estilo altamente democrático, através do qual administrar é um processo de criar oportunidades e proporcionar orientação quanto a objetivos. A administração se caracteriza pelos seguintes aspectos:

- É responsabilidade da administração proporcionar condições para que as pessoas reconheçam e desenvolvam características como motivação, potencial de desenvolvimento e responsabilidade.
- Criar condições organizacionais e métodos de operações por meio dos quais possam atingir seus objetivos pessoais e dirigir seus esforços em direção dos objetivos da empresa.

A melhor utilização desse perfil de funcionário é em trabalhos que requerem conhecimento e trabalhos gerenciais, e o estilo de gestão apropriado é a gerência participativa (macia).

A Teoria X apregoa um estilo administrativo de fiscalização e controle rígido, o qual limita as capacidades de participação e desenvolvimento de habilidades das pessoas. Ela considera o salário como o único estímulo. Esses conceitos impedem a utilização de todas as capacidades das pessoas. Segundo a Teoria Y, a administração deve liberar potenciais rumo ao autodesenvolvimento. O estilo administrativo segundo a Teoria Y se baseia em uma série de medidas inovadoras e humanistas, dentre as quais se destacam:

- Descentralização das decisões de responsabilidade.
- Ampliação do cargo para maior significado do trabalho.
- Participação nas decisões mais altas e administração consultiva.
- Autoavaliação do desempenho.

McGregor classifica os incentivos (ou recompensas) em duas categorias:

- **Extrínsecos** – Ligados ao ambiente – Relação comportamento com trabalho.
- **Intrínsecos** – Inerentes à própria natureza da tarefa – Realização do indivíduo no desempenho de seu trabalho.

A estratégia proposta por McGregor é de que a administração deve criar condições tais que os membros da organização, em todos os níveis, possam melhor alcançar seus próprios objetivos, dirigindo seus esforços para os objetivos da organização através de uma postura democrática e participativa baseada em valores humanos e sociais.

Teoria Z

A Teoria Z foi apresentada em 1981 por William Ouchi, em sua publicação "Theory Z — How American Management Can Meet the Japanese Challenge".

Frequentemente tratada como um modelo do estilo de gerenciamento japonês, de alguma forma amplia as visões de gerenciamento inicialmente apresentadas por McGregor em suas teorias X e Y.

A Teoria Z busca estabelecer uma relação das teorias X e Y com o estilo de gerenciamento japonês, fortemente apoiado em um relacionamento de lealdade, confiança e cooperação para com a equipe e a organização.

A Teoria Z se apoia na atitude e na responsabilidade dos trabalhadores, enquanto as teorias X e Y se apoiam na atitude e nas perspectivas da chefia e da organização.

Dessa forma, o entendimento conjunto das teorias X, Y e Z pode favorecer uma visão ampliada do comportamento humano nas organizações e sobre as melhores abordagens gerenciais para a obtenção de elevados graus de motivação dos trabalhadores, com melhores climas organizacionais.

A Teoria Z fundamenta-se em preceitos e comportamentos vividos principalmente nos países orientais, mas já há atualmente experiências da aplicação da Teoria Z em empresas ocidentais.

A aplicação da Teoria Z propicia ao ser humano ser percebido e perceber-se como ser humano, pois estimula a criatividade, oferece liberdade de expressão e participação na vida da organização.

Sem perder de vista o valor das tecnologias, das técnicas e dos processos produtivos, enfatiza o valor da influência humana nos processos da organização; nesse sentido, o sucesso organizacional está vinculado à motivação humana. A ação humana é fundamentalmente a fonte de aperfeiçoamento de processos, tecnologias e recursos em geral.

Conheça a seguir alguns preceitos da Teoria Z sobre o ser humano:

> **O homem deseja participar, deseja aprender, é criativo, busca melhorar, quer liberdade, quer ter iniciativa, é responsável, busca estabilidade, busca uma qualidade de vida melhor sempre, está sempre insatisfeito (busca contínua), não é individualista, busca associação ao grupo, busca segurança dentro do grupo.**

Esses conceitos hoje difundidos pela Teoria Z são tirados do dia a dia das organizações orientais, e também já dos ocidentais, e o resultado é a conquista de estabilidade no emprego, remuneração mais condizente, satisfação de participação nos problemas e sucesso das organizações.

A Teoria Z não dispensa os princípios organizacionais da empresa, porém estimula posturas mais participativas, onde qualquer empregado tem liberdade para questionar e colaborar para o aperfeiçoamento de métodos, rotinas, processos e situações em geral, pode participar da identificação e solução de problemas, e da definição e implementação de mudanças na organização. Estimulam-se ainda a colaboração e a ação em equipes, e a participação em processos decisórios da empresa.

44

Teoria da Hierarquia das Necessidades

Na medida em que as investigações na área de motivação desenvolveram-se, as novas teorias de motivação agregaram complexidade às teorias iniciais no sentido de fazerem delas mais realísticas e práticas. Essas novas teorias foram desenvolvidas nos Estados Unidos por Abraham Maslow e Frederick Herzberg:

- ❑ Teoria da hierarquia das necessidades (Abraham H. Maslow)
- ❑ Teoria dos fatores motivadores (Frederick Herzberg)

A Teoria de Maslow considera o fato de que as pessoas constantemente têm algumas necessidades do mundo exterior para se sentir satisfeitas. O autor da teoria tentou agrupar essas necessidades e colocá-las hierarquicamente em forma de uma pirâmide. Segundo ele, cada necessidade, se não for satisfeita, motiva as pessoas a agir de tal forma que só parem quando essa necessidade for satisfeita. A necessidade é então automaticamente substituída por uma próxima necessidade.

Ele também considerou que as necessidades que estão mais próximas da base da pirâmide devem ser satisfeitas primeiro.

Necessidades do Ser Humano

De acordo com Maslow, as pessoas vão trabalhar para satisfazer sua hierarquia de necessidades. Em geral, se nossas necessidades mais básicas estão satisfeitas, nós podemos nos empenhar para alcançarmos a nossa autorrealização, o que nos permite contribuir e usar nossas habilidades e talentos. Os cinco níveis da hierarquia de Maslow são:

- ❑ **Fisiológico** – Pessoas precisam dessas "necessidades" para sobreviver: ar, água, comida, roupas e abrigo. Pessoas necessitam de um lugar para trabalhar.

- **Segurança** – As pessoas precisam de segurança e proteção. Isso pode incluir estabilidade na vida, no trabalho e culturalmente. As pessoas precisam de um ambiente de trabalho seguro e segurança em seus empregos.
- **Social** – Pessoas são criaturas sociais que necessitam de amor, aprovação e amigos. Todos querem participar com seus colegas e pares e ser queridos no trabalho.
- **Autoestima** – As pessoas se esforçam para ser respeitadas, apreciadas e aprovadas pelos outros. Geralmente querem fazer um bom trabalho e completar seus projetos.
- **Autorrealização** – No mais alto nível de suas necessidades, as pessoas buscam o crescimento pessoal, conhecimento e satisfação pessoal. As pessoas querem se superar e trabalhar em algo que as satisfaça pessoalmente, sentindo que aquilo é realmente valioso.

A teoria da hierarquia das necessidades de Maslow sugere que existem esses cinco níveis hierárquicos de motivação e que o indivíduo só alcança um determinado nível de necessidade se o anterior já tiver sido atingido.

Nível	Necessidades	Descrição
1	Fisiológicas	Comida/Abrigo/Vestimenta
2	Segurança	Temor ao risco/Temor à dor Temor à perda do emprego
3	Sociais	Amor/Amizade/Aceitação
4	Autoestima	Responsabilidade/Reconhecimento Respeito próprio
5	Autorrealização	Independência/Liberdade Satisfação

Pirâmide de Maslow – Hierarquia das Necessidades

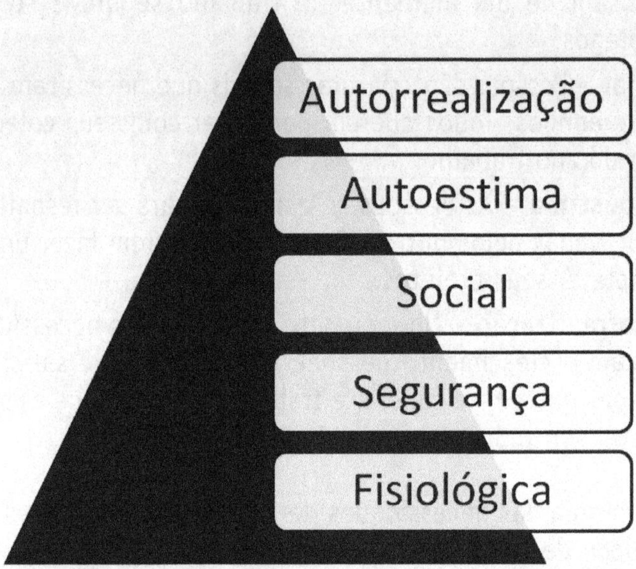

45

Teoria dos Fatores Motivadores

Frederick Herzberg, psicólogo e uma autoridade em motivação no trabalho, verificou e evidenciou através de muitos estudos práticos a presença de dois fatores distintos que afetam as pessoas e suas visões em relação às suas carreiras e trabalhos: fatores higiênicos e fatores motivacionais.

Fatores Higiênicos

São as expectativas que todos os trabalhadores têm e referem-se às condições que rodeiam o colaborador enquanto ele trabalha, englobando condições físicas e ambientais do trabalho, como:

- Salário e benefícios
- Política da empresa
- Tipo de supervisão recebida
- Clima de relações entre a direção e os funcionários
- Regulamentos internos
- Oportunidades existentes
- Estabilidade no cargo
- Condições de limpeza e segurança no ambiente de trabalho
- Sentimento de pertencer a um grupo
- Relações civilizadas no trabalho
- Outros atributos associados à empregabilidade

Esses fatores estão relacionados com o meio em que o funcionário atua, são elementos determinados pela organização e que fazem parte da cultura da empresa, ou seja, fora do controle dos funcionários, de responsabilidade apenas da empresa e de seus respectivos administradores. Esses agentes são necessários para ajustar os colaboradores a seu ambiente, porém não são determinantes para gerar motivação ou produtividade a longo prazo.

Todos os fatores higiênicos correspondem à perspectiva ambiental e constituem-se nos fatores tradicionalmente utilizados pelas organizações para obter motivação dos funcionários. Herzberg considera esses fatores higiênicos muito limitados na sua capacidade de realmente influenciar o comportamento dos empregados. Herzberg escolheu a expressão "higiene" exatamente para refletir o seu caráter preventivo e profilático e para mostrar que se destinam simplesmente a evitar fontes de insatisfação do meio ambiente ou ameaças potenciais ao seu equilíbrio.

Quando esses fatores são ótimos, simplesmente evitam a insatisfação, uma vez que sua influência sobre o comportamento não consegue elevar substancial e duradouramente a satisfação. Porém, quando são precários, provocam insatisfação.

Fatores Motivacionais

Esses fatores se referem ao trabalhador e não à empresa, como no caso dos fatores higiênicos. São considerados fatores motivacionais para Herzberg os elementos que motivam as pessoas a se excederem. Eles incluem as tarefas e os deveres relacionados ao cargo em si, como:

- Responsabilidade do cargo ocupado
- Crescimento profissional
- Apreciação ao trabalho
- A chance de se destacar
- Desenvolvimento e aprimoramento de habilidades
- Oportunidades ligadas ao trabalho, além da recompensa financeira
- Autorrealização em cumprir as tarefas designadas
- Reconhecimento de seu trabalho

São os fatores motivacionais que produzem algum efeito duradouro de satisfação e de aumento de produtividade em níveis de excelência, isto é, acima dos níveis nominais. O termo "motivação", para Herzberg, envolve sentimentos de realização, de crescimento e de reconhecimento profissional, manifestados por meio do exercício das tarefas e atividades que oferecem um suficiente desafio e significado para o trabalhador.

Visão Tradicional X Visão de Herzberg

A Teoria de Herzberg sugere que, enquanto a presença dos fatores higiênicos (relacionados ao ambiente de trabalho) não irá motivar as pessoas em relação ao seu desempenho, a ausência desses mesmos fatores desmotivará os trabalhadores. Os fatores motivacionais (associados ao trabalho propriamente dito) inspiram os trabalhadores a se esforçar para o sucesso.

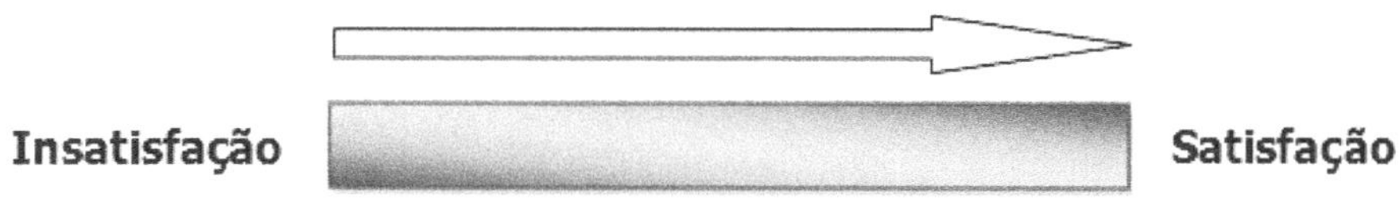

Visão Tradicional

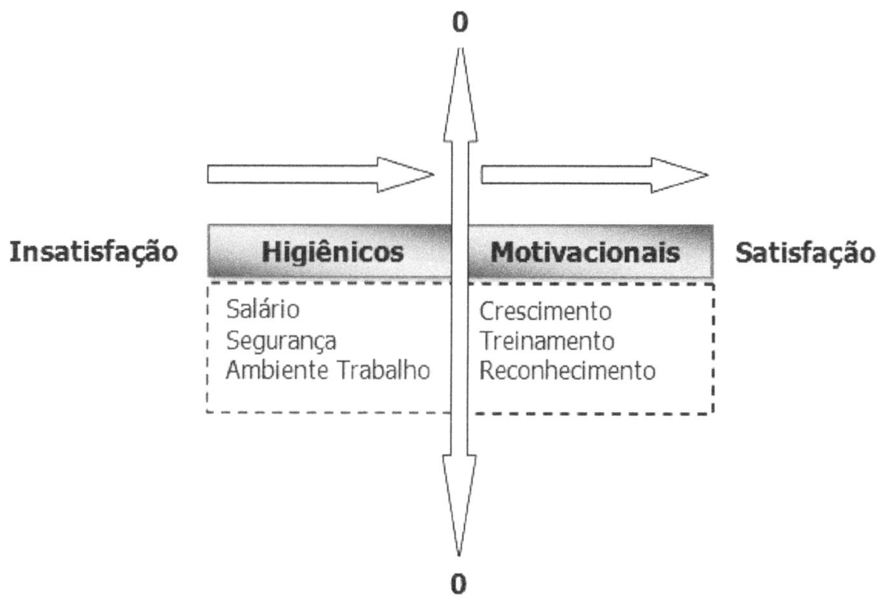

Visão de Herzberg

Ferramentas de Gerenciamento das Aquisições

46 Mapa de Gerenciamento das Aquisições

Gerenciamento das Aquisições do Projeto

O gerenciamento das aquisições tem como objetivo dar garantia de que todos os bens e serviços externos à organização executora e necessários ao projeto serão fornecidos dentro do prazo, custo e qualidade planejados.

- **Objetivos de prazo –** Garantir que as aquisições serão entregues de acordo com o planejamento.
- **Objetivos de custo –** Garantir que as aquisições serão obtidas através do menor preço possível consistente com a qualidade, os prazos e a desempenho desejados.
- **Objetivos técnicos e de qualidade –** Garantir que as especificações técnicas do que está sendo contratado sejam obtidas.

O gerenciamento das aquisições do projeto inclui os processos necessários à obtenção de bens e serviços externos à organização executora. Para simplificação, os bens e serviços, sejam um ou vários, são geralmente referidos como um "produto". Esses processos interagem uns com os outros e também com os processos das demais áreas de conhecimento.

Processos do Gerenciamento das Aquisições do Projeto

1. Planejar o Gerenciamento das Aquisições do Projeto

O planejamento das aquisições é o processo de identificar quais necessidades do projeto podem ser mais bem atendidas através da contratação de produtos ou serviços fora da organização e deveria ser acompanhado durante o esforço de definição do escopo. Envolve considerações sobre quando, como, o que, quanto e onde contratar.

Quando o projeto obtém produtos e serviços fora da organização executora, os processos, desde "Planejar Aquisições" até "Encerrar as Aquisições", são realizados uma vez para cada item do produto ou serviço. A equipe do projeto pode querer procurar suporte de especialistas no assunto de contratação e compra quando necessário e envolvê-los logo nos processos como membros da equipe.

Quando o projeto não obtém produtos e serviços fora da organização executora esses processos não são realizados. Isso ocorre frequentemente em projetos de pesquisa e desenvolvimento, quando a organização executora reluta em partilhar a tecnologia do projeto, e em muitos projetos menores, quando o custo de descobrir e gerenciar os recursos externos pode exceder as economias potenciais.

O planejamento das aquisições deve incluir também considerações sobre eventuais vendedores, particularmente se o comprador deseja exercer algum grau de influência ou controle sobre as decisões de subcontratação.

Análise Fazer ou Comprar (Make or Buy)

Segundo o *PMBOK® Guide*, a análise de fazer ou comprar é uma técnica de gerenciamento usada para determinar se um trabalho específico pode ser mais bem realizado pela organização ou equipe do projeto ou se deve ser contratado de fontes externas.

Considerando 100% do escopo e baseando-se na EAP, a análise de fazer ou comprar (também conhecida pelo termo em inglês *Make or Buy Analysis*) determina se cada pacote de trabalho do seu projeto pode ser mais bem realizado internamente ou adquirido externamente considerando todos os custos relacionados (diretos e indiretos). A opção alugar, por ser uma ação feita fora da organização, deverá ser considerada como comprar.

A seguir, algumas das considerações mais comuns a serem feitas quando se quer decidir entre fazer ou comprar:

- ❑ Capacidade de produção.
- ❑ Tecnologia disponível.
- ❑ Preparo para produção.
- ❑ Disponibilidade.

- ❑ Terceirização parcial ou total.
- ❑ Tempo de produção interno x externo.
- ❑ Custo total interno x externo.
- ❑ Foco do negócio.
- ❑ Interesse estratégico.
- ❑ Sigilo na tecnologia.
- ❑ Estratégia gerencial.

Análise Fazer ou Comprar – Modelo Simplificado

Análise Fazer ou Comprar							
Id	Código EAP	Item	Descrição	Fazer ou Comprar	Motivo decisão	Tipo de contrato	Status

Análise Fazer ou Comprar – Modelo Ampliado

O modelo anterior pode ser ampliado incluindo-se outras informações na tabela:

Análise Fazer ou Comprar	
Item	**Descrição**
1	Id = Identificação
2	Importância
3	Código da EAP
4	Item a ser analisado
5	Descrição do produto ou serviço
6	Urgência
7	Importância
8	Motivo da decisão
9	Fornecedores potenciais
10	Quantidade
11	Custo
12	Momento da aquisição – Cronograma
13	Documento de aquisição
14	Tipo de contrato
15	Status
16	Comentários

Em relação ao item 14, devemos considerar os seguintes tipos de contrato, que serão detalhados mais adiante neste capítulo:

- ❑ Contrato de Preço Fixo ou Preço Global (**PF**)
- ❑ Contrato de Custos Reembolsáveis (**CR**)
- ❑ Contrato por Preço Unitário (**PU**)

2. Realizar as Aquisições

Este processo envolve a obtenção de propostas de fornecedores, seleção de um fornecedor e formalização de um contrato. Durante este processo a equipe de gerenciamento de projetos receberá licitações ou propostas e aplicará critérios de seleção previamente definidos para escolher um ou mais fornecedores que sejam qualificados para realizar o trabalho e aceitáveis como fornecedor.

Solicitação de Propostas

Visando o melhor entendimento das necessidades do cliente por parte dos fornecedores, uma solicitação de proposta pode requerer que seja elaborado um documento que descreva com detalhes o produto ou serviço que se quer contratar. No ambiente de gerenciamento de projetos esse documento é denominado **Declaração de Trabalho**. Ele faz a descrição da aquisição, incluindo especificações, entregas necessárias e prazos de entrega com suficiente nível de detalhes para permitir que os fornecedores em perspectiva possam determinar sua capacidade de fornecimento e o atendimento das necessidades do cliente.

Uma Declaração de Trabalho:

- ❑ Deve ser clara.
- ❑ Deve considerar todos os produtos ou serviços complementares necessários.
- ❑ Pode também incluir uma especificação do produto.

A Declaração de Trabalho também inclui detalhes de valores, padrões e normas regulatórias, além de termos e condições de fornecimento. Essas especificações auxiliarão os fornecedores na elaboração de suas propostas.

Muitos modelos customizados de Declaração de Trabalho foram desenvolvidos pelas organizações para o atendimento de seus critérios e necessidades, tanto em formatos de preenchimento manual como também dentro de sistemas informatizados.

Seleção de Fornecedores

Muitos fatores à parte de custo e preço podem precisar de avaliação em um processo de decisão de seleção de fornecedores:

- ❑ O preço pode ser determinante para um item "fora da prateleira", mas o menor **preço** pode não ser o menor **custo**, caso o fornecedor se mostre incapaz de entregar o produto no prazo.
- ❑ As propostas são frequentemente separadas em duas seções: técnica (quanto à abordagem) e comercial (preço), sendo cada uma avaliada separadamente.
- ❑ Os produtos críticos podem exigir múltiplos fornecedores.

Critérios de avaliação para a seleção do fornecedor	
Id	**Descrição**
1	Entendimento por parte do fornecedor da necessidade do cliente
2	Capacidade técnica do fornecedor
3	Capacidade financeira do fornecedor
4	Capacidade de produção do fornecedor
5	Abordagem de gerenciamento do fornecedor
6	Abordagem técnica do fornecedor
7	Tamanho e tipo de negócio do fornecedor
8	Referências de clientes do fornecedor
9	Interesse do fornecedor em fornecer o produto
10	Custo total ou do ciclo de vida do produto
11	Direitos de propriedade do produto

As ferramentas e técnicas de avaliação podem ser usadas isoladamente ou em conjunto. Por exemplo, um sistema de ponderação pode ser usado para:

- ❑ Selecionar uma fonte única que será convidada para assinar um contrato padrão.
- ❑ Classificar todas as propostas para estabelecer uma sequência de negociação.

Tipos de Contratos

O sucesso e a estabilidade da relação contratual que venha a ser efetivada entre o fornecedor e o cliente, objetivando o fornecimento de produtos ou serviços, estão intimamente ligados à preparação do instrumento contratual.

É importante ter em mente que contratar é entrar em acordo, é eliminar as diferenças existentes e encontrar o equilíbrio de interesses das partes contratantes, uma vez que de um lado existe o fornecedor e de outro o cliente, ambos esperando tirar vantagens comerciais e financeiras dessa oportunidade. Em razão da natureza dessa relação, podemos deduzir que o contrato é fator fundamental para o sucesso da relação comercial.

Para cada tipo de relação comercial existe um tipo mais adequado de contrato a ser adotado. Estão relacionados a seguir os tipos mais comuns de contratos comerciais:

A. Contratos de Preço Fixo ou Preço Global (PF)
  i. Contrato de Preço Fixo Garantido (PFG)
  ii. Contrato de Preço Fixo com Remuneração de Incentivo (PFRI)

B. Contratos de Custos Reembolsáveis (CR)
  i. Contrato de Custo Mais Remuneração Fixa (CMRF)
  ii. Contrato de Custo Mais Remuneração de Incentivo (CMRI)

C. Contratos por Preço Unitário (PU)

A. Contratos de Preço Fixo ou Preço Global (PF)

Um tipo de contrato que envolve um preço total fixo para um produto bem definido. Os Contratos de Preço Fixo podem também incluir incentivos para que determinados objetivos do projeto, como metas de cronograma, sejam atingidos ou superados. A forma mais simples de um Contrato de Preço Fixo é um pedido de compra.

i. **Contrato de Preço Fixo Garantido (PFG).** Um tipo de Contrato de Preço Fixo em que o comprador paga ao fornecedor um valor determinado (conforme definido pelo contrato), independentemente dos custos do fornecedor.

ii. **Contrato de Preço Fixo com Remuneração de Incentivo (PFRI).** Um tipo de Contrato de Preço Fixo em que o comprador paga ao fornecedor um valor determinado (conforme definido pelo contrato) e pelo qual o fornecedor poderá ganhar um valor adicional se atender aos critérios de desempenho definidos.

B. Contratos de Custos Reembolsáveis (CR)

Um tipo de contrato que envolve o pagamento (reembolso) pelo comprador para o fornecedor pelos custos reais do fornecedor acrescidos de uma remuneração que normalmente representa o lucro do fornecedor. Os custos geralmente são classificados como diretos ou indiretos. Custos diretos são custos incorridos para o benefício exclusivo do projeto, como os salários da equipe que trabalha em período integral para o projeto. Custos indiretos, também chamados de *overhead*, custos gerais ou custos administrativos, são os custos alocados para o projeto pela organização executora como um custo de realização do negócio, como os salários dos gerentes indiretamente envolvidos no projeto e o custo dos serviços públicos de eletricidade do escritório. Geralmente, os custos indiretos são calculados como um percentual dos custos diretos. Os contratos de custos reembolsáveis frequentemente incluem cláusulas de incentivo em que, se o fornecedor atingir ou superar os objetivos selecionados para o projeto, como metas de cronograma ou custo total, receberá do comprador um incentivo ou pagamento de bônus.

i. **Contrato de Custo Mais Remuneração Fixa (CMRF).** Um tipo de Contrato de Custos Reembolsáveis em que o comprador reembolsa o fornecedor pelos custos permitidos (definidos pelo contrato) acrescido de um valor fixo de lucro (remuneração).
ii. **Contrato de Custo Mais Remuneração de Incentivo (CMRI).** Um tipo de Contrato de Custos Reembolsáveis em que o comprador reembolsa o fornecedor pelos custos permitidos (definidos pelo contrato) ao fornecedor. O fornecedor terá direito ao seu lucro se atender aos critérios de desempenho definidos.

C. Contratos por Preço Unitário (PU)

Um tipo de contrato híbrido, contendo aspectos dos Contratos de Custos Reembolsáveis e Contratos de Preço Fixo. Também chamados de Contratos por Tempo e Material (T&M), os Contratos por Preços Unitários se assemelham aos acordos do tipo com custos reembolsáveis por serem modificáveis, já que o valor total do acordo não é definido no momento em que ele é firmado. Dessa forma, os Contratos por Tempo e Material podem ter o seu valor aumentado como se fossem acordos de Custos Reembolsáveis. Por outro lado, os acordos por Tempo e Material podem também ser semelhantes a acordos de Preço Fixo. Por exemplo, os valores unitários são preestabelecidos pelo comprador e pelo fornecedor, quando ambas as partes concordam com os valores de serviços profissionais para a categoria de "engenheiros seniores".

3. Administrar as Aquisições

Administrar as aquisições envolve gerenciar as relações de aquisição, monitorar o desempenho do contrato e fazer mudanças e correções conforme necessário.

Administrar as aquisições também envolve analisar se o desempenho do fornecedor está adequado aos requerimentos contratuais. Em grandes projetos, com diversos fornecedores de produtos e serviços, um aspecto-chave da administração dos contratos é gerenciar as interfaces entre os diversos fornecedores. A natureza da relação contratual obriga que a equipe do projeto, ao administrar o contrato, esteja perfeitamente ciente das implicações legais das ações tomadas.

A administração dos contratos inclui a aplicação dos processos apropriados de gerência de projetos às relações contratuais e à integração das saídas desses processos com a gerência do projeto como um todo. Essa integração e a coordenação frequentemente ocorrerão em múltiplos níveis, sempre que houver diversos fornecedores e produtos envolvidos. Os processos de gerência de projetos que devem ser aplicados incluem:

- ❑ Execução do Plano de Projeto para autorizar o trabalho do contratado, no devido tempo.
- ❑ Relatório de desempenho para monitorar o custo, o cronograma e o desempenho técnico do contratado.
- ❑ O controle da qualidade, para inspecionar e verificar se o produto do contratado está adequado.
- ❑ O controle de mudanças, para assegurar que as mudanças estão adequadamente aprovadas e que todos que necessitam tomaram conhecimento.
- ❑ A administração de contratos também tem um componente de administração financeira. As condições de pagamento devem ser definidas dentro do contrato e devem envolver uma ligação clara entre o progresso medido e a remuneração paga ao vendedor.

4. Encerrar os Contratos

Encerrar os contratos é o processo de finalização de cada uma das aquisições do projeto. Envolve verificar se todo o trabalho e as entregas são aceitáveis e serve de apoio ao processo de encerramento do projeto ou de uma fase.

Encerrar os contratos é similar ao encerramento administrativo, na medida em que ele envolve tanto a verificação do produto (o trabalho foi todo completado correta e satisfatoriamente?) como o fechamento administrativo (atualizar os registros para refletir os resultados finais e arquivar as informações para futuro uso). Os termos e condições contratuais podem determinar procedimentos específicos para o encerramento do contrato.

Fatores Envolvidos na Liquidação de Contratos

- ❑ Finalização de todos os trabalhos requeridos pelo contrato.
- ❑ Resolução de reclamações.
- ❑ Realização dos pagamentos finais.
- ❑ Criação de relatórios históricos de contratos.

Principais Tipos de Reclamação dos Clientes

- ❑ Reclamações técnicas.
- ❑ Reclamações de qualidade.
- ❑ Reclamações de cumprimento de prazos.

47 Mapa de Concorrência

Quando uma compra é feita, o comprador recebe dos potenciais fornecedores um pacote de características de função, quantidade, serviço, preço, condições de entrega, condições de pagamento, entre outras. A ideia da "melhor compra" ou aquisição é a mistura desses componentes que melhor servirá à finalidade exigida.

Na avaliação de fornecedores potenciais, alguns fatores são quantitativos e é possível atribuir um valor monetário a eles. O preço é o exemplo mais óbvio. Outros fatores são qualitativos e a determinação exige alguma ponderação. Geralmente são determinados de forma descritiva. A competência técnica do fornecedor pode ser um exemplo.

A seleção de fornecedores deve ser feita através da escolha da melhor proposta entre os participantes. O preço não é o único fator que influi nas decisões de compra. Entretanto, em igualdade de condições, é o mais importante. Através do **mapa de concorrência** é possível fazer uma análise comparativa básica das propostas enviadas pelos fornecedores.

Critérios de Avaliação

Os critérios de avaliação poderão ficar limitados ao preço de aquisição se o item estiver prontamente disponível a partir de diversos fornecedores aceitáveis. O preço de compra, nesse contexto, inclui o custo do item e também despesas secundárias como entrega, impostos, descarga, montagem, etc.

O preço pode ser determinante para um item "fora da prateleira", mas o menor *preço* pode não ser o menor *custo*, caso o fornecedor se mostre incapaz de entregar o produto no prazo.

<table>
<tr><th colspan="7">MAPA DE CONCORRÊNCIA</th></tr>
<tr><td colspan="3">Aquisição ou Serviço:</td><td colspan="2">Fornecedor:</td><td colspan="2">Fornecedor:</td></tr>
<tr><td colspan="3">Modalidade:</td><td colspan="2">Nome:
Tel:</td><td colspan="2">Nome:
Tel:</td></tr>
<tr><th>ESPECIFICAÇÃO</th><th>Quant</th><th>Unit</th><th>Preço Unit</th><th>TOTAL</th><th>Preço Unit</th><th>TOTAL</th></tr>
<tr><td></td><td></td><td></td><td></td><td></td><td></td><td></td></tr>
<tr><td></td><td></td><td></td><td></td><td></td><td></td><td></td></tr>
<tr><td></td><td></td><td></td><td></td><td></td><td></td><td></td></tr>
<tr><td></td><td></td><td></td><td></td><td></td><td></td><td></td></tr>
<tr><td></td><td></td><td></td><td></td><td></td><td></td><td></td></tr>
<tr><td colspan="3">Subtotal</td><td colspan="2"></td><td colspan="2"></td></tr>
<tr><td colspan="3">Descontos</td><td colspan="2"></td><td colspan="2"></td></tr>
<tr><td colspan="3">Impostos</td><td colspan="2"></td><td colspan="2"></td></tr>
<tr><td colspan="3">Frete ou Embalagem</td><td colspan="2"></td><td colspan="2"></td></tr>
<tr><td colspan="3">Outros</td><td colspan="2"></td><td colspan="2"></td></tr>
<tr><td colspan="3">TOTAL GERAL</td><td colspan="2"></td><td colspan="2"></td></tr>
</table>

As propostas são frequentemente separadas em duas seções: técnica (quanto à abordagem) e comercial (preço), sendo cada uma avaliada separadamente.

Os produtos críticos podem exigir múltiplos fornecedores.

As ferramentas e técnicas de avaliação podem ser usadas isoladamente ou em conjunto. Por exemplo, um sistema de ponderação pode ser usado para:

- ❑ Selecionar uma fonte única que será convidada para assinar um contrato padrão.
- ❑ Classificar todas as propostas para estabelecer uma sequência de negociação.

Nos principais documentos de aquisição, esses processos podem ser repetidos. Seleciona-se uma lista de fornecedores qualificados com base numa proposta preliminar para em seguida proceder a uma avaliação mais cuidadosa a partir de uma proposta mais detalhada e abrangente.

Outros critérios de seleção podem ser identificados e documentados para dar suporte a uma avaliação de um produto ou serviço mais complexo, como pode ser observado na tabela a seguir:

CRITÉRIOS DE AVALIAÇÃO DE UMA PROPOSTA DE FORNECIMENTO	
CRITÉRIO	**QUESTIONAMENTO**
Entendimento da necessidade	A proposta do fornecedor aborda satisfatoriamente a declaração de trabalho do contrato?
Custo total ou do ciclo de vida	O fornecedor selecionado produzirá o menor custo total (custo da compra mais custo operacional)?
Capacidade técnica	O fornecedor possui ou é razoável esperar que ele adquira as habilidades e o conhecimento técnico necessários?
Abordagem de gerenciamento	O fornecedor possui ou é razoável esperar que ele desenvolva os processos e procedimentos de gerenciamento para garantir um projeto bem-sucedido?
Abordagem técnica	Soluções, serviços, técnicas e metodologias propostas pelo fornecedor atendem aos requisitos da documentação de aquisição ou provavelmente fornecerão mais que os resultados esperados?
Capacidade financeira	O fornecedor possui ou é razoável esperar que ele obtenha os recursos financeiros necessários?
Interesse e capacidade de produção	O fornecedor tem interesse e capacidade para atender aos possíveis requisitos futuros?
Tamanho e tipo de negócio	A empresa do fornecedor atende a um tipo ou tamanho específicos de negócios, conforme definido pelo comprador e definido como condição para a concessão de um contrato?
Referências	O fornecedor pode dar referência de clientes anteriores que confirmem sua experiência de trabalho e sua conformidade com os requisitos contratuais?
Direitos de propriedade intelectual	O fornecedor reivindica direitos de propriedade intelectual nos serviços ou processos de trabalho que utilizará ou nos produtos que irá desenvolver para o projeto?
Direitos de propriedade	O fornecedor reivindica direitos de propriedade sobre os serviços ou processos de trabalho que utilizará ou nos produtos que irá desenvolver para o projeto?

48

Solicitação de Proposta

Uma **solicitação de proposta** envolve a obtenção de informações (coleta de preços e propostas) dos fornecedores potenciais quanto ao atendimento das necessidades de uma organização ou de um projeto. Essa solicitação deve ser preparada pelo solicitante e enviada aos potenciais fornecedores, pois servirá de base para que eles possam preparar suas propostas. Esse documento deve conter uma descrição com suficiente detalhe para permitir que os fornecedores em perspectiva possam determinar sua capacidade de fornecimento dos serviços ou produtos que deseja adquirir. Uma boa solicitação deve ser clara, deve incluir todos os produtos ou serviços complementares necessários e pode também incluir uma especificação do produto, além de outras informações que possibilitem o total entendimento das necessidades. Essas informações são de fundamental importância para um fornecimento equalizado de propostas por parte dos fornecedores, já que todos terão a mesma base de informações, o que permitirá uma avaliação justa. Esse documento deverá conter pelo menos:

- Dados da pessoa ou organização solicitante:
  - Nome
  - Endereço
  - CPF ou CNPJ
  - Telefone de contato
  - Pessoa de contato
- Especificações detalhadas dos produtos ou serviços desejados.
- Quantidades necessárias do produto ou serviço.
- Prazo de entrega desejado.

Objetivo do Gerenciamento das Aquisições

- **Objetivos técnicos e de qualidade** – Garantir que as especificações técnicas do que está sendo contratado sejam obtidas.
- **Objetivos de prazo** – Garantir que as aquisições sejam entregues de acordo com o planejamento.
- **Objetivos de custo** – Garantir que as aquisições sejam obtidas através do menor preço possível, consistente com a qualidade, os prazos e a performance desejados.

Modelo de solicitação de proposta a ser enviado a todos os fornecedores potenciais

<table>
<tr><th colspan="6">SOLICITAÇÃO DE PROPOSTA</th></tr>
<tr><td colspan="3">FORNECEDOR</td><td colspan="3">CONTATO</td></tr>
<tr><td colspan="2">FATURAR CONTRA</td><td>C.G.C.</td><td colspan="2">INSCR. ESTADUAL</td><td>INSCR. MUNICIPAL</td></tr>
<tr><td colspan="3">ENDEREÇO PARA ENTREGA</td><td colspan="3">ENDEREÇO PARA COBRANÇA</td></tr>
</table>

Item	Especificação	Quant	Un	Preço Unitário	Subtotal

<table>
<tr><td rowspan="2">CONDIÇÕES DE PAGAMENTO</td><td colspan="2">Subtotal Geral</td><td></td></tr>
<tr><td colspan="2">Descontos</td><td></td></tr>
<tr><td rowspan="2">DATA DE ENTREGA</td><td colspan="2">Impostos</td><td></td></tr>
<tr><td colspan="2">Frete ou Embalagem</td><td></td></tr>
<tr><td rowspan="2">OBSERVAÇÕES</td><td colspan="2">Outros</td><td></td></tr>
<tr><td colspan="2">TOTAL GERAL</td><td></td></tr>
<tr><td>Especificações, projetos e detalhes em anexo.</td><td>Data</td><td>Suprimentos</td><td>Conferido</td></tr>
</table>

Ferramentas de Gerenciamento da Comunicação

49

Método Delphi

Uma série de estudos foi conduzida, durante alguns anos, pela RAND Corporation (Santa Mônica, Califórnia, EUA) para ajudar a Força Aérea dos EUA a identificar a capacidade que os soviéticos tinham para destruir alvos estratégicos americanos, recebendo a denominação de "Projeto Delphi".

Tal designação inspirou-se no antigo oráculo de Delfos (Grécia) dedicado a Apolo. A técnica empregada foi chamada de **método Delphi**. Essa metodologia tornou-se popular quando aplicada uma década mais tarde às previsões tecnológicas e ao planejamento corporativo.

O método "Delphi" é reconhecido como um dos melhores instrumentos de previsão qualitativa. Sua área de aplicação mais corrente é a previsão tecnológica, mas aos poucos vem sendo estendida para outras áreas, como a Administração (principalmente em descrição de cenários futuros no campo do planejamento estratégico). Sua utilização é mais indicada quando não existem dados históricos a respeito do problema que se investiga ou, em outros termos, quando faltam dados quantitativos referentes ao problema.

O princípio do método é intuitivo e interativo. Implica a constituição de um grupo de especialistas em determinada área de conhecimento, que respondem a uma série de questões. O método se apoia em reunir as opiniões desses peritos que trabalham individualmente e frequentemente nem estão presentes fisicamente no mesmo local. As iterações do método são denominadas "rounds" (rodadas).

As respostas de todos os peritos são combinadas e resumidas, e a síntese dos resultados é comunicada aos membros do grupo. Passa-se em seguida a uma segunda rodada de questões, onde são acrescentadas as novas questões/proposições que os diversos inquiridos foram introduzindo na primeira rodada e, juntamente com as primeiras questões apresentadas (sendo retiradas apenas as que foram consideradas de uma importância completamente irrisória), os especialistas ordenarão de novo as questões.

Serão realizadas tantas rodadas de questionários quantas forem necessárias para atingir um grau de consenso razoável. A experiência histórica tem mostrado que o consenso geralmente surge após aproximadamente três rodadas.

Trata-se de uma forma de **julgamento participativo de especialistas.**

É uma técnica de previsão interativa e anônima usada para gerar um consenso sobre eventos futuros de um projeto. A proposta da técnica de Delphi é extrair informações e julgamentos dos participantes para facilitar a resolução de problemas, o planejamento e a tomada de decisão.

De um modo geral, o **método Delphi** se distingue por três características básicas:

1. **Anonimato:** o anonimato entre os participantes é um modo de reduzir a influência de um sobre o outro, porque eles não se intercomunicam durante a realização do painel.
2. **Interação com *feedback* controlado:** a interação com *feedback* controlado - condução do experimento numa série de etapas (*rounds*) e comunicando aos participantes um resumo da etapa precedente - reduz o "ruído", ou seja, o pesquisador fornece ao grupo somente aquilo que se refere aos objetivos e metas de seu estudo, evitando que o painel se desvie dos pontos centrais do problema.
3. **Respostas estatísticas do grupo:** a utilização de uma definição estatística da resposta do grupo é uma maneira de reduzir a pressão do grupo na direção da conformidade, evitando, ao fim do exercício, uma dispersão significativa das respostas individuais. O produto final deverá ser uma previsão que contenha o ponto de vista da maioria. No entanto, pode haver um resultado também minoritário, se a minoria tiver convicção acerca do assunto.

Algumas variações podem implicar na eliminação de uma ou mais características do método Delphi, ou na criação de procedimentos diferentes, que são admitidos desde que sejam conservadas as características básicas.

O método Delphi oferece duas vantagens: seu custo é relativamente baixo e ele suprime as pressões que os participantes poderiam ter numa confrontação face a face.

A aplicação do método pode ser feita através do correio ou via terminais de computador. O pesquisador sumariza o cálculo da mediana ou da média da previsão, remetendo o resultado a cada participante, podendo ou não incluir um relatório. Os respondentes são solicitados a revisar suas previsões, submetendo-as à comparação com os argumentos de suporte. O processo para quando o consenso tiver sido aproximado entre os participantes. De acordo com a praxe do método Delphi, o primeiro *round* deve ser composto de questões totalmente abertas.

No fluxograma a seguir poderá ser observado, de forma simplificada, como se processa um estudo **Delphi**:

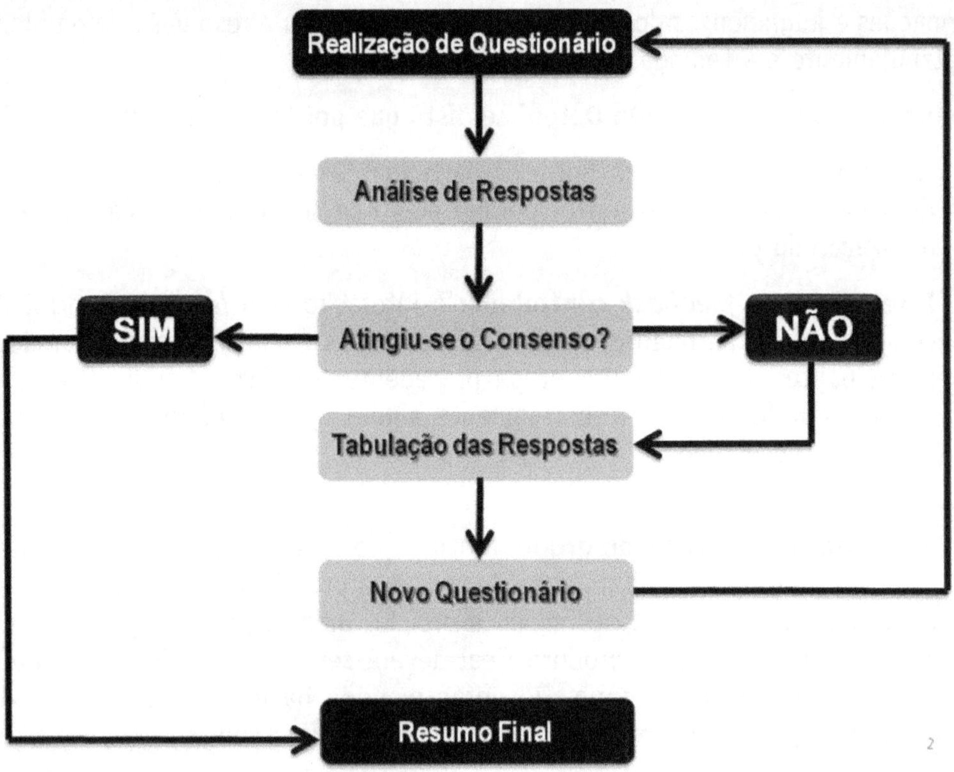

50

Técnica de Entrevista

A **entrevista** é uma metodologia de consulta a especialistas. Essa técnica é utilizada para se obterem informações fundamentais para o planejamento de projetos e para o gerenciamento de uma maneira geral. Pode ser empregada em qualquer área de conhecimento técnico ou administrativo.

A pessoa responsável pela entrevista identifica os indivíduos adequados (especialistas), resume o projeto ou a situação a ser abordada para eles e fornece informações de apoio com todas as premissas e restrições. Os entrevistados então expõem a sua opinião com base em suas experiências, informações fornecidas e outras fontes que eles possam achar úteis.

Modelo de Decomposição das Etapas de uma Entrevista

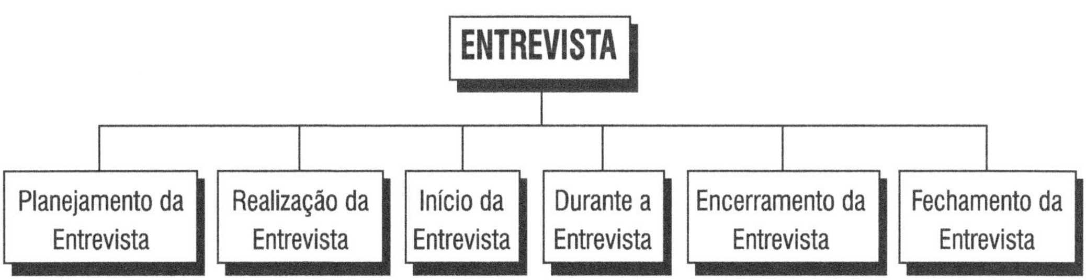

Planejamento da Entrevista

- Determinação dos objetivos e da finalidade da entrevista.
- Especificação da abrangência da entrevista, envolvendo as áreas e as respectivas pessoas que serão entrevistadas.
- Fixação do local, da hora e da duração da entrevista, com o prévio conhecimento das áreas e das pessoas envolvidas.
- Elaboração de um roteiro com os assuntos que serão abordados na entrevista, dispostos de forma lógica e objetiva.
- Especificação da forma de condução da entrevista, prevendo como o entrevistado será abordado, de maneira que haja um processo recíproco de confiança e motivação, bem como o ritmo ou cadência com que serão feitas as perguntas, visando um melhor aproveitamento do tempo disponível.

Realização da Entrevista

- Os analistas que farão a entrevista deverão, antes de iniciá-la, fazer uma verificação para conferir se todas as etapas do planejamento foram cumpridas. Esse procedimento visa evitar erros, tais como desconhecimento das pessoas que serão entrevistadas, roteiros incompletos, incompatibilização das agendas dos participantes e outros problemas que possam prejudicar as entrevistas.

Início da Entrevista

- Utilizar um diálogo informal que permita certa descontração. Esse momento, no entanto, deve ter uma duração mínima necessária.
- Esclarecer os motivos da entrevista.
- Fazer perguntas genéricas sobre o assunto ou processo em estudo, mas tomando o devido cuidado de seguir o roteiro elaborado.

Durante a Entrevista

- Esforçar-se para manter a entrevista dentro do roteiro planejado, mesmo que ela se direcione para questões não previstas.
- Procurar estar sempre atento ao processo de escutar. Recomenda-se manter sempre a atenção nas respostas que estão sendo formuladas, fazendo ponderações e, na medida do possível, procurando agregar valor às respostas.
- Evitar fazer comentários que induzam a juízos e explicações sobre o que é certo ou errado em relação ao processo em estudo. Isso poderá provocar conclusões precipitadas por parte dos entrevistados e prejudicar a entrevista.
- Não dar sugestões sobre o modo como as pessoas devem executar suas tarefas. Isso poderá ofender as pessoas que já trabalham no processo há algum tempo.
- Estar sempre atento em relação às respostas e aos comentários dos entrevistados, de tal forma que todas as questões sejam respondidas com clareza, sem deixar dúvidas.
- Lembrar sempre das perguntas-chave da atitude interrogativa (vide método 5W2H) que deverão estar previstas no roteiro:

Método 5W2H	
O que é feito?	**Para quem é feito?**
Por que é feito?	**Quem faz?**
Quanto é feito?	**Qual o custo?**
Onde é feito?	**Qual o volume de trabalho?**
Como é feito?	**Quanto tempo para fazer?**

- Anotar as respostas e os comentários feitos, principalmente em relação aos dados que permitirão levantar os custos e o volume de trabalho do processo em estudo. As anotações deverão conter, claramente, as respostas relativas às perguntas-chave da **atitude interrogativa** (vide método 5W2H).

- Gravar a entrevista sempre que for possível. Esse recurso possibilita que a entrevista seja registrada em meio multimídia, podendo ser acessada a qualquer momento. A gravação somente poderá ser realizada se o entrevistado assim permitir, sendo que essa permissão deve ser feita, de preferência, por escrito.

Encerramento da Entrevista

- Fazer um resumo oral do que foi dito e obtido na entrevista.
- Permitir que o entrevistado complemente ou corrija o resumo.
- Questionar o entrevistado sobre se outras pessoas (especialistas) deveriam ser ouvidas sobre o assunto.
- Deixar sempre aberta a possibilidade de um retorno do entrevistado para dirimir dúvidas ou fazer entrevistas complementares.

Fechamento da Entrevista

- O trabalho só deve ser considerado concluído quando a equipe de analistas do processo elaborar o relatório da entrevista. Esse relatório deve ser elaborado imediatamente após o encerramento da entrevista por toda a equipe de analistas, preferencialmente. Esse procedimento permitirá que toda a equipe tome conhecimento, verifique os pontos críticos e comprove todas as informações obtidas. Deverá fazer parte desse relatório toda a documentação coletada.

51

Técnica de Grupo Nominal

A **Técnica de Grupo Nominal (NGT)** encoraja as contribuições de todos os membros de uma equipe, promove a geração de ideias e a participação, além de alimentar a tolerância de ideias contraditórias.

Esta técnica assume que quanto mais ideias são geradas, maior a probabilidade de "ideias melhores" emergirem.

Nesta técnica os participantes geram individualmente suas ideias e as classificam por ordem de prioridade ou importância.

O facilitador solicita que cada participante informe qual é o item que classificou como mais importante e o anota em um *flipchart*, em seguida repete a operação para o segundo item mais importante e assim sucessivamente, até que a lista tenha sido esgotada.

Critérios quanto ao número de rodadas podem ser estabelecidos.

Por exemplo: os cinco itens mais importantes.

De forma mais detalhada, a técnica funciona da seguinte maneira:

1. Os indivíduos geram ideias durante ou antes da reunião da equipe.
2. As ideias dos indivíduos são listadas em uma *flipchart* ou em um pedaço de papel que circula para que todos coloquem ideias.
3. Em cada rodada, cada pessoa lê uma das suas ideias.
4. Continua-se lendo as ideias em cada volta, até que todas as ideias estejam escritas em um lugar central.

5. O grupo discute as ideias, possivelmente adicionando novas ideias à lista.
6. Cada membro do grupo ranqueia as ideias listadas.
7. São ranqueadas as posições individuais para cada ideia, a fim de formar um grupo ordenado.
8. O ranqueamento das ideias do grupo é discutido.
9. Se o ranqueamento do grupo for inaceitável, são repetidos os passos de 3 a 6.

52

Técnica de Reunião

Para atingir o maior rendimento possível nas reuniões, um líder deve conduzi-las de modo objetivo e democrático.

Alguns pontos básicos a serem observados:

Preparo de uma pauta para as reuniões mencionando os principais tópicos a serem abordados. Todos os participantes devem ser comunicados com a devida antecedência da realização de reuniões ou alterações, assim como devem receber com antecedência as pautas das reuniões.

Providência de um local adequado para as reuniões, onde haja acomodações para todos poderem sentar e fazer suas anotações. É sempre necessário dispor de um quadro branco ou *flipchart* para confecção de ilustrações ou anotações. Dependendo do tipo de apresentação, podem ser necessários outros recursos, como, por exemplo, um *Data Show*. O local deve ser limpo, se possível sem estímulos que possam atrapalhar a atenção dos participantes. É desejável que seja bem arejado, iluminado e sem ruídos.

Utilização de uma **técnica de condução de reuniões**, a fim de estimular a participação de todos e assegurar oportunidades iguais. Nessas reuniões devem ser adotados alguns procedimentos básicos, tais como:

- ❑ Cada detalhe discutido deve ser anotado para que não seja esquecido. Muitas vezes ótimas sugestões são perdidas porque, depois da reunião, ninguém consegue mais se lembrar dos detalhes.
- ❑ Elaboração da **ata da reunião**. Esse documento deve conter pelo menos:
  - ⇨ Data da reunião
  - ⇨ Local da reunião

- ⇨ Relação dos participantes
- ⇨ Principais assuntos abordados e deliberações

- ❑ O líder deve sempre procurar ressaltar o valor da ideia em si e não se preocupar muito com a eloquência ou construção de frases elegantes.

Como Estar Preparado para Liderar uma Reunião

Faça um resumo:

- ❑ Prepare um resumo detalhado dos tópicos a serem discutidos.
- ❑ Determine os objetivos a serem alcançados. Faça uma lista dos pontos a serem salientados.

Planeje a direção da reunião:

- ❑ Determine qual a abordagem a ser usada, o que dizer, como dizer, como introduzir tópicos e ideias, como controlar a discussão. Estabeleça um horário: qual a duração da reunião, qual o tempo necessário à discussão de cada tópico e de cada problema.

Tenha pronto todo o material:

- ❑ Os panfletos, as folhas de informação, os materiais de referência que deverão ser usados.
- ❑ Cartões, diagramas, gráficos, cartazes, suficiente espaço de quadro branco, canetas hidrocor, apagador, *flipchart*, vídeo, fitas e todo o material necessário às demonstrações.

Mantenha o local da reunião convenientemente arrumado:

- ❑ Certifique-se de que todos podem ver e ouvir bem.
- ❑ Certifique-se de que todos se sentem confortáveis: mesa, cadeiras em número suficiente, temperatura, luz e ventilação adequadas, ausência de ruídos, etc.

Como Liderar uma Reunião

Inicie a reunião:

- ❑ Cumprimente o grupo.
- ❑ Faça observações de introdução.

- ❑ Coloque o grupo à vontade.
- ❑ Mostre qual o objetivo da reunião, qual o problema a ser discutido e quais os objetivos que deseja alcançar.
- ❑ Indique o método a ser usado.

Oriente a discussão:

- ❑ Inicie a discussão.
- ❑ Exponha os fatos.
- ❑ Faça perguntas diretas ou gerais.
- ❑ Dê uma opinião.
- ❑ Use demonstrações, filmes ou auxílios visuais de qualquer espécie.
- ❑ Encoraje a participação. Troca de ideias e de experiências. Faça com que todos participem.
- ❑ Controle a discussão. Evite ressentimentos que possam surgir dos argumentos apresentados. Evite que um membro do grupo monopolize a discussão.
- ❑ Mantenha a discussão dentro do assunto. Resuma com frequência. Analise o desenvolvimento da discussão.

Consiga aceitação dos resultados:

- ❑ Reajuste as ideias e as opiniões de modo que a maior parte do grupo as aceite.
- ❑ Peça constantemente que as opiniões e as ideias apresentadas sejam expressas novamente.
- ❑ Faça muitas tentativas até que as conclusões sejam aceitas pela maioria do grupo.

Resuma a discussão:

- ❑ Mostre os pontos altos da reunião.
- ❑ Faça uma avaliação das ideias, das opiniões, das sugestões e das experiências apresentadas.
- ❑ Chegue a conclusões ou a soluções. Indique o que foi conseguido com a reunião.
- ❑ Determine um plano de ação a ser tomado.

Modelo de uma Ata de Reunião

ATA DE REUNIÃO				
Tipo de Reunião		**Local**	**Data**	**Hora**
Periódica	Extraordinária			

Participantes

Assuntos Abordados

Ferramentas de Gerenciamento das Partes Interessadas

53 Análise das Partes Interessadas

Partes interessadas (*Stakeholders*) são indivíduos e/ou organizações que estão ativamente interessados em um projeto ou cujos interesses podem ser positiva ou negativamente afetados pela execução ou conclusão deste projeto.

Tipos de Partes Interessadas (Stakeholders)

- **Campeões ou patrocinadores** – Acionistas, investidores, financiadores, parceiros, fontes externas de capitais, supervisores da alta gerência, diretores, dirigentes.
- **Internos** – Gerente do projeto, equipe do projeto, executivos, funcionários da organização, subcontratados, terceirizados, colaboradores, departamentos, fundos de serviços internos.
- **Externos** – Órgãos governamentais, fiscalização, agências reguladoras, sindicatos, ambientalistas, líderes de comunidade, comunidade, sociedade, mídia, grupos comunitários, familiares dos integrantes dos projetos, vizinhança.
- **Mercado do produto/serviço** – Clientes (internos e externos), usuários, concorrentes, canais de distribuição, atacadistas, varejistas.
- **Mercado de fornecedores** – Fornecedores de matérias-primas, fornecedores de serviços, fornecedores de tecnologia.

Análise das Partes Interessadas

- Quem são as pessoas que, de alguma forma, têm qualquer tipo de interesse no projeto?
- Qual a importância/impacto de cada um junto ao projeto?
- Quais os papéis e responsabilidades de cada um no projeto?
- Como trabalhar em sintonia com essas pessoas visando o sucesso do projeto?
- Como trabalhar em sintonia com essas pessoas visando evitar o fracasso do projeto?

Com o objetivo de melhor responder a essas questões, é interessante consultar algumas fontes:

- A equipe do projeto.
- O patrocinador do projeto.
- Membros da equipe que já trabalharam com as partes interessadas.
- Documentação histórica: relatórios, apresentações, etc.
- Refinar e revisar o mapa de controle das partes interessadas, garantindo que este contemple os pontos importantes à medida que o projeto progride.

Ainda nessa linha, devemos estabelecer os critérios de distribuição das informações do projeto junto às partes interessadas:

- **Área de interesse**: para quais aspectos do projeto tal parte interessada deve receber determinado relatório?
- **Nível de detalhe**: quanto (conteúdo) é adequado para esse relatório junto a essa parte interessada?
- **Frequência**: qual o período de entrega?
- **Mecanismo de entrega**: qual é o canal de entrega desse relatório mais condizente para essa parte interessada? Face a face, e-mail ou uma apresentação?
- **Formato**: qual a melhor forma de apresentar esse relatório para essa parte interessada? Gráficos, "bate-papo" ou reunião?

Preparação

Uma forma simples de compreender as partes interessadas é se perguntar ou perguntar diretamente a eles sobre diferentes aspectos do projeto. Para isso, é importante abordar os pontos que envolvam os 4 Is.

Is	DESCRIÇÃO	NÍVEL			
IDENTIFICAÇÃO	Irá receber os benefícios e produtos do projeto? Irá trabalhar no projeto? Está pagando pelo projeto? Pode atuar como patrocinador do projeto? É afetado positiva ou negativamente pelo projeto? Representa entidade que teremos interesse no futuro? Relaciona-se com o cliente ou patrocinador?	1	2	3	4
INTERESSE	Espera algum benefício direto do projeto? O projeto vai ao encontro de seus objetivos ou necessidades? Tem conflito de interesses a respeito do projeto? Espera fazer ou obter mudança em consequência do projeto? Como se sente em relação ao projeto? Tem algum conflito de interesse com o projeto?	1	2	3	4
INFLUÊNCIA	Tem autoridade legítima na organização? Sua liderança é reconhecida formal ou informalmente? Controla os recursos estratégicos do projeto? Quer fornecer recursos para o projeto? Tem poder ou influência de negociação sobre os outros stakeholders do projeto?	1	2	3	4
IMPACTO	Como poderá impactar positiva ou negativamente no projeto? Quanto estes impactos afetarão o sucesso do projeto? Se impactar negativamente, como podemos impedir ou corrigir essa situação? Se impactar negativamente, como melhorar ou tirar proveito?	1	2	3	4
PONTUAÇÃO TOTAL (Acima de 10 → Stakeholder-Chave)		Total = ___			
Escala: 1 = Nenhum / 2 = Mínimo / 3 = Médio / 4 = Significativo					
Stakeholder-chave: atenção especial. ▪ Dividir opiniões e ponto de vista sobre o Projeto. ▪ Comunicar-se regularmente com eles.					

Matriz de Relatórios de Partes Interessadas

A seguir podemos observar um modelo simplificado de um plano de comunicações para partes interessadas. É importante observar que a cultura da organização influencia diretamente nos mecanismos de relatório a serem utilizados:

TIPO DE STAKEHOLDER	RELATÓRIOS			
	CONTEÚDO	FORMATO	FREQUÊNCIA	MÉTODO DE ENTREGA
Executivo ou Estratégico	. Resultados. . Pontos de sucesso. . Principais problemas com as respectivas soluções.	. Cor. . Gráficos, Sumários e sínteses. . Poucas palavras.	. Trimestral	. Impresso. . Reuniões formais "face a face".
Membros da Equipe	. Status das tarefas. . Pontos em aberto. . Necessidade de recursos.	. Documentos de suporte.	. Semanal	. E-mail. . Fax. . Durante as Reuniões de Status.
Outros	. Status do projeto. · Processos--chave. . Produtos/Entregas.	. Artigos ou sumários.	. Mensal	. Intranet. . Newsletter. . Sumário.

CAMPEÕES OU PATROCINADORES

- ❑ Acionistas
- ❑ Investidores
- ❑ Financiadores
- ❑ Parceiros
- ❑ Fontes externas de capitais
- ❑ Diretores/Dirigentes
- ❑ Supervisores de alta gerência

INTERNOS

- ❑ Gerente do projeto
- ❑ Equipe do projeto
- ❑ Executivos
- ❑ Funcionários da organização
- ❑ Subcontratados
- ❑ Terceirizados
- ❑ Colaboradores
- ❑ Departamentos
- ❑ Fundos de serviços internos

MERCADO DE FORNECEDORES

- ❑ Fornecedores de matérias-primas
- ❑ Fornecedores de serviços
- ❑ Fornecedores de tecnologia

MERCADO DO PRODUTO OU SERVIÇO

- ❑ Clientes (externos ou internos)
- ❑ Usuários
- ❑ Concorrentes
- ❑ Canais de distribuição
- ❑ Atacadistas
- ❑ Varejistas

EXTERNOS

- ❑ Órgãos governamentais
- ❑ Fiscalização
- ❑ Agências reguladoras
- ❑ Sindicatos
- ❑ Ambientalistas
- ❑ Líderes da comunidade
- ❑ Comunidade
- ❑ Sociedade
- ❑ Mídia
- ❑ Grupos comunitários
- ❑ Familiares dos integrantes do projeto
- ❑ Vizinhança

54 Mapa de Gerenciamento das Partes Interessadas

Partes Interessadas do Projeto

São pessoas, grupos ou organizações que poderiam impactar ou ser impactadas pelo projeto. Para aumentarmos a possibilidade de obtermos um processo bem-sucedido, devemos analisar as expectativas desse grupo e o impacto dessas expectativas no projeto, além de desenvolver estratégias gerenciais apropriadas para efetivamente engajar essas partes interessadas nas decisões do projeto. A execução do gerenciamento das partes interessadas também foca na comunicação contínua com essas partes, entendendo suas necessidades e expectativas, direcionando as questões na medida em que ocorram, gerenciando conflitos, interesses e promovendo o apropriado comprometimento das partes interessadas nas decisões e atividades do projeto. A satisfação das partes interessadas deve ser gerenciada como um objetivo-chave do projeto.

Processos do Gerenciamento das Partes Interessadas do Projeto

1. Identificar as Partes Interessadas

É o processo de identificar todas as pessoas ou organizações, tais como clientes, patrocinadores, organização executora, público, dentre outros, que podem ser afetadas pelo projeto, e de documentar as informações relevantes relacionadas aos interesses, ao envolvimento e ao impacto no sucesso do projeto.

2. Planejar o Gerenciamento das Partes Interessadas

É o processo de desenvolver apropriadamente estratégias para efetivamente engajar as partes interessadas durante todo o ciclo de vida do projeto com base na análise de suas necessidades, interesses e no impacto potencial no sucesso do projeto.

3. Gerenciar o Comprometimento das Partes Interessadas

É o processo de promover a comunicação com as partes interessadas no projeto e trabalhar em conjunto com elas para o atendimento de suas necessidades/expectativas, resolvendo suas questões na medida em que estas ocorram e promovendo o apropriado comprometimento dessas partes interessadas com as atividades do projeto durante todo o seu ciclo de vida.

4. Controlar o Comprometimento das Partes Interessadas

É o processo de monitorar de maneira geral o relacionamento com as partes interessadas no projeto e ajustar estratégias e planos para o engajamento desse grupo.

Os processos mencionados interagem uns com os outros e também com os demais processos das outras nove áreas de conhecimento. Cada projeto terá partes interessadas que serão impactadas pelo projeto ou que poderão impactar o próprio projeto de forma positiva ou negativa.

Enquanto algumas partes interessadas podem ter suas habilidades limitadas para influenciar os resultados do projeto, outras partes poderão ter uma significante influência no projeto e em seus resultados esperados.

Mapas para Controle das Partes Interessadas do Projeto

Para o auxílio na correta e eficiente identificação e gestão das partes interessadas, utilizaremos algumas planilhas de planejamento e controle que poderão ser desenvolvidas em conjunto ou separadamente, como serão apresentados os seis mapas a seguir:

MAPA DE GERENCIAMENTO DAS PARTES INTERESSADAS					
1. Identificação					
ID	**Importância**	**Parte interessada**	**Organização/Área**	**Função/Papel**	**Contato**
1	Muito alta	José Tavares	XPTO - Presidência	Patrocinador	R. 5328
2	Alta	Ângela Miranda	ACME	Fiscal Contrato	R. 5626
3	Média	Luiza de Souza	XPTO - Diretor Técnico	Cliente	R. 7543
4	Baixa	Francisco Santos	XPTO - Gerencia Operacional	Usuário	R. 6887
5	Muito baixa	Carlos Chaves	ACME	Copatrocinador	R. 5542

MAPA DE GERENCIAMENTO DAS PARTES INTERESSADAS						
2. Análise						
ID	**Parte interessada**	**Principais interesses/ Expectativas**	**Poder na organiz.**	**Interesse**	**Influência**	**Impacto**
1	José Tavares	Visibilidade econômica	Muito alto	Médio	Muito alto	Alto
2	Ângela Miranda	Controle de riscos	Alto	Muito baixo	Alto	Muito alto
3	Luiza de Souza	Viabilidade institucional	Médio	Muito alto	Médio	Baixo
4	Francisco Santos	Redução de riscos	Baixo	Alto	Baixo	Muito baixo
5	Carlos Chaves	Redução de riscos	Muito baixo	Baixo	Muito baixo	Médio

MAPA DE GERENCIAMENTO DAS PARTES INTERESSADAS			
3. Classificação			
ID	**Parte interessada**	**Interno/Externo**	**Apoiador/Neutro/Resistente**
1	José Tavares	Interno	Apoiador
2	Ângela Miranda	Externo	Apoiador
3	Luiza de Souza	Interno	Apoiador
4	Francisco Santos	Interno	Apoiador
5	Carlos Chaves	Externo	Neutro

MAPA DE GERENCIAMENTO DAS PARTES INTERESSADAS					
4. Requisitos					
ID	**Parte interessada**	**Categoria**	**Descrição**	**Prioridade**	**Status**
1	José Tavares	Políticos	Implantação do projeto com urgência	Alta	Validado
2	Ângela Miranda	Políticos/Técnicos	Empresa com credibilidade no mercado	Alta	Validado
3	Luiza de Souza	Políticos/Técnicos	Redução dos custos	Alta	Validado
4	Francisco Santos	Técnicos	Contratação correta	Média	---
5	Carlos Chaves	Técnicos	Contratação correta	Média	---

MAPA DE GERENCIAMENTO DAS PARTES INTERESSADAS						
5. Matriz de comunicação						
ID	**Parte interessada**	**Requisitos de informação**	**Documentos**	**Evento/Meio**	**Frquência**	**Responsável**
1	José Tavares	Status do projeto	Power Point	Reunião	Trimestral	Presidente
2	Ângela Miranda	Status do projeto	E-mails	*Workshops*	Trimestral	Assessor Presidente
3	Luiza de Souza	Status do projeto	Relatório financeiro	Reuniões/ *Workshops*	Mensal	Diretor Financeiro
4	Francisco Santos	Status do projeto	Atas de reuniões	Reuniões/ *Workshops*	Semanal	Diretor Financeiro
5	Carlos Chaves	Status do projeto	Atas de reuniões	Reuniões/ *Workshops*	Mensal	Diretor Financeiro

MAPA DE GERENCIAMENTO DAS PARTES INTERESSADAS		
6. Estratégias		
ID	**Parte interessada**	**Estratégia para obter suporte ou reduzir resistência**
1	José Tavares	Controle rigoroso do cronograma físico.
2	Ângela Miranda	Controle rigoroso das funcionalidades do produto.
3	Luiza de Souza	Controle rigoroso do orçamento.
4	Francisco Santos	Controle rigoroso das funcionalidades do produto.
5	Carlos Chaves	Controle rigoroso das funcionalidades do produto.

Ferramentas de Gerenciamento de Riscos

55 Matriz de Probabilidade e Impacto de Riscos

Os riscos são analisados basicamente através de duas variáveis: **probabilidade e impacto**.

Sua **probabilidade** de ocorrer.

- A possibilidade de ocorrência. A razão do número de chances pela qual um evento de risco pode acontecer (ou não acontecer) pela soma das chances do acontecimento (ou não acontecimento).

Seu **impacto** positivo ou negativo nos objetivos planejados devido à ocorrência de um evento de risco.

- O exame matemático da natureza do evento de risco no projeto, bem como as combinações potenciais dos riscos interdependentes. A análise de impacto inclui a quantificação de suas respectivas severidades de impacto, probabilidade e sensibilidade às mudanças em relação às variáveis do projeto, incluindo o ciclo de vida do projeto.

Uma maneira usual de determinar os riscos que devem ser tratados ou abordados pela organização, considerando-se essas duas dimensões (probabilidade e impacto), é por intermédio do cruzamento dos seus índices através de uma matriz denominada **matriz probabilidade x impacto**.

Classificação de Probabilidade para Riscos

Avaliação de Probabilidade de Ocorrência dos Riscos

ESCALA	Muito Baixo 0.1	Baixo 0.3	Moderado 0.5	Alto 0.7	Muito Alto 0.9
Probabilidade	10 %	30 %	50 %	70 %	90 %

As probabilidades de ocorrência dos riscos identificados podem ser avaliadas em uma escala de "Muito Baixo" a "Muito Alto" ou em uma escala numérica. Os valores identificados nesta tabela, juntamente com os valores identificados na tabela a seguir, serão utilizados como fatores de multiplicação na matriz de probabilidade e impacto.

Classificação de Impactos para Riscos

Avaliação de Impacto dos Riscos nos Principais Objetivos do Projeto

OBJETIVOS DO PROJETO	Muito Baixo 0.05	Baixo 0.1	Moderado 0.2	Alto 0.4	Muito Alto 0.8
Custo	Aumento insignificante de custo	Menos de 5% de aumento de custo	De 5 a 10% de aumento de custo	De 10 a 20% de aumento de custo	Mais de 20% de aumento de custo
Cronograma	Deslocamento insignificante no cronograma	Deslocamento no cronograma menor que 5%	Deslocamento no cronograma entre 5 e 10%	Deslocamento no cronograma entre 10 e 20%	Deslocamento global no cronograma maior que 20%
Escopo	Redução de escopo pouco perceptível	Áreas secundárias do escopo são afetadas	Áreas principais do escopo são afetadas	Redução de escopo inaceitável para o cliente	Item finalizado do projeto é efetivamente sem utilidade
Qualidade	Degradação da qualidade pouco perceptível	Apenas aplicações muito demandadas são afetadas	Redução da qualidade requer aprovação do cliente	Redução da qualidade inaceitável para o cliente	Item finalizado do projeto é efetivamente sem utilidade

Os impactos nos objetivos do projeto podem ser avaliados em uma escala de "Muito Baixo" a "Muito Alto" ou em uma escala numérica. A escala numérica (cardinal) apresentada aqui é não linear, indicando que a organização deseja eliminar riscos com impactos alto e muito alto. Os valores identificados nesta tabela, juntamente com os valores identificados na tabela anterior, serão utilizados como fatores de multiplicação na matriz de probabilidade e impacto.

Matriz Probabilidade/Impacto

Matriz Probabilidade x Impacto

Graduação de Risco para um Risco Específico (Graduação do Risco = P x I)						
Probabilidade (P)		**Impacto (I) → Avaliação de Impacto de Risco**				
		0.05	0.10	0.20	0.40	0.80
90%	0.9	0.05**	0.09**	0.18***	0.36***	0.72***
70%	0.7	0.04*	0.07**	0.14**	0.28***	0.56***
50%	0.5	0.03*	0.05**	0.10**	0.20***	0.40***
30%	0.3	0.02*	0.03*	0.06**	0.12**	0.24***
10%	0.1	0.01*	0.01*	0.02*	0.04*	0.08**
		Impacto nos objetivos (por exemplo: custo, tempo ou escopo)				

Cada risco é classificado pela sua possibilidade de ocorrer e o impacto de vir a ocorrer. Os patamares da organização para risco baixo (sombreado escuro), moderado (sombreado claro) e alto (preto), como apresentado na matriz, determinam o grau de risco.

Tratamento dos Riscos Identificados

Após a análise qualitativa dos riscos (Matriz Probabilidade x Impacto), os riscos identificados como necessários de serem tratados serão abordados pelas estratégias de riscos (positivos ou negativos) descritas nas duas tabelas a seguir.

Com a seleção de uma ou mais estratégias para responder a um risco, um plano de ação deve ser elaborado, sendo identificados responsáveis e, se for o caso, prazos e custos associados à realização de cada ação de resposta.

ESTRATÉGIAS PARA RISCOS POSITIVOS (Oportunidades)	
ESTRATÉGIA	**AÇÃO DE RESPOSTA**
Melhora	Procura aumentar a probabilidade de ocorrência ou os impactos positivos sobre o projeto, identificando e maximizando as possibilidades de sua ocorrência.
Compartilhamento	Procura atribuir a propriedade a terceiros que possam capturar melhor a oportunidade (por exemplo, através de parcerias ou *joint ventures*)
Exploração	Procura formas de garantir que o risco positivo aconteça. Tenta eliminar a incerteza de ocorrência fazendo com que a oportunidade realmente se concretize.
Aceitação	Esta técnica indica que a equipe do projeto decidiu não mudar o Plano do Projeto para lidar com um risco ou é incapaz de identificar qualquer outra estratégia factível de resposta. Uma **Aceitação Ativa** pode ser o desenvolvimento de um **Plano de Contingência** a ser executado, se um risco ocorrer. Uma **Aceitação Passiva** não requer nenhuma ação, deixando a equipe de projeto com a responsabilidade de lidar com os riscos se eles ocorrerem.

ESTRATÉGIAS PARA RISCOS NEGATIVOS (Ameaças)	
ESTRATÉGIA	**AÇÃO DE RESPOSTA**
Evitação	Evitar o risco é mudar o Plano do Projeto para eliminar o risco ou condição, ou para proteger os objetivos do projeto de seu impacto. Embora a equipe de projeto nunca consiga eliminar todos os eventos de risco, alguns riscos específicos podem ser eliminados.
Transferência	Transferência de riscos e tentar passar legalmente as consequências de um risco, assim como a responsabilidade de resposta para uma terceira parte, através de seguros ou cláusulas contratuais. Transferir o risco simplesmente coloca na outra parte a responsabilidade de gerenciá-lo, mas não o elimina.
Mitigação	A mitigação busca reduzir as consequências e/ou a probabilidade de um evento de risco adverso para uma tolerância aceitável. Tomar antecipadamente ações para reduzir a probabilidade de um risco acontecer ou o seu impacto é mais efetivo do que tentar reparar as consequências depois que elas ocorrerem. Os custos de mitigação devem ser compatíveis com a probabilidade esperada do risco e suas consequências.
Aceitação	Esta técnica indica que a equipe do projeto decidiu não mudar o Plano do Projeto para lidar com um risco ou é incapaz de identificar qualquer outra estratégia factível de resposta. Uma **Aceitação Ativa** pode ser o desenvolvimento de um **Plano de Contingência** a ser executado se um risco ocorrer. Uma **Aceitação Passiva** não requer nenhuma ação, deixando a equipe de projeto com a responsabilidade de lidar com os riscos se eles ocorrerem.

Exemplo de Tratamento de Riscos Identificados

ANÁLISE DE RISCOS					
Risco	Ocorrência		P X I	Resposta ao Risco	Descrição
	Probab	Impacto			
Problemas Políticos	10% 0,1	Alto 0,4	0,04	Aceitação Passiva	------
Problema na Licitação	30% 0,3	Moderado 0,2	0,06	Evitação	Consulta Depto. Jurídico
Recursos Financeiros	50% 0,5	Alto 0,4	0,20	Mitigação	Desenvolver Plano de Custos
Aumento dos Custos	70% 0,1	Alto 0,4	0,28	Aceitação Ativa	Prever no Orçamento
Reclamações de Terceiros	90% 0,9	Moderado 0,2	0,18	Transferência	Fazer Seguro Respons. Civil

56 Técnica de Monte Carlo

Uma simulação usa um modelo de projeto que traduz as especificadas incertezas em um nível detalhado no seu potencial de impacto nos objetivos que são expressos no projeto como um todo. Essas simulações usam **modelos computadorizados** e estimativas de risco num nível detalhado e são tipicamente executadas usando-se a **técnica de Monte Carlo**.

A família de métodos denominados Monte Carlo é voltada para o cálculo numérico aproximativo de problemas de difícil solução analítica exata.

Essa técnica surgiu (e foi batizada) a partir da sistematização proposta num artigo de 1949 (*Journal of the Statistical American Association*) produzido por um grupo de físicos e matemáticos (Stanislaw Ulam, Nicholas Metropolis e John von Neumann) engajados no *Projeto Manhattan*.

A utilização de cálculos computacionais, então incipiente, na simulação e quantificação de processos complexos como a propagação de fluxos de nêutrons numa reação nuclear proporcionou grande e crescente interesse nesses métodos, não somente em Física, mas em áreas como Economia, Meteorologia, Biologia, Medicina e Engenharia. O nome, dado por Metropolis, não passa de uma brincadeira entre amigos, associando a paixão de Ulam pelo pôquer – este viria a ser mais conhecido pela participação, com Edward Teller, na construção da bomba H norte-americana – aos cassinos do principado de Mônaco.

O emprego de Monte Carlo pressupõe o conhecimento de uma PDF (*Probability Distribution Function*) que descreva o problema que se quer quantificar, à qual são repetidamente aplicadas variáveis aleatórias, e pode ser definido de forma genérica como um procedimento de aproximação numérica para o valor de uma integral definida.

Apesar de sua origem na Teoria de Probabilidades, Monte Carlo é utilizado com sucesso em vários casos que não têm nada a ver com probabilidades.

No universo de gerenciamento de projetos, uma análise de Monte Carlo avalia o projeto e não as tarefas. Fornece a probabilidade de completar o projeto em um determinado prazo ou a um determinado custo. Normalmente é executada, através de simulações, em programas de computador devido aos confusos cálculos necessários.

Resulta em uma distribuição de probabilidades:

- ❑ Definição de prováveis resultados para cada atividade.
- ❑ Indica a probabilidade de cada possível resultado.
- ❑ Simula a execução do projeto várias vezes, de forma a obter uma distribuição estatística dos resultados calculados.

Os resultados da simulação de cronograma podem ser usados para quantificar o risco de várias alternativas de montagem do próprio cronograma (estratégias e caminhos).

Possíveis resultados da simulação:

- ❑ A probabilidade de terminar o projeto em uma data específica.
- ❑ A probabilidade de completar o projeto gastando uma quantidade específica de dinheiro.
- ❑ A probabilidade de uma tarefa qualquer estar ou não no caminho crítico.
- ❑ O risco geral do projeto.

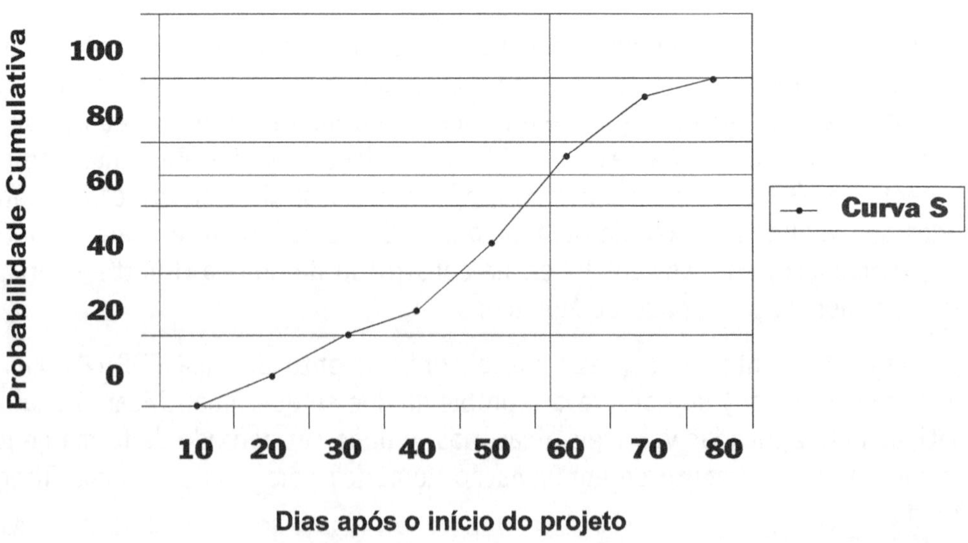

Detalhe de uma curva gerada por uma simulação de Monte Carlo (computadorizada) para a verificação do prazo de conclusão de um projeto.

Através da análise desta curva podemos gerar as probabilidades do prazo de conclusão do projeto.

PROJETO XPTO	
PROBABILIDADE DE OCORRÊNCIA	**PRAZO DE CONCLUSÃO DO PROJETO**
20 %	25 Dias
40 %	40 Dias
60 %	48 Dias
70 %	52 Dias
80 %	56 Dias
90 %	62 Dias

Textualizando a tabela anterior pela curva gerada na simulação de Monte Carlo, podemos concluir que o Projeto XPTO:

- ❑ Tem 20% de probabilidade de ser concluído em 25 dias.
- ❑ Tem 40% de probabilidade de ser concluído em 40 dias.
- ❑ Tem 60% de probabilidade de ser concluído em 48 dias.
- ❑ Tem 70% de probabilidade de ser concluído em 52 dias.
- ❑ Tem 80% de probabilidade de ser concluído em 56 dias.
- ❑ Tem 90% de probabilidade de ser concluído em 62 dias.

57

RBS – Risk Breakdown Structure

Identificar os riscos é determinar quais riscos poderiam afetar positiva ou negativamente um projeto e documentar suas características. Essa identificação permite que se desenvolvam, ou mesmo se implementem, respostas simples e efetivas aos riscos identificados.

Essa identificação deve ser feita através de um processo interativo e deve envolver toda a equipe de projeto, além das principais partes envolvidas. A primeira interação deve ser executada por parte da equipe do projeto ou pela equipe de gerência de riscos. Toda a equipe do projeto e as principais partes envolvidas (patrocinadores, clientes, usuários finais) devem fazer a interação seguinte. Para alcançar uma análise imparcial, pessoas que não estão envolvidas no projeto (especialistas externos, consultores do assunto de outras partes da organização) devem executar a interação final.

Existem diversas ferramentas que auxiliam a equipe do projeto nessa importante etapa do planejamento do projeto. Essas ferramentas podem e devem ser utilizadas em conjunto, se considerarmos que elas normalmente se completam. Muitas dessas ferramentas são utilizadas também como auxílio em outras áreas de conhecimento da gerência de projetos (gerência de tempo, gerência de custos, gerência da qualidade, etc.). Entre as principais podemos citar:

- *Brainstorming*
- Método de Delphi
- Técnica de entrevista
- Técnica de grupo nominal
- RBS (*Risk Breakdown Structure*)

Uma ***Risk Breakdown Structure*** **(RBS)** ou **Estrutura Analítica dos Riscos (EAR)** é uma representação organizada hierarquicamente dos riscos identificados de um projeto, ordenados por categorias e subcategorias de risco, que identifica as diversas áreas e causas de riscos potenciais. A estrutura analítica dos riscos geralmente é adaptada para tipos específicos de projetos.

A RBS fornece uma estrutura que garante um processo abrangente para identificar sistematicamente os riscos até um nível consistente de detalhes e contribui para a eficácia e qualidade da identificação de riscos.

Uma organização pode usar uma categorização previamente preparada dos riscos típicos. Uma estrutura analítica dos riscos (RBS) é uma abordagem para fornecer essa estrutura, mas ela pode também ser realizada através da simples listagem dos diversos aspectos do projeto.

Exemplo de uma RBS

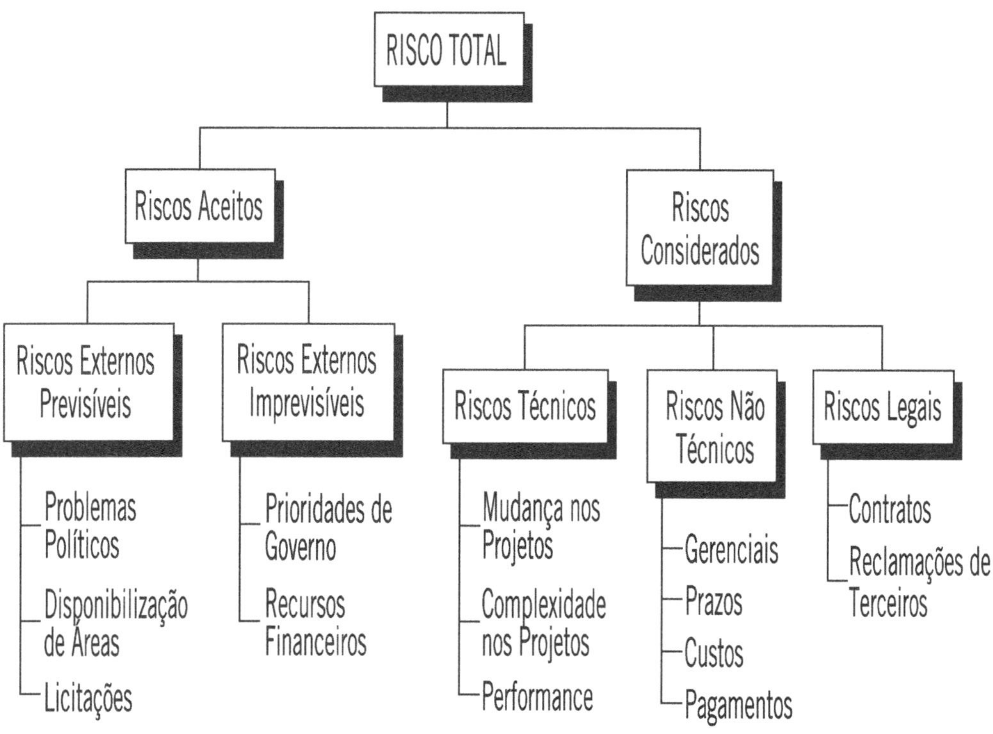

A Estrutura Analítica dos Riscos (RBS) lista as categorias e subcategorias nas quais os riscos podem surgir em um projeto típico. Tipos diferentes de organizações e de projetos requerem RBSs diferentes. Um benefício dessa abordagem é lembrar aos participantes de um exercício de identificação de riscos das muitas fontes das quais os riscos podem surgir.

Tipos de Riscos

Existem basicamente três tipos de risco:

- Riscos conhecidos.
- Riscos esperados.
- Riscos inesperados.

Áreas de Riscos

As áreas de risco mais abordadas são:

- Financiamento.
- RH.
- Relacionamento.
- Tamanho e complexidade dos projetos.
- Estrutura global.
- Fatores externos.
- Risco global: natureza.

Riscos do Negócio

Os principais riscos, segundo uma abordagem comercial, são:

- Aceitação do produto do projeto pelo mercado.
- Tempo de demora da aceitação do produto pelo mercado.
- Incompatibilidade do produto.
- Difícil comercialização.

Riscos por Fase do Ciclo de Vida do Projeto

Início do Projeto

- ❑ Definição incompleta do projeto.
- ❑ Falta de estudo de viabilidade.
- ❑ Objetivos mal definidos.
- ❑ Falta de consenso.
- ❑ Falta de "expertise" e/ou conhecimento.

Planejamento do Projeto

- ❑ Falta de um plano de gestão de riscos.
- ❑ Planejamento incompleto.
- ❑ Falta de apoio da gerência.
- ❑ Fraca definição de papéis.
- ❑ Inexperiência da equipe.
- ❑ Falta de profundidade no planejamento.
- ❑ Falta de entendimento de responsabilidades.

Execução/Controle do Projeto

- ❑ Mudança de escopo.
- ❑ Mudança do cronograma.
- ❑ Falta de sistemas de controle.
- ❑ Mão de obra inadequada.
- ❑ Regulamentos (novas leis).
- ❑ Greves/Sindicatos.
- ❑ Aspectos ambientais.

Encerramento do Projeto

- ❑ Não aceitação do produto/resultado do projeto pelo cliente.
- ❑ Produto final não atende às especificações ou necessidades do cliente.
- ❑ Problemas de orçamento.

3. [illegible]
4. [illegible]
5. [illegible]

1. [illegible]
2. [illegible]
3. [illegible]

[illegible]

Gerenciamento de Riscos

1. [illegible]
2. [illegible]
3. [illegible]

Ferramentas de Gerenciamento da Integração

58

Análise do Valor Agregado

Conceitos Básicos

- Pode ser mais bem compreendida como **Análise do Valor do Trabalho Realizado.**
- Introduzida em 1967 pela Força Aérea dos Estados Unidos, tornou-se uma das mais importantes técnicas de gestão em contratos.
- É uma forma efetiva de monitorar o progresso de um projeto.
- É um método para medir performance que integra custo e cronograma.
- A Análise do Valor Agregado (EVA) tem como foco a relação entre custos reais consumidos e o produto físico obtido no projeto através de uma quantidade específica de trabalho.
- Valor agregado pode ser definido como a avaliação entre o que foi obtido em relação ao que foi realmente gasto e ao que se planejava gastar.

Definições

- Integra as medições de escopo, custo e cronograma.
- Visa auxiliar a equipe do trabalho a determinar o desempenho do projeto.
- Tem foco na relação entre os custos reais incorridos e o trabalho realizado no projeto ao longo de um determinado período de tempo. O objetivo está no desempenho obtido em comparação ao que foi gasto para obtê-lo.
- Pode ser definido como a avaliação entre o que foi obtido em relação ao que foi efetivamente gasto e ao que se planejava gastar, onde se propõe que o valor a ser agregado inicialmente por uma atividade ou tarefa é o valor orçado para ela. Na medida em que cada atividade ou tarefa de um projeto é realizada, aquele valor inicialmente orçado para a atividade passa agora a constituir o valor agregado do projeto.

Interpretação do Valor Agregado

- ❑ Suponha que imaginei completar uma tarefa hoje que estava programada para custar R$ 1.000,00.
- ❑ Concluí apenas 85% dessa tarefa.
- ❑ Assim, cumpri R$ 850,00 do valor do trabalho, ao qual chamamos de **valor agregado.**

Valores-Chave

- ❑ ***Planned Value*** **(PV) = Orçamento**
  - ⇨ *Custo Orçado do Trabalho Programado* → É aquela parte da estimativa aprovada do custo que foi planejada para ser consumida durante um dado período.
  - ⇨ É o valor que indica a parcela do orçamento que deveria ter sido gasta.
  - ⇨ É calculado como os custos de linha de base acumulados até a data atual.
  - ⇨ É o custo proveniente do orçamento.
  - ⇨ Qual o valor do trabalho planejado para ser feito?
- ❑ ***Actual Cost*** **(AC) = Custo Real**
  - ⇨ *Custo Real do Trabalho Realizado* → É o total dos custos diretos e indiretos para realizar o trabalho na atividade durante um dado período.
  - ⇨ Mostra os custos reais decorrentes do trabalho já realizado até a data atual do projeto.
  - ⇨ É proveniente de dados financeiros.
  - ⇨ Qual o custo atual despendido?
- ❑ ***Earned Value*** **(EV) = Valor do Trabalho Realizado**
  - ⇨ *Custo Orçado do Trabalho Realizado* → É o orçamento total final do projeto multiplicado pelo percentual do trabalho realmente realizado.
  - ⇨ É o valor que indica a parcela do orçamento que deveria ser gasta, considerando o trabalho realizado até o momento.
  - ⇨ Também é denominado valor adquirido ou valor acumulado.
  - ⇨ Qual o valor do trabalho que foi atingido?

Variações

- ❑ ***Cost Variance*** **(CV) = Variação do Custo**
  - ⇨ CV = EV – AC
  - ⇨ É a diferença entre o custo previsto para atingir o nível atual (EV) e o custo real (AC) até a data atual.
    - → CV < 0 → *Over budget* (acima do orçamento).
    - → CV > 0 → *Under budget* (abaixo do orçamento).

- ❑ ***Schedule Variance*** **(SV) = Variação do Cronograma**
  - ⇨ SV = EV – PV
  - ⇨ É a diferença, em termos de custo, entre o valor agregado (EV) e o valor planejado (PV).
    - → SV < 0 → *Behind schedule* (atrasado no cronograma).
    - → SV > 0 → *Ahead of schedule* (adiantado no cronograma).

- ❑ ***Time Variance*** **(TV) = Variação de Tempo**
  - ⇨ TV = nº dias previsto – nº dias realizado
  - ⇨ É a diferença, em termos de tempo, entre o previsto pelo projeto e o realizado:
    - → TV < 0 → *Behind schedule* (atrasado no cronograma).
    - → TV > 0 → *Ahead of schedule* (adiantado no cronograma).

Índices de Desempenho

- ❑ ***Cost Performance Index*** **(CPI) = Índice de Desempenho do Custo**
  - ⇨ CPI = EV / AC
    - → CPI < 1 → *Over budget* (acima do orçamento).
    - → CPI > 1 → *Under budget* (abaixo do orçamento).
    - → CPI = 0,85 significa que, para cada R$ 1,00 de capital realmente consumido, apenas R$ 0,85 estão sendo convertidos fisicamente em produto e que existe uma perda de R$ 0,15 por R$ 1,00 gasto.

- ❑ *Schedule Performance Index* (SPI) = Índice de Desempenho do Cronograma
  - ⇨ SPI = EV / PV
    - → SPI < 1 → *Behind schedule* (atrasado no cronograma).
    - → SPI > 1 → *Ahead of schedule* (adiantado no cronograma).
    - → SPI = 0,85 significa que 85% do tempo previsto no orçamento foi convertido em trabalho e que houve uma perda de 15% no tempo disponível.

Valores Complementares

- ❑ ***Budget at Completion* (BAC)**
  - ⇨ Orçamento total do trabalho.
  - ⇨ Qual o valor estimado para a execução dos serviços?
- ❑ ***Estimate to Complete* (ETC)**
  - ⇨ ETC = BAC – EV / CPI
  - ⇨ Valor financeiro necessário para completar o projeto.
  - ⇨ A partir de agora, quanto mais se estima gastar?
- ❑ ***Estimate at Completion* (EAC)**
  - ⇨ EAC = BAC / CPI
  - ⇨ Valor financeiro que representa o custo final do projeto quando concluído.
  - ⇨ O que atualmente se espera gastar para o trabalho total?
  - ⇨ Novo BAC.
- ❑ ***Variation at Completion* (VAC)**
  - ⇨ VAC = BAC – EAC
  - ⇨ Diferença entre o custo orçado e o custo projetado final.
  - ⇨ Quanto vai se gastar a mais ou a menos no final dos serviços?
- ❑ ***Plan at Completion* (PAC)**
  - ⇨ Duração prevista para o projeto.
  - ⇨ Qual o prazo inicial estimado para se concluírem os trabalhos?

- ❑ ***Time at Completion* (TAC)**
  - ⇨ TAC = PAC / SPI
  - ⇨ Qual o novo prazo para realizar todos os trabalhos?
- ❑ ***Delay at Completion* (DAC)**
  - ⇨ DAC = PAC – TAC
  - ⇨ Diferença entre a duração prevista e a duração projetada.
  - ⇨ Qual o atraso ou quanto tempo estamos adiantados em relação ao cronograma?

Gráfico Representativo das Variações de Custo e Prazo

A figura a seguir mostra, graficamente, através dos eixos de custo e tempo, como são identificadas as três variações (**CV** – Variação de Custo, **SV** – Variação de Cronograma e **TV** – Variação de Tempo) entre os parâmetros de análise (**PV** – Orçamento Final, **AC** – Custo Real e **EV** – Valor Agregado).

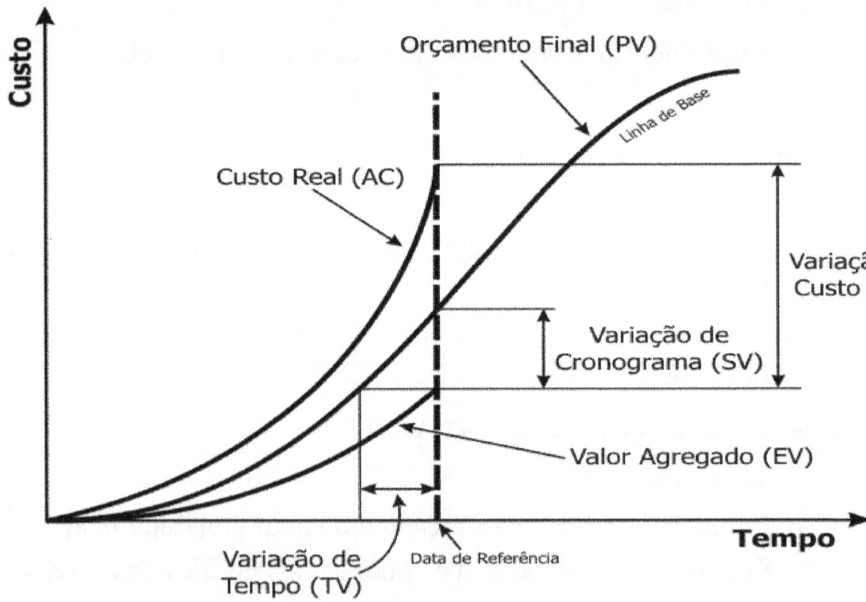

Exemplo Prático

Análise e Interpretação da Performance de um Projeto

Execução de uma cerca

- Trata-se da execução de uma cerca simples para delimitar um terreno plano medindo 10 x 10 m.
- O valor orçado para esse serviço foi de R$ 4.000,00 (*orçamento inicial*).
- O prazo estimado para execução dos serviços foi de quatro dias (*cronograma*).
- Decorridos três dias, foi elaborado um relatório de progresso físico onde foi constatado o seguinte:
  - ⇨ Foram executadas até o momento duas paredes. (*status*).
  - ⇨ Foram gastos até o momento R$ 1.250,00 em cada uma das paredes executadas, totalizando R$ 2.500,00. (*dados financeiros*).

Representação gráfica dos dados do projeto

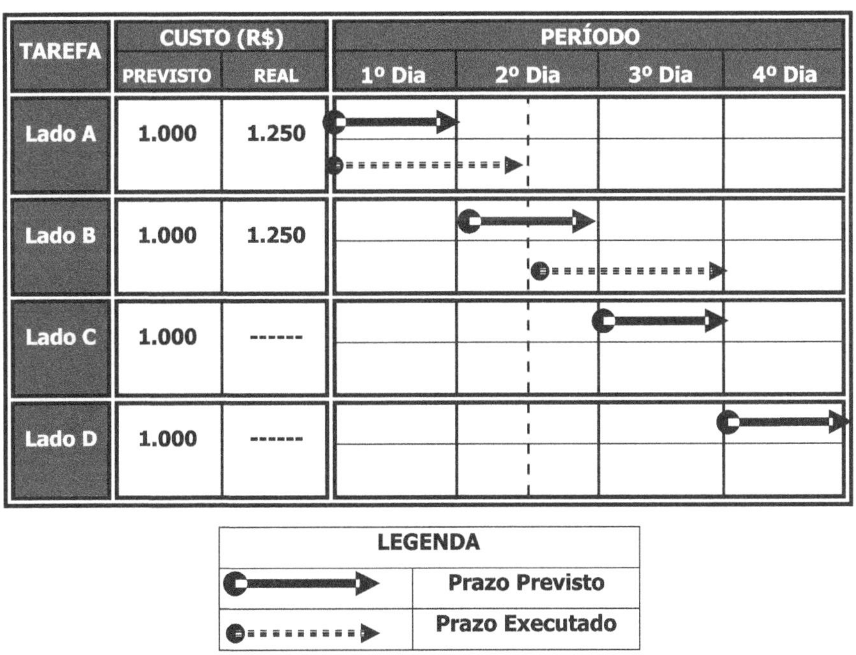

Produto Final do Projeto (Previsto)

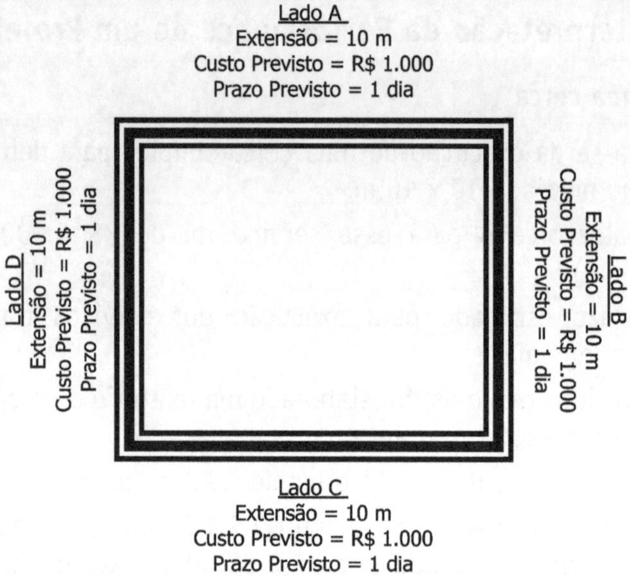

Progresso Físico no Terceiro Dia (Realizado)

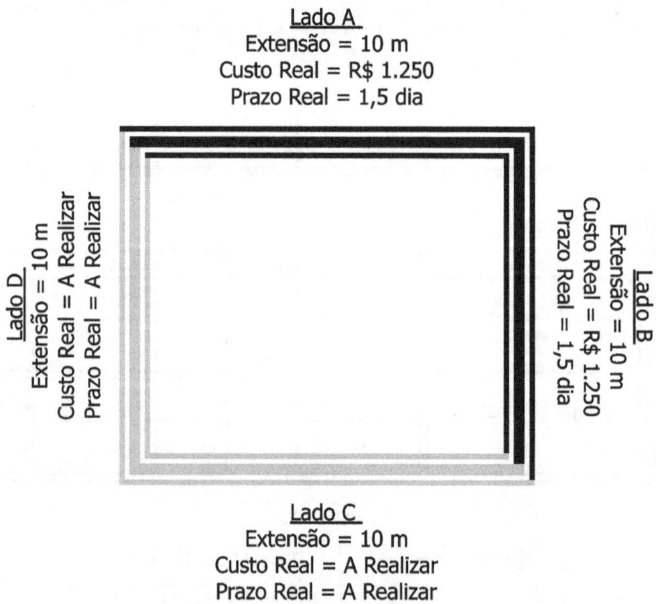

ANÁLISE DO VALOR AGREGADO				INTERPRETAÇÃO
ÍTEM	FÓRMULA	APLICAÇÃO	RESULTADO	
BAC	Orçamento		4.000	Custo total para a realização dos serviços. Orçamento inicial.
PAC	Cronograma		4	Tempo total (duração) prevista para o serviço.
PV	Custo Diário x nº dias	1.000/dia x 3 dias	3.000	Quanto deveria ter sido gasto até o momento.
AC	Dado Financeiro		2.500	Gasto total acumulado até o momento.
EV	nº de paredes x custo de 1 parede	2 par x 1.000/par	2.000	Valor dos serviços realizados até o momento.
CV	EV – AC	2.000 – 2.500	– 500	Gastos acumulados acima do orçamento.
SV	EV – PV	2.000 – 3.000	– 1.000	Serviços atrasados em relação ao cronograma.
TV	nº dias previsto - nº dias realizado	2 – 3	– 1	Nº de dias em atraso em relação ao previsto.
CPI	EV / AC	2.000 / 2.500	0,80	Gastos acumulados acima do orçamento (R$ 0,80 para cada real).
SPI	EV / PV	2.000 / 3.000	0,67	Serviços atrasados em relação ao cronograma (Progresso de 67%).
ETC	BAC – EV / CPI	$\frac{4.000 - 2000}{0,80}$	2.500	Valor previsto a se gastar para conclusão dos serviços.
EAC	BAC / CPI	4.000 / 0,80	5.000	Custo total atualizado para realização dos serviços.
VAC	BAC – EAC	4.000 – 5.000	–1.000	Diferença entre o custo orçado e o custo projetado final.
TAC	PAC / SPI	4 / 0,67	6	Tempo total (duração) atualizado para a realização dos serviços.
DAC	PAC – TAC	4 – 6	–2	Atraso total (em dias) para a realização dos serviços.

59

Sistema de Controle de Alterações

O **sistema de controle de alterações** é um conjunto de procedimentos formais documentados que define como as entregas e a documentação de um projeto são controladas, mudadas e aprovadas.

O controle de mudanças é realizado desde o início do projeto até o seu término. Esse controle é necessário porque raramente a execução dos projetos segue com exatidão o seu planejamento. Os planejamentos de um modo geral precisam ser mantidos através do gerenciamento contínuo e cuidadoso das mudanças, rejeitando-as ou aprovando-as, de forma que as mudanças aprovadas sejam incorporadas a uma linha de base revisada.

Esse processo de controle de mudanças inclui as seguintes atividades de gerenciamento em níveis diferentes de detalhes, com base no término da execução do projeto:

- Identificação de que uma mudança precisa ocorrer ou ocorreu.
- Controle dos fatores que poderiam dificultar o controle de mudanças, de forma que somente mudanças aprovadas sejam implementadas.
- Revisão e aprovação das mudanças solicitadas.
- Gerenciamento das mudanças aprovadas quando e conforme ocorrem, regulando o fluxo de mudanças solicitadas.
- Manutenção da integridade das linhas de base, liberando somente as mudanças aprovadas para serem incorporadas aos produtos ou serviços do projeto e mantendo sua configuração e sua documentação de planejamento relacionadas.
- Revisão e aprovação de todas as ações preventivas e corretivas recomendadas.

A aplicação do sistema de controle de mudanças tem três objetivos principais:

- ❑ Estabelece um método evolutivo para identificar e solicitar mudanças nas linhas de base estabelecidas de forma consistente e para avaliar o valor e a eficácia dessas mudanças.
- ❑ Oferece oportunidades para validar e melhorar continuamente o projeto ao considerar o impacto de cada mudança.
- ❑ Fornece o mecanismo para a equipe de gerenciamento comunicar todas as mudanças de forma consistente às partes interessadas.

Fluxograma do Controle de Mudanças

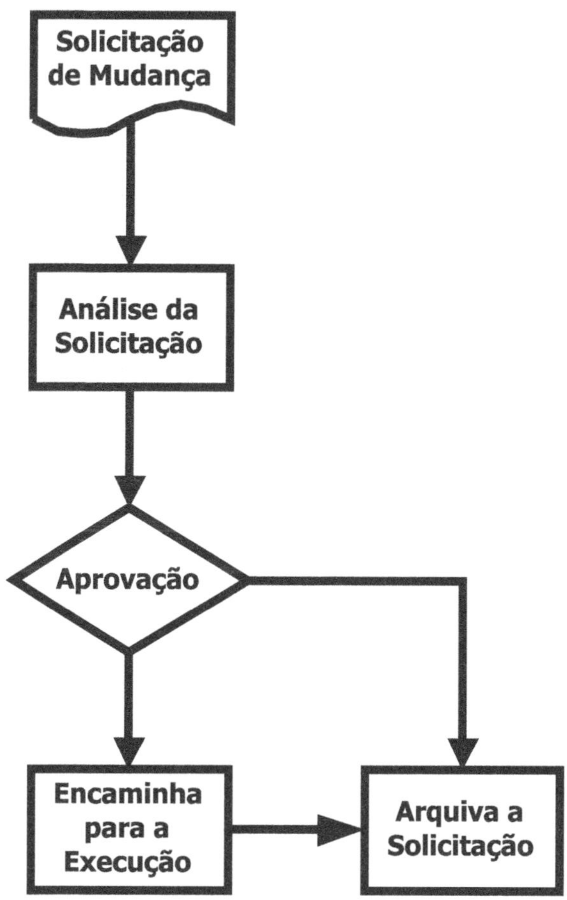

RELAÇÃO DE MUDANÇAS APROVADAS			
Nome do Projeto:			
Data	Descrição da Mudança	Nº Solicitação	Responsável

Modelo de Registro das Mudanças Aprovadas

O processo de controle de mudanças muitas vezes inclui um **comitê de controle de mudanças**, responsável pela aprovação ou rejeição das mudanças solicitadas.

As funções e responsabilidades desses comitês são definidas clara e oficialmente e são acordadas com o patrocinador, o cliente e outras partes interessadas.

Muitas organizações de grande porte possuem uma estrutura de comitês de vários níveis, dividindo as responsabilidades entre os comitês.

Caso o projeto ou serviço esteja sendo fornecido por meio de um contrato, então algumas das mudanças propostas necessitam ser aprovadas diretamente com o cliente.

60

Solicitação de Alterações

As mudanças solicitadas para ampliar ou reduzir o escopo de um projeto, modificar políticas ou procedimentos, modificar seu custo ou orçamento ou revisar o seu cronograma do projeto são frequentemente identificadas durante a execução dos trabalhos. A **solicitação de alterações** pode ser feita de forma direta ou indireta, por iniciativa externa ou interna e pode ser imposta por lei/contrato ou opcionais.

As alterações implementadas durante a execução do projeto poderão exigir novas estimativas de custos, uma atualização do escopo, mudanças na sequência de atividades do cronograma, mudança nas datas do cronograma, recursos extras necessários, alteração dos requisitos de qualidade, além de uma análise de alternativas de respostas a riscos, novos ou revisados, com base nas mudanças aprovadas.

Essas mudanças também podem demandar ajustes no plano de gerenciamento do projeto, nas especificações do produto ou em outras entregas do projeto. Por exemplo, uma mudança proposta do cronograma frequentemente afetará o custo, o risco, a qualidade e a utilização dos recursos humanos.

Face ao exposto, todas as mudanças solicitadas devem ser documentadas e precisam ser aceitas ou rejeitadas por uma autoridade dentro da equipe de gerenciamento ou por uma organização externa que represente o patrocinador ou o cliente.

Uma solicitação de mudança é um documento que deve conter:

- Tipo de mudança.
- Descrição da mudança (de/para).
- Impactos previstos em: prazo, custo, qualidade, escopo e satisfação do cliente/usuário.

Modelo de Formulário de Solicitação de Mudança

SOLICITAÇÃO DE MUDANÇA	
Projeto:	Gerente ou Responsável:
Tipo de Mudança:	

Descrição da Mudança	
De:	Para:
Vantagem/Motivo:	

Impacto no Prazo		
Acréscimo		Nº Dias
Redução		

Impacto no Custo		
Acréscimo		Valor (R$)
Redução		

Impacto na Qualidade		
Positivo		Descrever:
Negativo		

Impacto no Escopo		
Sim		Descrever:
Não		

Solicitante		
Data:	Nome:	Visto:

Aprovação		
Data:	Nome:	Visto:

Observações e Comentários:

Aplicação Prática

Linhas de Base do Projeto

Partindo dos conceitos de gerenciamento de projetos, este capítulo objetiva mostrar a importância de um tipo especial de **controle**, auxiliando no monitoramento de escopo, prazo e custo, visando alcançar os melhores resultados com projetos. Para que esse **controle** se torne efetivo, é necessário que ele seja orientado por um bom **planejamento**. Não é possível fazer um **controle** da **execução** se não houver um **planejamento**. O processo de gerenciamento possui um curso natural baseado na seguinte sequência:

O **controle** de um projeto poderá ser feito através de técnicas simples e eficientes. O projeto poderá ser efetivamente controlado em seu progresso e desempenho de escopo, prazo e custo através do **planejamento**. A base de nosso **planejamento** será a determinação de linhas de base (*baselines*) para cada uma dessas áreas, pertencentes à chamada **tripla restrição**. Essas três linhas de base são consideradas as principais ferramentas de controle de um projeto.

TRIPLA RESTRIÇÃO	
ÁREA DE CONHECIMENTO	LINHA DE BASE
ESCOPO	WBS (EAP)
PRAZO	Cronograma Físico
CUSTO	Curva "S" de Custos

De uma forma bem sucinta, podemos definir PLANEJAR como organizar o futuro. Assim, o **planejamento** básico de um projeto consiste em um processo que antecipe o que deve ser executado, através de identificação do trabalho a realizar (escopo) em cada momento do tempo (prazo), levantando-se os gastos associados (custo).

Esse processo consiste em coletar ideias e conhecimentos, organizando-os em pacotes de trabalho lógicos através da ferramenta **WBS – *Work Breakdown Structure***, dinâmica e continuamente, de forma a acompanhar a execução do projeto até sua conclusão por intermédio da ferramenta **gráfico de Gantt – cronograma físico**, dentro da estimativa dos desembolsos associados às diversas etapas, em cada momento do tempo, com o auxílio da **curva "S" de custo**, gerando o fluxo de caixa do projeto e garantindo assim o alcance da satisfação de seus clientes e usuários finais.

As três ferramentas mencionadas no parágrafo anterior são detalhadas neste livro, em seus respectivos capítulos, conforme especificado a seguir:

FERRAMENTAS DE PLANEJAMENTO (Linhas de Base do Projeto)	
FERRAMENTA	CAPÍTULO DO LIVRO
WBS (EAP)	38
Cronograma Físico	27
Curva "S"de Custos	29

Este capítulo do livro não pretende detalhar tais técnicas ou ferramentas, suficientemente abordadas nos capítulos mencionados anteriormente e também conhecidas através de literatura específica dessas áreas de conhecimento. Espera-se, no entanto, que a partir de um exemplo prático, que será tratado a seguir, seja possível consolidar não só o entendimento dessas técnicas, mas, principalmente, a visualização de sua importância e aplicabilidade.

O exemplo a seguir será tratado de forma bem didática, para que seja facilitado o seu entendimento. Os recursos utilizados para a apresentação deste exemplo de aplicação serão softwares conhecidos no mercado e de fácil acesso. São eles:

SOFTWARES DE APOIO (Linhas de Base do Projeto)	
FERRAMENTA	**SOFTWARE UTILIZADO**
WBS (EAP)	WBS Chart Pro®
Cronograma Físico	Microsoft Visio®
Curva "S" de Custos	Microsoft Excel®

Portanto, nosso processo de planejamento se iniciará com a descrição das tarefas do projeto, seguido de programação do trabalho a realizar. Posteriormente, levantam-se os custos de sua execução, consolidados através de um orçamento e servindo de base para a elaboração de uma programação de desembolso. Através dessa programação, poderá ser gerada a linha de base de custos. A geração dessas três linhas de base (WBS, cronograma físico e curva "S" de custo) será o resultado de nosso **planejamento** e servirá de suporte para o **controle** da **execução** de nosso projeto. Vamos ao nosso exemplo.

APLICAÇÃO PRÁTICA

Propósito

Esta atividade foi desenvolvida no intuito de mostrar que os conhecimentos e as práticas de gerenciamento de projetos são aplicáveis à maioria dos projetos e que há um consenso amplamente difundido sobre seu valor e utilidade, independentemente do tamanho ou custo do projeto. Isso não significa, entretanto, que os conhecimentos e práticas mencionados são ou devem ser aplicados uniformemente em todos os projetos. A equipe de gerência do projeto é responsável pela escolha daquilo que é mais apropriado para cada projeto especificamente.

Objetivos

Identificar e descrever as atividades necessárias à realização do projeto em questão, visando evitar surpresas durante a execução dos trabalhos requeridos e, também, antecipar circunstâncias desfavoráveis que poderão ocorrer, para que ações preventivas e corretivas possam ser tomadas antes que essas situações se consolidem como problemas.

Utilização

O planejamento desenvolvido fornecerá três linhas de base (*baselines*) para o monitoramento do projeto. Essas três linhas de base comporão um guia básico documentado de execução, através do fornecimento das informações necessárias ao gerenciamento do projeto proposto. Esse planejamento proverá conhecimentos fundamentais para o acompanhamento de um projeto, tais como: lista de atividades, estimativa de prazos e estimativas de custos e desembolsos.

Descrição do Projeto

Nosso projeto será realizar a **REFORMA DE UMA CASA**. Deverão ser executadas obras civis envolvendo a revisão das instalações elétricas e hidráulicas, substituição de todas as portas e janelas, troca de todos os azulejos e pisos internos, além da pintura geral interna e externa.

Nosso trabalho consistirá basicamente em desenvolver um **planejamento**, através da geração de alguns documentos para apoio do gerenciamento dessa obra, mas principalmente o desenvolvimento das três principais linhas de base de um projeto - WBS, cronograma físico e curva "S" de custos - que servirão de suporte para o **controle** adequado e de forma coordenada e integrada da sua **execução.**

Planejamento do Projeto

O **planejamento** de um projeto consiste em um processo que antecede a sua **execução**, sendo realizado basicamente através da identificação do trabalho a ser realizado em cada momento do tempo e da estimativa dos valores a serem despendidos para a sua realização, visando possibilitar seu futuro **controle**.

Feito um bom planejamento, a geração de múltiplas linhas de base (de prazo, custo e escopo, principalmente) para o controle de seu desempenho é extremamente simples e rápida, como poderemos confirmar adiante.

O planejamento deste projeto consistirá do desenvolvimento dos seguintes documentos:

1. Elaboração da WBS*
2. Definição dos Pacotes de Trabalho
3. Elaboração do Cronograma Físico**
4. Elaboração do Orçamento
5. Elaboração da Programação de Desembolso
6. Desenvolvimento da Curva "S" de Custos***
7. Desenvolvimento da Curva "S" de Escopo

*	**Linha de Base do Escopo**
**	**Linha de Base do Prazo**
***	**Linha de Base do Custo**

Portanto, o nosso processo de planejamento será iniciado com a descrição detalhada das tarefas necessárias ao desenvolvimento do produto (reforma), seguida da definição do tempo de execução das tarefas elencadas e da programação dos desembolsos dos valores orçados.

1. Elaboração da WBS*

*Linha de Base do Escopo

A WBS é a decomposição hierárquica do trabalho a ser executado no projeto em seus elementos componentes. Dessa forma, podemos organizar nosso projeto definindo todas as tarefas que devem ser executadas.

Este processo consiste em coletar as ideias (informações), organizando-as em pacotes de trabalho lógicos, de forma a acompanhar a execução do projeto até sua conclusão, garantindo o atendimento aos parâmetros preestabelecidos. A seguir será representada a WBS do nosso projeto.

Essa ferramenta é tratada no capítulo 38 deste livro.

WBS – Reforma de Residência

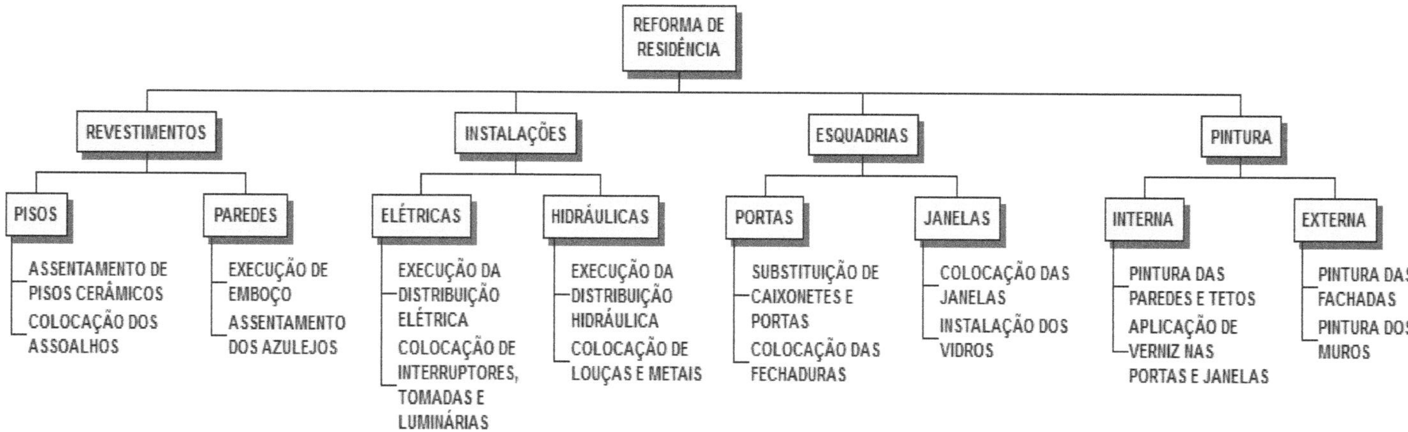

Esta **WBS** foi desenvolvida com o auxílio do WBS Chart Pro®.

2. Definição dos Pacotes de Trabalho

Os pacotes de trabalho são, basicamente, as entregas descritas no último nível de uma WBS (item 1). Portanto, embasados na WBS desenvolvida no item anterior, podemos definir o escopo de nossa obra conforme descrito no quadro a seguir:

	PACOTES DE TRABALHO
1	REFORMA DE RESIDÊNCIA
1.1	REVESTIMENTOS
1.1.1	REVESTIMENTO DAS PAREDES
1.1.1.1	EXECUÇÃO DO EMBOÇO
1.1.1.2	ASSENTAMENTO DO AZULEJO
1.1.2	REVESTIMENTO DOS PISOS
1.1.2.1	ASSENTAMENTO DO PISO CERÂMICO
1.1.2.2	COLOCAÇÃO DO ASSOALHO
1.2	INSTALAÇÕES
1.2.1	INSTALAÇÕES ELÉTRICAS
1.2.1.1	EXECUÇÃO DA DISTRIBUIÇÃO ELÉTRICA
1.2.1.2	COLOCAÇÃO DE INTERRUPTORES, TOMADAS E LUMINÁRIAS
1.2.2	INSTALAÇÕES HIDRÁULICAS
1.2.2.1	EXECUÇÃO DA DISTRIBUIÇÃO HIDRÁULICA
1.2.2.2	COLOCAÇÃO DE LOUÇAS E METAIS
1.3	ESQUADRIAS
1.3.1	ESQUADRIAS DE MADEIRA
1.3.1.1	SUBSTITUIÇÃO DE CAIXONETES E PORTAS
1.3.1.2	COLOCAÇÃO DAS FECHADURAS
1.3.2	ESQUADRIAS DE ALUMÍNIO
1.3.2.1	SUBSTITUIÇÃO DAS JANELAS
1.3.2.2	INSTALAÇÃO DOS VIDROS
1.4	PINTURA
1.4.1	PINTURA INTERNA
1.4.1.1	PINTURA DE PAREDES E TETOS
1.4.1.2	APLICAÇÃO DE VERNIZ NAS PORTAS
1.4.2	PINTURA EXTERNA
1.4.2.1	PINTURA DAS FACHADAS
1.4.2.2	PINTURA DOS MUROS

3. Elaboração do Cronograma Físico*

*Linha de Base do Prazo

Após a definição dos pacotes de trabalho (item 2), passamos agora a elaborar o cronograma físico. Este processo é desenvolvido através da estimativa de duração de cada tarefa e da sua relação de interdependência com as demais tarefas do projeto. A seguir será representado o cronograma físico do nosso projeto.

Essa ferramenta é tratada no capítulo 27 deste livro.

Cronograma Físico

Identificação	Item	Nome da Tarefa	Início	Término	Duração
1	1111	EXECUÇÃO DO EMBOÇO	17/10/2011	28/10/2011	10d
2	1112	ASSENTAMENTO DO AZULEJO	24/10/2011	11/11/2011	15d
3	1121	ASSENTAMENTO DE PISO CERÂMICO	07/11/2011	18/11/2011	10d
4	1122	COLOCAÇÃO DO ASSOALHO	31/10/2011	18/11/2011	15d
5	1211	EXECUÇÃO DA DISTRIBUIÇÃO ELÉTRICA	03/10/2011	14/10/2011	10d
6	1212	COLOCAÇÃO DE INTERRUPTORES, TOMADAS E LUMINÁRIAS	21/11/2011	02/12/2011	10d
7	1221	EXECUÇÃO DA DISTRIBUIÇÃO HIDRÁULICA	10/10/2011	28/10/2011	15d
8	1222	COLOCAÇÃO DE LOUÇAS E METAIS	21/11/2011	02/12/2011	10d
9	1311	SUBSTITUIÇÃO DE CAIXONETES E PORTAS	07/11/2011	18/11/2011	10d
10	1312	COLOCAÇÃO DAS FECHADURAS	14/11/2011	18/11/2011	5d
11	1321	COLOCAÇÃO DAS JANELAS	31/10/2011	18/11/2011	15d
12	1322	INSTALAÇÃO DOS VIDROS	14/11/2011	18/11/2011	5d
13	1411	PINTURA DE PAREDES E TETOS	21/11/2011	16/12/2011	20d
14	1412	APLICAÇÃO DE VERNIZ NAS PORTAS	19/12/2011	23/12/2011	5d
15	1421	PINTURA DAS FACHADAS	28/11/2011	16/12/2011	15d
16	1422	PINTURA DOS MUROS	05/12/2011	16/12/2011	10d

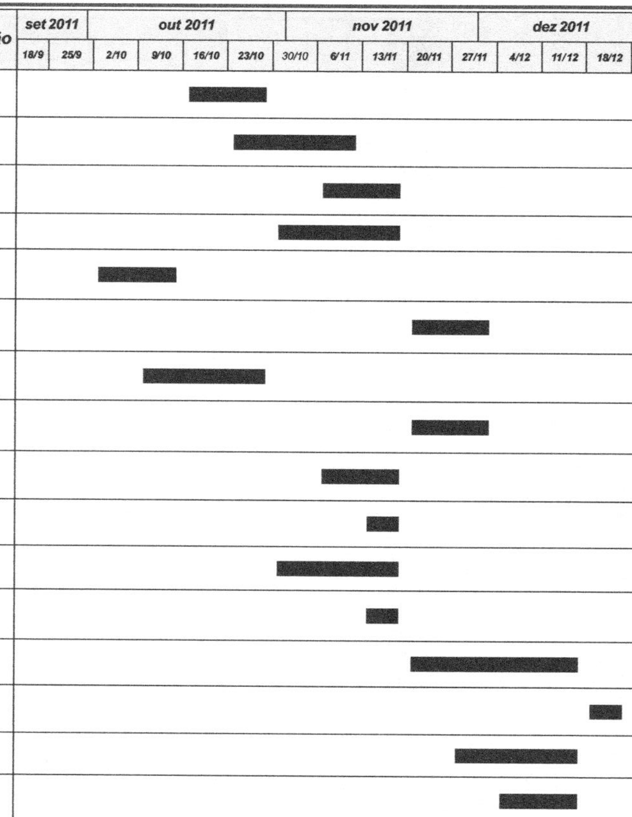

4. Elaboração do Orçamento

Outro processo que poderá ser desenvolvido após a definição dos pacotes de trabalho (item 2) é a elaboração do orçamento. A seguir é apresentada a planilha orçamentária de nossa obra de reforma:

PLANILHA ORÇAMENTÁRIA			
ÍTEM	DESCRIÇÃO	VALOR	
		R$	%
1	REFORMA DE RESIDÊNCIA	200.000,00	100,00
1.1	REVESTIMENTOS	66.000,00	33,00
1.1.1	REVESTIMENTO DAS PAREDES	32.000,00	16,00
1.1.1.1	EXECUÇÃO DO EMBOÇO	12.000,00	6,00
1.1.1.2	ASSENTAMENTO DO AZULEJO	20.000,00	10,00
1.1.2	REVESTIMENTO DOS PISOS	34.000,00	17,00
1.1.2.1	ASSENTAMENTO DO PISO CERÂMICO	16.000,00	8,00
1.1.2.2	COLOCAÇÃO DO ASSOALHO	18.000,00	9,00
1.2	INSTALAÇÕES	48.000,00	24,00
1.2.1	INSTALAÇÕES ELÉTRICAS	24.000,00	12,00
1.2.1.1	EXECUÇÃO DA DISTRIBUIÇÃO ELÉTRICA	16.000,00	8,00
1.2.1.2	COLOCAÇÃO DE INTERRUPTORES, TOMADAS E LUMINÁRIAS	8.000,00	4,00
1.2.2	INSTALAÇÕES HIDRÁULICAS	24.000,00	12,00
1.2.2.1	EXECUÇÃO DA DISTRIBUIÇÃO HIDRÁULICA	10.000,00	5,00
1.2.2.2	COLOCAÇÃO DE LOUÇAS E METAIS	14.000,00	7,00
1.3	ESQUADRIAS	38.000,00	19,00
1.3.1	ESQUADRIAS DE MADEIRA	14.000,00	7,00
1.3.1.1	SUBSTITUIÇÃO DE CAIXONETES E PORTAS	8.000,00	4,00
1.3.1.2	COLOCAÇÃO DAS FECHADURAS	6.000,00	3,00
1.3.2	ESQUADRIAS DE ALUMÍNIO	24.000,00	12,00
1.3.2.1	SUBSTITUIÇÃO DAS JANELAS	18.000,00	9,00
1.3.2.2	INSTALAÇÃO DOS VIDROS	6.000,00	3,00
1.4	PINTURA	48.000,00	24,00
1.4.1	PINTURA INTERNA	30.000,00	15,00
1.4.1.1	PINTURA DE PAREDES E TETOS	22.000,00	11,00
1.4.1.2	APLICAÇÃO DE VERNIZ NAS PORTAS	8.000,00	4,00
1.4.2	PINTURA EXTERNA	18.000,00	9,00
1.4.2.1	PINTURA DAS FACHADAS	14.000,00	7,00
1.4.2.2	PINTURA DOS MUROS	4.000,00	2,00

5. Elaboração da Programação de Desembolso

Baseados no custo de cada tarefa – planilha orçamentária (item 4) – e no seu período de execução – cronograma físico (item 3) –, podemos desenvolver uma programação de desembolsos, que representará o valor a ser despendido e o momento da efetivação dessa despesa. No nosso caso, representaremos os gastos que deverão ser realizados por semana:

PROGRAMAÇÃO DE DESEMBOLSO															
ÍTEM	DESCRIÇÃO	VALOR		PERÍODO											
		R$	%	Sem 1	Sem 2	Sem 3	Sem 4	Sem 5	Sem 6	Sem 7	Sem 8	Sem 9	Sem 10	Sem 11	Sem 12
1	REFORMA DE RESIDÊNCIA	200.000,00	100,00	6,50%	6,50%	3,00%	3,00%	9,50%	9,50%	19,00%	5,00%	7,00%	22,00%	6,00%	3,00%
1.1	REVESTIMENTOS	66.000,00	33,00												
1.1.1	REVESTIMENTO DAS PAREDES	32.000,00	16,00												
1.1.1.1	EXECUÇÃO DO EMBOÇO	12.000,00	6,00			6.000,00	6.000,00								
1.1.1.2	ASSENTAMENTO DOS AZULEJOS	20.000,00	10,00				8.000,00	6.000,00	6.000,00						
1.1.2	REVESTIMENTO DOS PISOS	34.000,00	17,00												
1.1.2.1	ASSENTAMENTO DE PISOS CERÂMICOS	16.000,00	8,00						10.000,00	6.000,00					
1.1.2.2	COLOCAÇÃO DOS ASSOALHOS	18.000,00	9,00					12.000,00	4.000,00	2.000,00					
1.2	INSTALAÇÕES	48.000,00	24,00												
1.2.1	INSTALAÇÕES ELÉTRICAS	24.000,00	12,00												
1.2.1.1	EXECUÇÃO DA DISTRIBUIÇÃO ELÉTRICA	16.000,00	8,00	8.000,00	8.000,00										
1.2.1.2	COLOCAÇÃO DE INTERRUPTORES, TOMADAS E LUMINÁRIAS	8.000,00	4,00								6.000,00	2.000,00			
1.2.2	INSTALAÇÕES HIDRÁULICAS	24.000,00	12,00												
1.2.2.1	EXECUÇÃO DA DISTRIBUIÇÃO HIDRÁULICA	10.000,00	5,00		2.000,00	6.000,00	2.000,00								
1.2.2.2	COLOCAÇÃO DE LOUÇAS E METAIS	14.000,00	7,00								11.000,00	3.000,00			
1.3	ESQUADRIAS	38.000,00	19,00												
1.3.1	ESQUADRIAS DE MADEIRA	14.000,00	7,00												
1.3.1.1	SUBSTITUIÇÃO DE CAIXONETES E PORTAS	8.000,00	4,00						4.000,00	4.000,00					
1.3.1.2	COLOCAÇÃO DAS FECHADURAS	6.000,00	3,00							6.000,00					
1.3.2	ESQUADRIAS DE ALUMÍNIO	24.000,00	12,00												
1.3.2.1	COLOCAÇÃO DAS JANELAS	18.000,00	9,00					6.000,00	8.000,00	4.000,00					
1.3.2.2	INSTALAÇÃO DOS VIDROS	6.000,00	3,00							6.000,00					
1.4	PINTURA	48.000,00	24,00												
1.4.1	PINTURA INTERNA	30.000,00	15,00												
1.4.1.1	PINTURA DE PAREDES E TETOS	24.000,00	12,00								7.000,00	7.000,00	7.000,00	3.000,00	
1.4.1.2	APLICAÇÃO DE VERNIZ NAS PORTAS	6.000,00	3,00											-	6.000,00
1.4.2	PINTURA EXTERNA	18.000,00	9,00												
1.4.2.1	PINTURA DAS FACHADAS	14.000,00	7,00									6.000,00	6.000,00	2.000,00	
1.4.2.2	PINTURA DOS MUROS	4.000,00	2,00										1.000,00	3.000,00	
TOTAL DO PERÍODO			$	8.000,00	10.000,00	12.000,00	16.000,00	24.000,00	32.000,00	28.000,00	24.000,00	18.000,00	14.000,00	8.000,00	6.000,00
			%	4,00	5,00	6,00	8,00	12,00	16,00	14,00	12,00	9,00	7,00	4,00	3,00
TOTAL ACUMULADO			$	8.000,00	18.000,00	30.000,00	46.000,00	70.000,00	102.000,00	130.000,00	154.000,00	172.000,00	186.000,00	194.000,00	200.000,00
			%	4,00	9,00	15,00	23,00	35,00	51,00	65,00	77,00	86,00	93,00	97,00	100,00

6. Desenvolvimento da Curva "S" de Custos*

*Linha de Base do Custo

Esta linha de base é desenvolvida através da totalização das estimativas de custos por período de tempo. É na verdade o orçamento referencial que será utilizado para medir e controlar o desempenho de custo da obra. Após a elaboração da programação de desembolso (item 5), desenvolvida anteriormente, temos registrados os valores que estão previstos de serem gastos em cada unidade de tempo. No caso de nossa reforma, essa unidade de tempo é SEMANA. Portanto, a seguir estão descritos os valores que estão previstos para serem gastos em cada semana da nossa obra.

Essa ferramenta é tratada no capítulo 29 deste livro.

SEMANA	GASTO PREVISTO ($)		GASTO REAL ($)	
	SIMPLES	ACUMULADO	SIMPLES	ACUMULADO
1	8.000,00	8.000,00		
2	10.000,00	18.000,00		
3	12.000,00	30.000,00		
4	16.000,00	46.000,00		
5	24.000,00	70.000,00		
6	32.000,00	102.000,00		
7	28.000,00	130.000,00		
8	24.000,00	154.000,00		
9	18.000,00	172.000,00		
10	14.000,00	186.000,00		
11	8.000,00	194.000,00		
12	6.000,00	200.000,00		

Os dados da coluna do **gasto previsto acumulado** geram uma curva que será a base de controle dos custos deste projeto. Trata-se da **curva "S" de custos previstos.**

No decorrer da execução do projeto os gastos reais devem ser lançados na coluna gasto real simples e, assim, a coluna **gasto real acumulado** vai sendo calculada. Com os dados desta última coluna uma nova curva será formada. É a **curva "S" de custos real.** Ela deverá ser comparada com a curva prevista, possibilitando o controle de custos da obra.

Para fins de uma análise sucinta, podemos definir que:

- Quando nossos pontos de controle dos gastos reais estiverem abaixo da curva prevista, que é a nossa linha de base, significa que estamos gastando menos do que o previsto.
- Quando os pontos de controle de gastos reais estiverem acima da curva prevista, significa que estamos gastando mais do que o previsto.

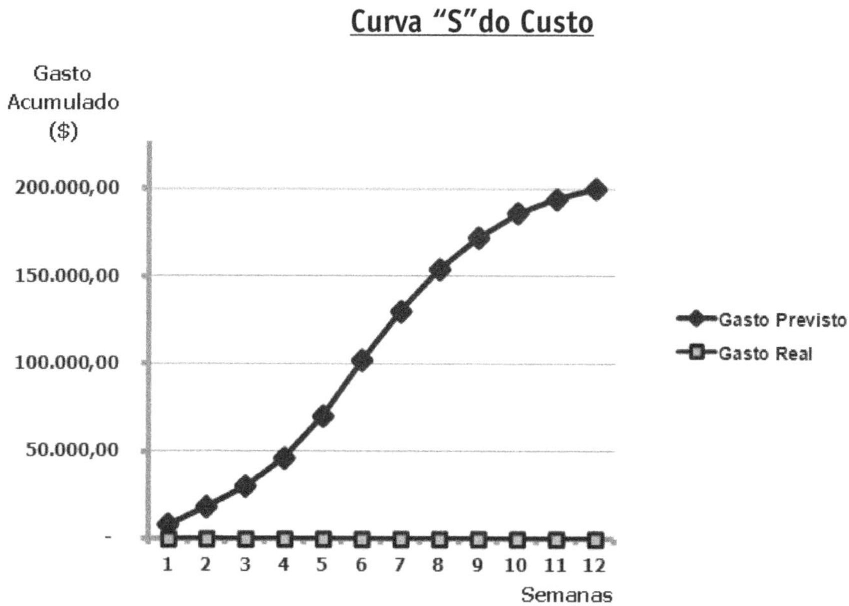

7. Desenvolvimento da Curva "S" de Escopo

Esta linha de base é desenvolvida através da totalização das estimativas de serviços a serem realizados por período de tempo (previsto), com o objetivo de ser comparada com a linha gerada através da totalização dos serviços efetivamente realizados (executado). Por se tratar de um modelo matemático, será necessária a criação de indicadores numéricos. Nesse caso, o melhor indicador de desempenho é o **valor percentual** que determinada tarefa representa em relação ao projeto todo. Para a definição do valor percentual de cada tarefa de nosso projeto, podemos utilizar várias metodologias. Essas estimativas podem ser feitas baseadas em:

- Esforço da tarefa representado pela quantidade de mão de obra (homens/hora). Neste caso a estimativa do valor percentual executado é baseada no ESCOPO.

- Tempo de execução da tarefa em relação ao tempo total do projeto. Neste caso a estimativa é do valor percentual executado com base no PRAZO.
- Valor monetário da tarefa em relação ao valor total do projeto. Neste caso a estimativa do valor percentual executado é baseada no CUSTO.

O tipo de estimativa a ser utilizada (baseada no ESCOPO, no PRAZO ou no CUSTO do projeto) deverá ser definido pela equipe de gerenciamento em função das características e especificações de cada projeto.

Portanto, a curva "S" de escopo é, na verdade, o planejamento de execução referencial que será utilizado para medir e controlar o desempenho da obra. Após a elaboração do cronograma físico (item 3), temos a previsão de execução de cada tarefa em cada unidade da linha de tempo do projeto. No caso de nossa reforma, essa unidade de tempo é SEMANA. Por conseguinte, a seguir estão descritos os valores percentuais previstos para serem executados em cada semana da nossa obra. Esses valores percentuais foram estabelecidos com fundamentos na estimativa baseada no CUSTO do projeto. Esses valores, conforme foi esclarecido anteriormente, também poderiam ter sido embasados na estimativa do tempo de execução (PRAZO) ou no esforço da tarefa (ESCOPO).

Esta ferramenta é tratada no capítulo 37 deste livro.

SEMANA	A EXECUTAR PREVISTO (%)		EXECUTADO REAL (%)	
	SIMPLES	ACUMULADO	SIMPLES	ACUMULADO
1	4,00	4,00		
2	5,00	9,00		
3	6,00	15,00		
4	8,00	23,00		
5	12,00	35,00		
6	16,00	51,00		
7	14,00	65,00		
8	12,00	77,00		
9	9,00	86,00		
10	7,00	93,00		
11	4,00	97,00		
12	3,00	100,00		

Curva "S"do Escopo

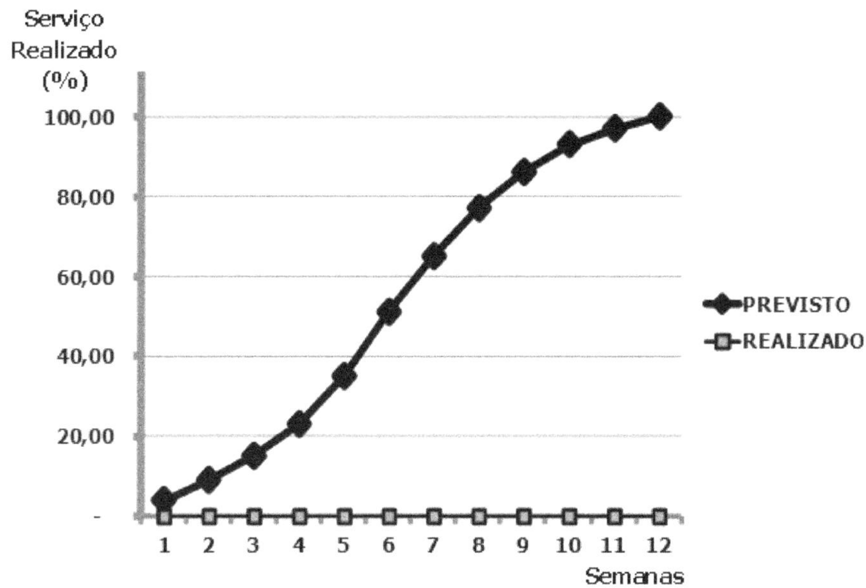

Controle do Projeto

Portanto, depois de identificadas todas as tarefas necessárias à realização do projeto, distribuídas sequencialmente essas tarefas, definidas suas durações, relações de interdependências e determinados seus custos associados, é o momento de utilizar cada recurso exigido (recursos humanos, materiais e equipamentos) para execução e obtenção do produto final projetado.

No entanto, ainda que detalhadamente planejado, à medida que o projeto evolua, irão surgir desvios dos planos, originados por falhas, omissões ou modificações não previstas. A partir da medição constante do produto podemos identificar, através de um processo de análise, esses desvios.

Assim, durante todo o ciclo de vida do projeto será necessário acompanhamento criterioso de sua **execução**, através da análise de informações que permitam comparar o progresso atual com a programação, os custos e os recursos estabelecidos no plano inicial.

É o momento do processo de **controle** tornar-se dominante na evolução da administração do projeto.

Cabe ressaltar que, no trabalho com projetos, **planejamento** e **controle** não são funções fechadas e separadas. Elas interagem uma com a outra e são interdependentes, num ciclo contínuo em que o planejamento produz informações necessárias ao **controle** e, simultaneamente, o **controle** realimenta o **planejamento**.

Fontes de Consulta

Livros

A Arte da Guerra
Sun Tzu – Editora Record.

Administração de Materiais
J.R Arnold – Editora Atlas.

Administração de Recursos Humanos – Fundamentos Básicos
Idalberto Chiavenato.

Administração Estratégica
David Menezes Lobato – Editora Papéis e Cópias.

Administração: Princípios e Tendências
F. J. M. Lacombe, G. L. J. Heilborn – Editora Saraiva.

Agile Project Management with Scrum
Ken Schwaber – Microsoft Press.

A Guide to Project Management Body of Knowledge
Project Management Institute – PMI – USA. Quinta Edição.

A Magia dos Grandes Negociadores
Carlos Alberto Júlio – Elsevier Editora Ltda.

Análise de Valor Agregado em Projetos
Ricardo Viana Vargas, PMP – Editora Brasport.

Aplicando 5S na Gestão da Qualidade Total
Equipe Grifo – Editora Pioneira Administração e Negócios.

A Qualidade Desde o Projeto
J. M. Juran - Editora Pioneira.

A Terceira Onda, A Morte do Industrialismo e o Nascimento de uma Nova Civilização
Alvin Toffler - Editora Record.

Como Chegar ao Sim: A Negociação de Acordos Sem Concessões
Roger Fisher, William Ury e Bruce Patton - Editora Imago.

Consultoria de Procedimentos
Edgard H. Schein.

Curso Básico Gerencial de Custos
Clóvis Luís Padoveze - Editora Thomson.

Desafios Gerenciais para o Século XXI
Peter Drucker - Editora Pioneira.

Estratégia Competitiva
Michael E. Porter - Editora Campus.

Gerência de Projetos
D. Cleland e L. Ireland - Reichmann & Affonso.

Gerência de Projetos - Programa Delegacia Legal
Merhi Daychoum - Editora Brasport.

Gerenciamento de Aquisições em Projetos
C. M. Xavier, D. Weikerscheimer, J. G. Linhares, L. J. Diniz - Editora FGV.

Gerenciamento de Pessoas em Projetos
P. V. Raj, A. C. Baumotte, D. P. Fonseca, L. H. C. Silva - Editora FGV.

Gerenciamento de Riscos Empresariais
Paulo Baraldi - Editora Campus.

Gerenciamento de Riscos em Projetos
C.A. Salles Jr., A. M. Soler, J. A. do Valle, Roque Rabechini Jr. - Editora FGV.

Gerenciamento do Escopo em Projetos
M. A. Sotille, L. C. Menezes, L. F. Xavier, M. L. Pereira - Editora FGV.

Gerenciamento do Tempo em Projetos
A. Barcaui, D. Borba, Ivaldo M. da Silva, R. B. Neves - Editora FGV.

Manual Prático do Plano do Projeto
Ricardo Viana Vargas, PMP – Editora Brasport.

Maslow no Gerenciamento
Abraham Maslow – Editora Qualitymark.

Negociação – Conceitos e Técnicas
Merhi Daychoum – Editora Brasport.

Negociação – Fortalecendo o Processo
Eugenio do Carvalhal – Editora Vision.

Negociação e Administração de Conflitos
E. do Carvalhal, A. A. Neto, G. M. de Andrade e J. V. de Araujo – Editora FGV.

Negociando para Ganhar
Márcio Miranda – Casa da Qualidade.

Negotiating Outcomes
Expert Solutions to Everyday Challenges – Harvard Business School Press.

Negotiation
Harvard Business Essentials – Harvard Business School Press.

O Modelo PERT/CPM Aplicado a Projetos
Zigmundo Salomão Cukierman – Editora Reichmann & Affonso FGV.

Organização e Métodos: Uma Visão Holística
Antonio Cury – Editora Atlas.

Organização Orientada para a Estratégia
Robert Kaplan e David Norton – Editora Campus.

Planejamento Estratégico
Paul Tiffany & Steven D. Peterson – Editora Campus.

Projetos: Um Guia Simplificado
Project Management Institute – PMI – Rio Chapter – Brasil.

Qualidade ao Alcance de Todos
Renata Redi – Editora Gente.

Saia da Crise
W. Edwards Deming – Editora Futura.

Scrum – Guia Prático para Projetos Ágeis
Cesar Brod – Editora Novatec.

Scrum e XP Direto das Trincheiras
Henrik Kniberg.

Ser Humano é Ser Diferente
P. Myers & I. Briggs-Myers - Editora Infinito.

Supere o Não: Negociando com Pessoas Difíceis
William Ury - Editora Best Seller.

The Johari Window
Joseph Luft.

Tipos Psicológicos
Carl Gustav Jung - Editora LTC.

Filmografia

Gerenciamento de Projetos
LINKQUALITY Vídeos de Treinamento.

Orçamento Matricial
LINKQUALITY Vídeos de Treinamento.

Sites

www.ipem.sp.gov.br

www.wikipedia.org

www.sato.adm.br